# 语文

# 深度学习

## 写作教学卷

邓 彤 编著

上海教育出版社
SHANGHAI EDUCATIONAL
PUBLISHING HOUSE

**图书在版编目（CIP）数据**

语文深度学习 / 邓彤编著. — 上海：上海教育出版社，2021.12（2022.8重印）
ISBN 978-7-5720-1245-7

Ⅰ.①语… Ⅱ.①邓… Ⅲ.①中学语文课－教学研究
Ⅳ.①G633.302

中国版本图书馆CIP数据核字(2021)第242547号

策　　划　李光卫
责任编辑　顾　翊　李良子
封面设计　陈　芸

语文深度学习
邓　彤　编著

出版发行　上海教育出版社有限公司
官　　网　www.seph.com.cn
地　　址　上海市闵行区号景路159弄C座
邮　　编　201101
印　　刷　启东市人民印刷有限公司
开　　本　787×1092　1/16　印张18　插页4
字　　数　352 千字
版　　次　2022年1月第1版
印　　次　2022年8月第2次印刷
书　　号　ISBN 978-7-5720-1245-7/G·0977
定　　价　49.80 元（全二册）

如发现质量问题，读者可向本社调换　电话：021-64373213

# 序　言

自 2019 年起，作为上海市黄浦区语文名师工作室主持人之一，本书主编又领衔主持了上海市第四期"双名工程""攻关计划"语文教学研究基地。

三年来，与市区两级 30 余位学员一起，我们开展了一项我以为意义重大的项目研究——基于中学语文统编教材，设计学习活动、促进深度学习的实践研究。三年期间，全体同仁认真研究深度学习理论，反复研究经典课例，不断切磋研讨课堂教学艺术，收获了非常可观的成果：学员出版相关专著 5 部，公开发表论文 30 余篇，主持区级以上课题 20 余项。如今，又端出了这套聚焦深度学习的专著——《语文深度学习（阅读教学卷 & 写作教学卷）》。

"深度学习"是一个热词。但是，"教"与"学"必须有深度却是一个基本常识。

1956 年布鲁姆的《教育目标分类学》即提出"学习有深浅层次之别"，将知道、领会层次的学习确定为浅层学习，而将思辨、创造、问题解决等高阶思维活动归于深度学习。1976 年，美国学者玛顿在《论学习的本质区别：结果和过程》一文中提出浅层学习和深度学习的概念。

从现代学习科学立场上看"深度学习"，目前大致有这样的共识：深度学习追求知识的理解并且探寻知识的逻辑意义，是一种主动的、高投入的涉及高阶思维并且学习结果迁移度高的学习状态。

从教学层面看"深度学习"，当以美国研究者埃里克·简森的研究最具操作性。他认为深度学习来自于加工、思考或反省学习内容，并总结出能够促进深度学习的七大策略：设计标准与课程、预评估、营造积极的学习文化、预备与激活先期知识、获取新知识、深度加工知识、评价学生的学习。[①] 在中国，黎加厚、郭元祥、田慧生、郭华等学者对"深度学习"开展相关研究，揭示了深度学习具有在知识迁移中的决策与问题解决特征。

综合国内外学者的研究成果，我们认识到"深度学习"通常具有如下特征。

其一，是理解性学习，能够对新知识加以批判分析并与已有知识相融合，对所学知识获得深刻全面的理解；其二，具有迁移运用特点，能够将知识迁移到新

---

[①] 埃里克·简森，等.深度学习的 7 种有力策略［M］.温暖，译.上海：华东师范大学出版社，2010.

的情境中加以运用，能够做出决策并指向问题解决；其三，整合性特征，强调知识的整合、情感态度的整合以及浅层学习与深度学习的整合，这一特征具体到语文学习领域可以进一步分解为创造性深度学习与批判性深度学习两大维度。

如何在语文教学中利用上述研究成果？如何在语文教学中开展深度学习研究？我们的构想是：设计阅读与写作两大领域的"学习活动"，以此促进学生的"深度学习"。

形成我们研究框架的依据是：20 世纪 60 年代以来，研究者开始重视"活动"在学习过程中的作用。皮亚杰认为活动是知识的来源，是认识产生的基础。列昂捷夫揭示了活动在"主—客体"之间所起的中介作用：在主体学习特定的知识、技能和策略等客体对象过程中，活动起到了极为重要的"中介"作用。学习科学研究表明[①]，具有实践性的学习（如"基于项目的学习"）一般都以活动为基本学习的方式，其典型特征都在于使学习者通过"应用知识"来学习知识。最好的应用知识的途径，就是设计与专家研究活动类似的任务情境，使学生参与其中。

具体到语文学科领域的教与学研究层面，学界目前已达成如下共识。

1. 语文学习属于实践活动。

王荣生认为语文实践有三种类型：带有自然学习性质的听说读写实践，潜藏着特定语文教学内容的实践活动，语识转化为语感的语文实践活动。王荣生强调语文课程更应强调后两类"语文实践"。[②]

2. 活动是语文学习的基本形式，开展活动是语文学习的主要方式，有效的语文学习通过"活动"实现。

研究者发现学习与教学的一个重要悖论[③]：只有学习者自己才能够炼制与自身相容的意义体系；但是学习者凭借自身的知识能力学习又极为困难。此时，教师的设计至关重要。教师可以精心设计一个富有意义的学习活动，以激发学习者的学习愿望，让学习者在一定的情境中开展学习活动，达成预期教学目标。

李海林将语文学习分为"认知类"和"体验类"两大类别[④]，他认为"活动"是语文课程与教学的基本内容。"认知类"学习对象是知识概念，"体验类"学习对象则主要是"活动"。

3. 语文学习的基本内容是活动，语文核心素养的培育以"言语实践活动"为根本路径。

————————

① R.Keith Sawyer. 剑桥学习科学手册［C］. 徐晓东，等，译. 北京：教育科学出版社，2010：377-378.

② 王荣生. 解读"语文实践"［J］. 课程·教材·教法，2006（4）.

③ 王美. 概念转变［M］. 高文，等，编著. 学习科学的关键词. 上海：华东师范大学出版社，2009：196.

④ 李海林. "搞活动"是语文课堂的基本教学形态［J］. 中学语文教学，2009（5）.

新课标提出"核心素养"这一概念，标志着语文教学由"知识本位"向"核心素养"转型。语文核心素养是学生在语言运用情境中表现出来的言语经验和言语品质，是学生语言知识和能力、思维方式和品质、情感态度和价值观的综合体现。培育核心素养的关键是"言语实践活动"，包括诵读与鉴赏、表达与交流、分析与探究三大类型，渗透于学习活动与学习任务之中，是语文学习的根本路径，更是形成核心素养的最终渠道。①

三年来，团队全体同仁经过细细研究，已经清醒地认识到：学习活动是学生学习的主要途径，学生在活动中将获得多方面经验，将实现知识的多种建构；学科核心素养的培育，有赖于合宜的语文学习活动所实现的深度学习。我们以统编教材的全面使用为契机，从阅读与写作两大领域分别开展研究，收获了许多成果，本书就是我们三年来汗水与智慧的结晶。

笔者近年来先后主持《中学语文教学》《语文教学通讯》《中学语文教学参考》等语文专业刊物的写作栏目，邀请有关专家撰稿并自撰系列稿件，本书中许多内容来源于上述刊物，特向上述刊物及相关作者致谢。

此外，本人主持的市区语文基地、工作室学员的研修成果，也为本书增色多多（相关作者均在书中标注），在此一并致谢。

我们对语文深度学习的研究才刚刚起步，许多研究还非常粗糙，错误之处也在所难免。但三年的研究使我们坚信：深度学习是一座富矿，研究语文深度学习必将使语文教学获益良多。

本书得以出版，首先要感谢市基地及区语文工作室全体学员的辛勤付出；此外，还要感谢上海教育出版社李光卫先生为本书出版所付出的心血，感谢黄浦区教育学院领导与同事多方面的大力支持，感谢上海市教委、黄浦区教育局领导所提供的平台与经费支持。

是为序。

邓　彤<br>2021 年 8 月 23 日

---

① 余文森.从三维目标走向核心素养［J］.华东师范大学学报（教育科学版），2016（1）.

# 目 录
## CONTENTS

# 第一章　写作教学现状审议

当下写作课堂教学正面临这种尴尬：教与不教没有区别，甚至越教效果越差，这最终导致教师被迫放弃写作教学；而"写作不可教"之说也因此盛行一时。

## 一、写作教学取向问题

写作课堂教学究竟出了什么问题？我们将写作教学问题从教学取向与教学行为两个维度大致概括为"三误"，简要阐释如下。

"三误"的根源是写作课堂教学的取向之误。

误区之一：关注写作结果，忽视写作过程。我国写作教学比较关注写作行为的结果——即文本产品（俗称"作文"），而对写作过程不够重视，无法在学生写作学习过程中进行有效的过程指导。

在写作教学中，宏大的能力目标比比皆是，而达成这些目标的学习过程往往付诸阙如，教师提出"立意要高、选材要新、开掘要深"等写作终极目标，而对于如何达成这些目标却没有具体有效的支撑性内容。

误区之二：关注写作客体，忽视写作主体。写作教学关注的写作对象主要指写作素材、文章观点、语言表达等客体内容，而对于写作主体（学生）的写作动机、写作困难与写作需求则关注较少、知之不多。

写作教学指向外在世界和文本，"观察生活"与"揣摩范文"成为写作学习的主要内容，"写作技法""谋篇布局"是主要的写作知识。

误区之三：关注"如何教""教什么"，忽视"为何教"。写作教学经常处于让学生"暗里摸索"的状态，让学生通过大量的阅读、写作活动自行悟得、习得写作知识与能力。

写作教学追求对写作知识的全面系统的组织安排，将写作学习更多地理解为一般性的认知学习，满足于教给学生一些静态的文章写作知识。这些知识存在如下问题：以陈述性写作知识为主，缺少程序性的写作知识；以关注文章本身的写作客体知识为主（如主题、材料、结构、语言等），而对写作学习主体的写作困难、写作需求、写作动机关注不够。

写作教学属于"处方"性质的实践活动，其要旨在于"改进写作学习"而不是"描述写作学习"。长期以来，我们的写作教学倾向于用"解释"写作问题来代替"解决"写作问题。

### 二、写作教学"无教学"问题

写作"无教学"现象一直为人所诟病。主要表现为如下两种情形：用大量写作、阅读代替写作教学，用各种活动代替写作教学。

语文教师希望通过大量操作性训练提升学生的写作水平，受如下观念支撑：多读多写，熟能生巧。多读多写确实能够在一定程度上提升学生的写作能力，但这只是使学生始终处于"暗中摸索"层面。

当年，张志公先生曾以一个笑话来批评语文教学：一人为臭虫所苦，一日忽闻所谓除虫秘方，喜而求教，却只得两字秘诀——"勤捉"。我们的写作教学是否也堕落到这个层次了呢？我不敢妄下断语。但在急切渴望提高写作水平的学生面前，不是确乎有许多语文教师只能提出"多读多写"之类的建议吗？但是，读什么？写什么？读多少？写多少？如何读？如何写？我们有多少语文老师能够面对这样的追问，给学生一个稍微合情合理的答复？

"多写"真的能够提高学生的写作水平吗？

20 世纪 80 年代中期，美国学者希洛克搜集了 1963—1982 年间的有关写作教学的实验研究资料 500 篇，从中筛选出最具代表性的报告 68 篇。希洛克运用元分析法分析了六类写作教学内容对提高写作能力的效果后得出结论，大量写作活动对于学生写作水平的提高的效率只有 0.16。[①]

荣维东曾经介绍三个考察阅读与写作对于提高学生写作技能效果的实验研究。[②]每个实验中，一组学生进行经常性的写作训练，另一组写得较少（其中一组根本就一篇没写）却用了更多的时间来阅读。实验表明：简单地经常性地增加写作，并不会相应地导致写作能力的提高。大量的写作活动对于写作水平的提升没有直接的相关性。这意味着，试图通过大剂量写作提升学生写作水平是难以奏效的。而学生之所以开展了大量的写作活动但是在提高写作能力方面却收效甚微，原因之一可能是遭遇了经验的遗忘。学生从写作活动中，可能获得丰富的感性经验，但是这些感性经验如果没有被具体化、知识化，势必容易导致活动之后的大量遗忘。

那么，多读的效果究竟如何呢？

美国学者希洛克曾经对写作教学效果进行大量样本分析后发现：大量阅读

---

① 张肇丰.从实践到文本［M］.上海：华东师范大学出版社，2011：65-68.

② 荣维东.多读比多写更利于提高写作能力［J］.语文学习，2009（6）.

学习对于写作水平的提高系数只有 0.217，略高于大量写作与提高写作水平之系数（0.16）。① 退一万步说，即便大量阅读确实有助于提升学生的写作水平，语文教师也无法让中小学生不断扩大阅读，因为学生的学习时间是恒定的、有限的，在这一方面多用时间，在另外一方面必然要减少时间。学生要学习语文，还需要学习其他学科，还要娱乐、休息，这一切都需要时间。"多读"究竟应该"多"到什么程度？如何保证学生的"多读"？应该多读哪些书籍？这些问题实际上语文教师都无法回答。因此，"多读"对于写作教学而言，最终只能是停留于口号层面而注定无法在课堂上落实。况且，从"会读"到"会写"其间还有极为复杂的关系，还存在巨大的鸿沟。

"多读"还有一层含义是多读"范文"，大量阅读范文是这类写作教学的一大法宝。但是，范文对于写作学习的作用其实非常有限。

写作教学中，教师指导写作学习通常只是泛泛要求学生模仿"范文"进行写作。类似"给一个题目，加一篇范文"让学生进行写作的套路由来已久。但是这种大而化之的作文教学实际上并不是真正意义上的写作教学。实证研究证明，让学生学习各类范文并进行模仿作文，其教学效果仅仅比教师不做指导让学生"自由写作"略好，但效果并不显著。因为一篇具体的范文，实际上一个全息的语篇，几乎包含了写作所有的知识，如布局谋篇、构思立意、遣词造句等等。而这些写作知识无一例外地全部以隐性的方式隐藏在文中，对于这样的写作知识，全靠学生自己暗中摸索、自己体悟是十分困难的。因为体会得深不深、好不好，甚至能否正确地体会到，基本上都靠学生自身天赋。

正是在这个意义上，鲁迅先生才说："凡是已有定评的大作家，他的作品，全部就说明着'应该怎样写'。只是读者很不容易看出，也就不能领悟。"（鲁迅《且介亭杂文二集·不应该那么写》）因此，在写作指导过程中，范文是有价值的，但前提是必须要合理地使用范文。

由于盲目要求学生多写多练，写作教学就出现这样一种怪现象：每一次作文教学，教师事实上不是在"教学"，而是在"验收"，即"测试、评价"。因为教师心中默认学生已经读了许多、写了许多，写作能力已经在读写过程中自然获得了。当下许多写作课堂教学，既没有"学"，也没有"教"，充其量不过是教师发布一个写作指令，让学生当堂完成一个写作任务。

其基本特征是：教师布置一个题目，提出若干要求，做出几点提示（有时也会提供一二篇范文，后文将详述范文作用）之后，便要求学生开始写作。学生在此过程中，完全凭借个人以往的知识能力应对当下的写作任务，其间教师教学指导的成分极其稀薄乃至于无。倘若学生希望教师稍加指导，教师多半振振有词：现在指导你，考试怎么办？或者理直气壮地质问学生：同样的题目，同在一个班

---

① 荣维东、朱建军，译.国外作文教学实验结果综述[J].语文建设，2009（5）.

级，为什么张三能写好，偏偏你却不会写？

上述行为被学者形象化地概括为"叫"学生写作，而不是"教"学生写作。因为这类写作教学不是为学生的写作学习而设，而是为选拔而设。因此，这类教学总是在有意无意间（或许还有教师的"无力"指导因素在）将日常"写作学习"变得与"写作测试"毫无二致。其总体特征是：撤除了一切支持性条件，让所有学生在某一写作指令下赤手空拳地完成高难度的写作任务。

由此看来，这类写作教学其实并不是写作教学，而是写作测试。这一教学潜在的逻辑是：让学生在一系列近乎测试的写作活动中"孤军奋战"，发挥自我潜能，实现自我教学。不排除有学生在此过程中习得一定的写作知识与能力，获得一定的进步。但是，也有大量学生在不断"试误"的过程中屡战屡败，始终无法形成基本的写作能力。这些学生便成为极少数写作幸运者的"陪读"。

这类测试化的写作教学固然能够筛选出一些优秀的、最有写作潜能的学生，也确实能够使得部分学生在写作过程中自然形成一些写作能力。但是，这类"写作教学"在根本上是违背教学本质的。

我们正处于一个全新的历史阶段，教育教学的使命正面临着重大的变革。教育教学已经从以往的"择优而教"转变为"全纳教育"，所有的学生都应该在教师的指导下获得必要的支持，得到相应的发展。这种为选拔部分优秀学生而让多数学生处于陪读、陪考地位的所谓"教学"，必须摒除。

新课程改革以来，写作课堂教学一度非常热闹：猜谜语、做游戏、擦皮鞋、吃西瓜、学唱歌、学炒菜……举凡可以搬到课堂上的生活行为，都成为写作教学的重要内容。教师把生活中的某些情、景、事、物直接搬进课堂，通过这种"复制"的方式，把生活内容直接灌注进课堂，然后再要求学生把这些生活内容灌注到作文中。我们把这些教学统称为"活动化"的写作教学。

正像研究者所概括的那样：写作教学中存在着企图以搞活动作为写作教学的唯一内容，以搞活动来代替写作教学内容的现象；教师通过在课堂上"制造生活"的方式来生产教学内容，而这些所谓的生活又往往就是学生日常生活的拷贝。[①]

这种写作教学取向的弊端在于：以"搞活动"为写作教学的目的与内容，认为"搞活动"就是写作教学的唯一内容，是写作学习的唯一方式，认为"活动"一番、让学生"动手做"本身即成为写作教学的目的，"做"本身被认为比"做什么"更重要。

显然，单纯的"搞活动"并不是"写作学习"，让学生开展拔河、炒菜、切西瓜、擦皮鞋等各类日常活动并不是真正意义上的"写作活动"。在课堂中开展这些活动并没有明确的目的与意义，也失去了这些活动所依存的生活情境。学生

---

① 叶黎明，种海燕.生活贫乏说和课堂写作教学内容[J].中学语文教学参考，2009.

被教师直接安置在这些活动之中，实际上是一种完全脱离了实际情景的"生活行为"，这类活动既失去了在现实中作为"活动"的特征，也不属于写作学习过程中的"写作活动"。学生不知道为何进行这些活动，更不明白这些活动如何成为写作学习的内容，因此学生的自主性、能动性就难以得到充分发挥，学生作为活动主体的主体地位没有得到落实。

因此，传统意义上的"搞活动"是一种学生被动参与的、观念与实践活动相脱离的不完整的活动。

### 三、写作教学序列化问题

大概是深切感受到写作"无教学"问题之痛，许多教师开始关注"写作序列化"问题。对写作教学序列化的追求一直以来都是中学语文教师心目中最具"科学"意义的行为，故此节不妨略微多做一些阐释。

我国现代语文教育先驱不断倡导语文教学的科学化，而先驱者所理解的"科学化"主要指的就是语文教学的体系化——"为促进学生的国文进步起见，国文教授有大大注重系统法则的必要；妄用点时髦话来说，就是国文教授的科学化。"[1]

类似声音一直延续到 20 世纪八九十年代。当年叶圣陶先生曾大声呼吁："现在大家都说学生的语文程度不够，原因是多方面的。而语文教学还没有形成一个周密的体系，恐怕是多种原因之中相当重要的一个……语文课到底包含哪些具体的内容；要训练学生的到底有哪些项目，这些项目的先后次序该怎样，反复和交叉又该怎样；学生每个学期必须达到什么程度，毕业的时候必须掌握什么样的本领。诸如此类，现在都还不明确，因而对教学的要求也不明确，任教的教师只能各自以意为之。"[2]

最具有标本意义的体系化追求是 20 世纪 80 年代常青的分格写作教学模式[3]，该模式试图通过繁复细密的"格"来编织一张严密的写作教学之网。所谓"格"，就是写作训练中的知识点、训练点，经过连点成线，最终构建一个写作体系。常青将观察的格分为五味（动作、形态、声音、颜色、味道）、七情（喜、怒、哀、惧、爱、恶、欲）、八景（山水林木、乡村城市、晨午晚夜等）等，共 265 格逐一训练。在文体写作方面，常青将文体分为记叙文、抒情散文、说明文和议论文四类，又把记叙文分为写人、记事、写景、状物四类，每一类均分若干"格"。例如，在写人的记叙文中，按人物出场次序、人称、人物对话、人物心理活动、环境及情节矛盾等分四十余格；在记事的记叙文中，把叙事的六要素、线索、写景、

① 沈仲九.初中国文教科书问题[J].教育杂志,1925,17卷10号.

② 叶圣陶.在小学语文教学研究会成立大会上的发言[J].语文学习,1999（4）.

③ 常青.写作教学要分格[J].中学语文教学,1981（3）.

记物等知识分为五十余格。"分格写作教学"实际上就是在课堂中逐一传授各种各样关于"格"的知识。

与之相似的是由华东师范大学第一附属中学陆继椿老师主持编写的初中《分类集中分阶段进行语言训练》（简称"双分"）试验教材。① 这套教材共六册，"是探索语文教学学科化而设计的语文教学体系"。该体系以写的能力为线索，意在编排出一个循序渐进的语文教学的"序"，使学生"一课一得，得得相联"，以"精学""略学"和"自学"三篇课文的阅读带动写作训练。这套教材试图重点解决"量"与"序"的两大问题。所谓"量"，就是一个合格的中学生应该掌握的最基本的语文元素；所谓"序"，就是学生必须掌握的语文元素之间的关系。陆继椿等筛选出记叙能力、说明能力、论述能力和文学作品赏析能力等类别共 108 个知识点，并以此为圆心，在教材编写和课堂教学系列中建立了 108 个训练点，对学生进行分项训练。

体系化写作教学的一个基本特征是：将写作教学目标与内容等要素按一定次序排列，而这个次序一般依据学生年龄段来确定。在某一特定的年段中，先学习简单的内容，再学习复杂的内容；先达成一个较低级的目标，然后实现高级的目标。这样写作教学就呈现为一个前后贯穿、不断深入的复杂的链条式结构。

在和数学、物理等相关学科的对比中，写作教学研究者发现写作教学似乎缺少如同数学、物理学科那样系统严密的知识体系，于是认为这是写作教学的粗疏浅陋之处，于是开始追求体系化的写作教学，致力于将前后相连、环环相扣的序列组织结构作为"科学化"写作教学的基本标志，试图建构一个如同数学、物理学科那样序列清晰、系统严密的写作教学体系。由于写作教学的体系化取向，课程设计者采取"分解组合"的方式对写作教学的目标、内容加以分割，然后再予以重新组合，以期构成一个严密的写作教学系统。

我国写作教学的"分解组合"特征大约可从两个方面加以阐释。

其一是写作知识的分解组合。即将完整的文本语篇分解为"材料、主题、结构、语言、文体"等元素（对这些要素的分解，通常不是基于学生写作学习的需要，而是基于文章学的知识分类），然后在每一个单元中分别训练其中某一个元素，试图通过分解学习写作知识的方式来形成基本的写作能力。

其二是写作能力的分解组合。当写作教学从关注静态知识转而开始重视培养学生的写作技能训练时，课程设计者的思维方式同样是将学生的写作能力分解为一项一项的子技能，然后希望通过逐项训练这些子技能，以培养学生完整的写作能力。

写作教学体系化追求的弊端至少体现在以下两个方面。

第一，体系化追求导致写作知识的泛滥。

---

① 陆继椿. 分类集中分阶段进行语言训练试验教材［C］. 上海：华东师范大学出版社，1987.

写作是实践性极强的课程，追求知识的体系化从根本上违背了写作学习的规律。写作教学的繁难琐细一直为人们所诟病，这与以往过于强调知识"体系"有关。在写作教材与语文课堂中，一直存在着大量正确然而无用的知识，写作学习已经在相当程度上异化为记忆、理解一系列写作知识内容的学习。

第二，追求知识体系化最大的弊端在于：关注知识本身的逻辑系统，忽略学生对知识的获得与内化。

由于追求写作知识的系统与有序，我们习惯于教给学生大量的写作知识，并试图分析出这些知识之间的"系统有序"以便学生能够理解记忆。但是，现实情况是，学生在学习了大量写作知识之后，最终却尴尬地发现自己依旧写不出稍微清通的一段话，写不出稍微像样的一篇文章。因为我们忘记了在写作学习中，"掌握知识"不是目的，"运用知识"才是目的；"解释现象"不是目的，"解决问题"才是目的。学习写作知识是为了"运用"，而不是为了记忆、背诵、复述这些知识。而"运用"就必须是在一定的实践活动中的运用。因此，有效的写作学习应该是精心设计写作活动，然后将最关键的知识镶嵌于这些活动之中，而不是学习大量脱离具体情境的静态的"写作知识"。这是尊重写作教学实践性特征的要义所在。

时至今日，人们已经认识到写作并不是一个线性的过程，写作教学也不必追求一个线性序列或严密体系。正如周庆元所强调的那样，写作过程包括积累、表达和修改，但这一过程的各阶段"不是线性的，而是圆周型的"。①

我们有理由追问：写作教学存在并且需要一个严密的体系吗？

我们知道，"体系化"在数学、物理、化学等学科中根本不成问题，这些学科从来不缺"体系化"，或者说，这些学科天然地带着"体系化"基因。然而，为什么在写作教学中，"体系化"却成了大问题，成为许多语文教学研究者梦寐以求的"终极目标"，以致百年来多少语文教学研究者将之视为"写作科学化"的重要标志？

以往人们认为写作教学效率低下是由于没有组织严密的写作教学体系，但是如今已经出现了为数不少的"写作体系"，但我们依然发现写作教学现状不容乐观。于是，有研究者延续"体系化"的思路认定：这是因为写作教学还没有形成科学的体系。其实，不妨换一个思路思考：百年来无数学人殚精竭虑谋求"写作教学体系"而始终无法寻求到理想的"体系"，也许恰恰是由于写作教学其实不存在也不需要一个严密的体系。

1978年，英国伯恩斯坦从知识的"类别"与"框架"两个维度来分析课程的

① 周庆元.反思与追问：宏观视野下的语文教改价值取向[M].济南：山东教育出版社，2011：50-52.

结构。① 他指出,数学学科之类的知识具有高度抽象化符号性质,学科知识之间彼此是闭锁的,需要靠一定的逻辑予以综合,这类学科可以称之为"收束型"学科;而社会学科一般以活动与经验为基础,学科内容彼此间是开放的,可以谓之"统整型"学科。不同类型的知识进入课程中之后,如果完全由教育者强制性授予,则该课程为"强度框架"的课程,这类课程具有严格甄别学生学力的倾向;如果选择、组织知识较为自由宽松,则谓之"弱度框架"的课程,这类课程具有容许学生个别化学习的倾向。

显然,写作学科在总体上属于社会学领域,依据伯恩斯坦的分类,写作教学当属于"统整型""弱度框架"的课程。既然如此,追求有严密逻辑体系的写作教学显然是不合宜的。写作学习具有强烈的个性化特征,学生的写作学习不是零起点,通常只是在某些方面存在某些不足,因此,写作教学不应该追求其学科逻辑体系;如果一定要讲求"体系",那么,写作教学的体系也不是写作教学知识的体系,而必须是依据学生写作学习需求的体系。

斯蒂芬·图尔明曾在其影响深远的《人类理解论》中,深刻批判了人类的"系统性信仰"。② 他将人类的"系统性信仰"追溯到逻辑数学的连贯性原型——这种原型由数学形式抽象而来,如欧几里得几何学从几条公理推演出整个学科体系。图尔明认为,系统性假定是有害的,因为不仅没有适用于所有学科的整体框架,即使局部框架的系统性这一假设也是无效的。与其将自然科学的内容看成一个严谨连贯的逻辑体系,不如把它看成一个概念群体。为此他主张,放弃在前在后的序列观点将会使我们放弃那些静态的分析……从而只对课程给出一个更为历史的"电影片式"的描述。

事实上,许多写作研究者已经开始了对写作教学体系化追求这一取向的反思。在写作教学追求体系化的同时,对写作教学体系化的质疑之声始终存在。例如,江苏的王栋生老师曾专门著文批判写作的体系化追求。③ 他认为,体系化的写作训练本身就有缺陷。因为学生的起点不一样,阅读经验不一样,积累不一样,写作的兴趣也不一样,用"序列训练",难以因材施教,不可能满足所有学生的学习要求,反倒有可能制约一部分教师的教学创造。

从历史的经验教训以及写作学科自身的规律看,试图通过构建体系化的写作教学来实现写作教学目标,可能是一条很难走向成功的"泥泞之路"。为什么我国写作教学的体系长期以来一直难以建立?以往我们认为是课程体系化做得

---

① 钟启泉. 现代课程论 [M]. 上海:上海教育出版社,2012:238-240.

② [美] R. 基斯·索耶. 剑桥学习科学手册 [C]. 徐晓东,等,译. 北京:教育科学出版社,2010:309.

③ 王栋生. 体系化为什么困难重重? 参见:王栋生作文教学笔记 [M]. 南京:江苏教育出版社,2012:171-174.

还不够，现在也许可以换一种思路来讨论这个问题——写作教学的体系化这一诉求也许本身就是一个方向性错误，研究者一直孜孜以求的写作教学的序列与系统本身也许就是一个虚妄的概念。这样一个系统与序列，也许只存在于课程设计者与写作教师的构想中，现实中却并不存在；这样一个"虚拟的写作教学体系"既不符合学生的实际需要，也不适合指导学生学习写作。

# 第二章 基于深度学习的写作教学设计

　　设计，是一种高级的实践智慧。人们在着手进行某一活动之前，为达到一定的目的，依据已有条件，预先制定某一方法的行为就被称为设计。任何一项设计，都具备如下几个元素：目的性、系统性、最优化。其中，目的性是设计的关键。

　　走向深度学习的写作教学设计，本质上是一种基于写作学习者的教学设计，写作教学目标依据学习者实际确定，旨在促进学生的写作学习。

## 一、教学设计的基本特征

　　顾名思义，"设"意为策划、谋划，"计"意为方案、计划。所谓设计，就是通过谋划一套合宜的方案以满足特定目的而开展的行为。目的性、系统性、最优化是设计的三大特征。

　　以日常生活中的装修设计为例。不同住户对于房屋的使用目的（居住需求）是各不相同的，设计师的设计必须满足住户的需求——此之谓目的性。设计师在设计时必须综合考虑各种因素，如房屋的结构特点、住户的经济条件及性格喜好——此之谓系统性。设计师的设计固然可以有各不相同的方案，但在众多可能的方案中，当有较为合宜的方案——此之谓最优化。

　　教学设计与此类似。加涅曾这样界定教学设计："这是一个系统化规划教学系统的过程。教学系统本身是对资源和程序做出有利于学习的安排。任何组织机构，如果其目的旨在开发人的才能，均可以被包括在教学设计系统中。"①

　　赖格卢特对教学设计的定义也基本类似。他在《教学设计是什么及为什么》一文中指出："教学设计是一门涉及理解与改进教学过程的学科。任何设计活动

---

① 加涅. 教学设计原理［M］. 上海：华东师范大学出版社.

的宗旨都是提出达到预期目的的最优途径，因此，教学设计主要是关于提出最优教学方法的处方的一门学科，这些最优的教学方法能使学生的知识和技能发生预期的变化。"

根据学者的意见，教学设计可从如下层次加以理解。[①]

第一层次，以"产品"为中心。把教学中需要使用的媒体、材料、教学包、网络教学系统等当作产品来进行设计，例如，一份教案就是一个教学设计的产品。

第二层次，以"课堂"为中心。在固定的教学设施和教学资源的条件下进行教学系统设计，其设计重点是充分利用已有的设施和现有的教学材料，选择、开发适合的教学资源和策略来完成目标。例如，一堂写作教学课的计划、实施与评估。

现代教学设计理论是建立在现代学习理论基础之上的。21世纪被人们称为"学习理论的新世纪"。这是继20世纪初学术界达成行为主义共识后，学术界又一次形成的有关知识建构性、意义协商性、认知情脉性的学习观的共识。这些理论都不再视学习为反应的强化、知识的获得这样一个"知识传递"的过程，纷纷转而认为学习是知识的建构，是意义的社会协商，是实践的参与。这些理论都与深度学习具有内在的关联。

目前，人们对于促进深度学习的本质认识已达成如下共识。[②]

其一，有深度的学习是知识建构的过程。

深度学习不是机械记忆学习，在本质上是知识建构的过程。学习不是一种一系列阶段性的、线性发展的过程，也不是一种累积式的"反应的习得"或"知识的习得"。每个人对世界的理解都不相同，并且他们的理解总是与他们所建构的经验的表征和模型有极大关系。当人类遇到他们感到陌生却需要他们去理解的事物时，他们最自然的倾向就是尝试用自己已有的知识去确定该事物的意义。

因此，基于深度学习的教学设计必须充分借助学习者建构知识的基本规律，要努力设法为学习者提供建构自己知识、表达自我理解的机会。教学设计的主要任务就是引导、支持学习者建构知识，而不是听教师讲解知识。

其二，深度学习是一种合作性活动。

"学习是活动"这一观念意味着学习者具有与知识、世界、他人的多重关系。活动理论关注人们参与的活动、活动中使用的工具的性质、协作者之间的背景及其社会关系、活动的目标或者目的，以及活动的对象或结果。

钟启泉曾总结新学习观的如下基本观点[③]：学习是主动的建构，学习具有社会互动特征，具有主观性和个别性，具有情境性，具有情意特征（包含丰富的自

---

① 何克抗．教学系统设计［M］．北京：高等教育出版社，2006：10-11.

② 乔纳森，等．学会用技术解决问题：一个建构主义者的视角［M］．任友群，等，译．北京：教育科学出版社，2006.

③ 钟启泉．现代培训课程论（新版）［M］．上海：上海教育出版社，2006：223.

我认识和情感信念因素），学习任务与学习者密切相关，学习受学习者发展程度影响，学习包括学习者的元认知。

教学设计者必须面对这样的挑战：既然学习是一种活动，而教学内容则主要基于领域知识体系，那么，如何才能将来自于学科领域的知识转变为学习者的学习活动？如何以学习者的系列活动为基础设计有效的教学系统？

其三，深度学习是情境脉络的变迁。[①]

自 20 世纪 80 年代开始，情境认知、社会文化认知、生态认知、日常认知、分布式认知等理论开始成为学习心理学关注的重点。研究者发现，学习绝不是一个发生在学习者头脑中的孤立的思维过程，人的认知行为是在一个复杂的文化环境中形成的，其间融合着工具、伙伴、环境等多重因素。知识是情境性的、实践性的，是通过协作产生的。因此，一个高度关注学习环境的情境认知理论应运而生，该理论关注在一个学习环境中正在发生什么，以及学习环境是如何提高学习者的学习绩效的。

知识和世界是融合的，知识不能代替世界。把规则和规律从情境脉络中抽象出来，这种规则和规律对大多数学习者没有意义。知识的产生与应用知识的情境脉络是不可分的，关于情境脉络的信息是学习者建构的知识的一部分。

情境学习理论有两种观点。

一种是心理学和教育学的方法，关注学校情境下的学习，研究的重心是如何设计学习环境，以支持学习者达到特定的学习目标和学会特定的内容。中心问题就是创建实习场，以使学习者在培训中所学与今后在实际工作场景中所遇到的保持一致。

另一种观点是人类学的方法，关注的不是意义或内容的情境性，而是关注共同体以及学习意味着什么。这种观点认为，知识从根本上是处于实践之中的。该观点对于"学习"的理解不同于以往的认知理论，即：学习的本质不是"获得"而是"参与"。

根据情境认知理论，知识实际上是基于社会情境的一种活动，是个体与环境交互的建构行为，是人类适应环境的基本能力。随着人们对学习本质认识的进一步深入，人们发现以往注重传授割裂的、脱离情境知识的"授受"式学习理论，无法将所学知识真正内化为学生的能力，于是研究者提出了情境认知学习理论：关注"教"，但更加注重"学"、注重学习环境，将学习建立在学习者已有的知识基础上。

学习观的改变必然深刻地影响教学设计的改变。现代教学设计无论在设计观念还是在设计范式上，都因此发生了重大的变革。

---

① 钟志贤.面向知识时代的教学设计框架［D］.华东师范大学教育信息技术系博士论文，2004：184.

（一）现代教学设计理念

自 20 世纪 90 年代以来，教学设计已经发生了从关注"教师的教"到关注"学习者的学"这一基点的战略性转移。[①]

国际上目前已经形成多种聚焦学习的教学设计新范式，如："学习者中心设计范式""追求深层理解力培养的设计范式""指向个体道德性、社会性和智力性全面发展的设计范式"等。[②]

什么样的教学设计能够在真正意义上"促进学习者的学习"呢？

上述这些教学设计范式都渗透了"建构—探究""真实—情境""自主—合作""技术—资源"等新的学习理念。在此背景下，几乎所有的国家都在寻求课程与教学设计范式的改革，而这些改革都毫无例外地聚焦于"学习者学习方式的改造"之上，这一改革的背后就是学习观念的根本性变革。传统的学习观是"输入—产出"，认为教学就是将既有的知识输入学习者头脑以求得高效产出，高度重视系统知识的传授与学习。

从 20 世纪 90 年代初开始，教学设计渐渐从关注教学者的"教"转向学习者的"学"，从对教学材料、教学内容和教学事件的安排已经逐渐转变为设计学习环境和学习者的学习支撑。[③]

根据美国课程与教学设计专家李·艾伦（Lee Allen）的概括，促进深度学习的教学设计具有如下八大特征[④]：

（1）学习者学会如何寻找知识，而不是消极等待教师提供知识；

（2）学习者自己准备需要提出的问题，而不是等待教师提问；

（3）学习者是积极的、参与型的学习者，而不仅仅是听众；

（4）有学习者评价及教学评价告诉教师教学的成功与失败之处；

（5）教师不单独评定学习者的学习表现，而是由相关人员参与评价；

（6）学习者通过团队活动进行学习，并因团队而非个人表现受到奖励；

（7）学习者学业成绩应根据学到多少来评定，而不是依据教师上课数量来确定；

（8）教师对学习者进行指导，帮助学习者提出难题并寻找有效的解答方法。

我国研究者也概括了如下深度学习的性格特征[⑤]：

---

① 乔纳森，等.学会用技术解决问题：一个建构主义者的视角［M］.任友群，等，译.北京：教育科学出版社，2006：24.

② 裴新宁.学习科学：一个新的参照系［J］.上海教育，2013（4A）：49-51.

③ 高文，等.学习科学的关键词［M］.上海：华东师范大学出版社，2009：116.

④ 罗伯特·M·戴尔蒙德.课程与课程体系的设计和评价实用指南［M］.黄小苹，译.杭州：浙江大学出版社，2006：37.

⑤ 郑太年.学习科学之要义与政策意蕴［J］.上海教育，2013（5A）：55-57.

以学习者为中心的"教"与"学"各要素关系

| 要素 | 与学习的关系 |
|---|---|
| 学生 | 学习活动主体、知识建构者 |
| 教师 | 学习活动设计者、组织实施者、学习者建构和探究的支持者 |
| 知识 | 既包括事实性知识，也包括程序性知识，以及编码知识和情境化、实践性知识 |
| 知识·世界 | 知识是有效理解真实世界和解决问题的工具和方法；知识不是世界的表征、代表 |
| 学生·知识·世界 | 学生建构知识和知识结构而不是接受和记忆知识；学生通过探究真实世界的问题建构理解世界的观点和发展实践能力，而不是以记诵知识、程序来代替对真实世界的探索 |
| 教师·知识·世界 | 教师不是呈现知识和程序来教会学生理解世界和解决问题，而是设计活动让学生解决问题和建构知识 |
| 教师·学生 | 不是教师讲、学生听和练，而是学生的探索和建构；教师设计活动，指导和支持学生的探索与建构 |

（二）现代教学设计范式

人类社会正由工业时代不断向信息时代转变，其主要标志为：主管者为王转变为用户为王，标准规范化转变为客户定制化，单向传输转变为网络化交流。

在教育教学领域，这一转向同样存在：以往的教育旨在择优筛选人才进行批量化生产，因此致力于对学生划分等级实施标准化的教育；现代教育旨在满足不同学习者不同的学习方式与需求，因此致力于帮助所有学生学会所期望的知识和技能。

正如高文教授所言[①]："当代教学范式必须从标准化转变为根据学习者的需求进行定制，从关注教材的呈现转变为重点分析学习者的需求，从内容的灌输转变为帮助学习者理解。"新的教学范式必然要求与之相适应的教学设计的新范式。所以，自20世纪90年代以来，教学设计领域便很自然地发生了从关注教学到关注学习的研究基点的战略性转移。

教学设计是一个复杂的系统工程。为便于阐释，我们借用朱德全教授关于教学设计的有关论述。他认为，教学设计包含三个基本范畴：目标方向设计、过

① 高文.教学设计研究的昨天、今天与明天.参见查尔斯·M·赖格卢斯.教学设计的理论与模型（第二卷总序）[M].裴新宁，等，译.北京：教育科学出版社，2011：19-20.

程组织设计、质量监控设计。① 结合上文对教学设计理念的理解，此处将从上述
三个范畴讨论教学设计。

**1. 目标设计**

教学设计首先必须确定教学目标。教学目标从哪里来？根据现代学习理论
与教学理论可知，不是来自于教科书，也不是来自于教师的主张，而是来自于学
习者。

我们已经知道，当代教学设计有一个根本的取向：以学习者为中心的定制化
设计。关注学习者的学习、满足学习者的学习需求是当代教学设计的主基调。

教学设计者在设计教学目标时，必须充分研究学习者的学习状况，探测学习
者的学习需求，应当把满足学习者的需求、促进学习者的学习，作为基本的教学
目标。

**2. 过程设计**

在分析学习者需求并确定教学目标之后，就需要基于目标设计教学过程。
教学过程一般理解包含如下三个部分：教学内容、教学情境、教学支援。

第一，依据教学目标确定合宜的教学内容。一般来说，教学内容主要是指那
些能够有效达成教学目标的知识内容。设计者应该依据教学目标对相应的知识
进行加工处理，使之有利于学习者的学习。

第二，在确定合宜的知识内容后，如何呈现这些内容也是设计者应当考虑
的。一般来说，知识的有效学习必须通过一定的情境才能实现，因此，需要为静
态的知识设计情境，使之便于学习者的领悟与掌握。为教学内容创设情境，让学
习者在鲜活的具体情境中运用并内化所学知识，这是教学设计的应用之义。

第三，如果充分考虑到学习者的学习困难，设计者还应该设计必要的教学支
援，为学生的学习提供辅助和支撑。设计者需要充分预估学习者可能遭遇的学
习困难，据此逢山开路、遇水搭桥，为学习者提供及时、必要的帮助。

设计教学过程，需统筹考量上述几个方面，以便设计最优化方案。

**3. 评价设计**

一切有效的学习都离不开反馈与评价。教学设计既然以促进学习者学习为
旨归，就必然需要精心设计合宜的评价。

设计评价的目的不是为了区分学生，不是通过评价把学生分为三六九等，而
是为了促进学生更好地达成预设的教学目标。这样的评价可能更多的是具体的、
质性的反馈，而不是一个简单的评分或等级。

评价设计需要注意考量评价时机的适切性，既要有过程评价，也有结果评
价；还需要注意评价方式的丰富多样，可以兼顾学习者的自我评价和同伴互评，
兼顾量化的量表测评和经验性的质性评估。

---

① 朱德全. 论教学设计的逻辑生长点[J]. 教育研究，2008（8）.

### 二、写作教学设计的转向

作为教学设计的下位系统,写作教学设计自然不会例外于当代教学设计的时代大潮。我们有理由追问,当现代教学设计发生重大的战略转向之后,写作教学设计需要发生怎样的转变才能满足上位系统和学习者的要求呢?

**1. 写作教学设计的常见范式**

日常教学中,我们经常可以看到类似的写作教学设计方案。

#### 让人物描写更传神

本设计的核心目标有两个:了解人物描写的方法;学会运用细节描写刻画人物。

设计方案分为六个部分:

(1)读一读——导入新课

莫泊桑笔下的叔叔:我望着他的手,他那只全是皱纹的水手的脏手,又望着他的脸,一张忧愁萧索的衰老可怜的脸,一面向自己说:"这是我的叔叔,父亲的兄弟,我的叔叔。"

思考:这段话有哪些细节描写?(提示:神态、外貌、语言)

(2)比一比——比较不同描写方式产生的效果

分组讨论,找出它们的不同。老师引导,找出关键点。

例一:贝多芬的外貌(对比一下哪个更好)

A:他的脸上呈现出悲剧,头发盖在头上,眼睛有一种光,鼻子下一张嘴,整个描绘出坚忍无比的生的意志。

B:他的脸上呈现出悲剧,一张含蓄了许多愁苦和力量的脸;火一样蓬勃的头发,盖在他的头上,好像有生以来从未梳过;深邃的眼睛略带灰色,有一种凝重不可逼视的光;长而笨重的鼻子下一张紧闭的嘴,衬着略带方形的下颔,整个描绘出坚忍无比的生的意志。

例二:《背影》

A:我看见他戴着黑布小帽,穿着黑布大马褂,深青布棉袍,艰难地穿过铁道。

B:我看见他戴着黑布小帽,穿着黑布大马褂,深青布棉袍,蹒跚地走到铁道边,慢慢探身下去,尚不大难。可是他穿过铁道,要爬上那边月台,就不容易了。他用两手攀着上面,两脚再向上缩;他肥胖的身子向左微倾,显出努力的样子。这时我看见他的背影,我的泪很快地流下来了。

例三:时文两段

① 罗中立的油画《父亲》一张古铜色的老脸上,满是艰辛岁月耕耘出的一条条车辙似的皱纹。在这张刻满了皱纹的面孔上,微笑显得那么的勉强与无助。他的手中端着一个破旧的茶碗,那犁耙似的手啊,曾创造了多少大米白面,多少大豆高粱!

② 我抬起头来，猛然看见那双睫毛很长的眼睛里充满了泪水，像雨雾中正在涨溢的湖水，泪珠在眼眶里打着旋儿，晶莹透亮。我瞬即垂下头避开她的目光，要是再在她的眼睛处多驻留一秒，我肯定就会号啕大哭。我低着头咬着嘴唇，脚下盲目地拨弄着一块碎瓦片来抑制情绪，一股热辣辣的酸流从鼻腔倒灌进喉咙里去。我终于扬起头鼓着劲儿说："老师……我走咧……"

她的手轻轻搭上我的肩头："记住，明年的今天来报到复学。"

我看见两滴晶莹的泪珠从她睫毛上滑落下来，缓缓流过一段，就在鼻翼两边挂住。我再次虔诚地向她鞠了一躬，然后转身走了……

陈忠实《晶莹的泪珠》

（3）议一议——合作探究

通过以上三段文字的比较，请大家讨论一下：如何巧妙运用细节描写刻画人物？用细节描写刻画人物有哪些方法和技巧？（学生分组讨论）

教师归纳细节传神的要点：

① 抓特点（肖像特点，典型事例）

② 细描绘（修饰语、修辞、联想和想象）

③ 倾情感（作者评价性、概括性、总结性的语言）

（4）赛一赛——当堂写作

试写我的老师，以激动人心的时刻、镜头或者场面表现人物形象。（最好是多角度描摹）

分小组分别进行语言、动作、肖像、心理等描写，每组推选一位同学来读，其他同学欣赏。

（5）谈一谈——你有哪些收获

（6）练一练——布置作业

请以你熟悉的一位朋友、同学或老师为对象，选择有代表性的生活细节进行描写，来展示人物独特的个性特点。字数 600 字以上。

这是一个非常典型的写作教学设计。说典型，是因为该设计大致体现当前写作教学设计的基本样态。

在总体框架上，这位教师的设计非常精致，六个教学环节环环相扣，围绕"细节描写"指导学生读范文、研究范文，并从范文中提取了一些有关细节描写的"方法技巧"。应该说，能够设计出这样的写作教学方案的教师，在同行中已是佼佼者。

但我们依然从中发现了一些根本性的问题——这一设计还缺少实质性的写作学习指导。例如，当教师总结出"细节传神"的三大要求之后，就立即要学生运用这些方法进行描写，这就非常值得商榷。

先不论"抓特点、细描绘、倾情感"三点作为"细节描写"的知识是否妥当，只看教师在传授知识之后立刻让学生运用知识写作就值得深思。因为写作学习主要不是"懂知识"而是"用知识",写作教学的关键是教师在学生用知识写作的过程中进行有效指导。例如,如果要有效指导学生在细节描写时"抓特点",教师在设计教学方案时就应该思考如下问题:学生在"抓特点"进行描写的过程中遇到了怎样的困难?如何才能"抓特点"?教师需提供怎样的帮助才能使学生抓到特点?类似的这些必要的指导,在设计中都付诸阙如。

事实上,如果将上述设计方案视为一次以"细节描写"为主题的语文活动课设计,我们认为是比较出色的。教师围绕细节描写这一话题充分开展一系列语文活动,读读、写写、议议,学生在此过程中是会得到一定受益的。但是,如果从写作教学设计的标准看,我们认为该设计中写作学习的成分还是比较稀薄的,其间充斥着大量阅读、赏析的元素,至于如何才能将学生在这些活动中的受益注入写作活动中,并助推学生的写作学习,该设计其实做得是不够的。

当然,我们必须指出,上述写作教学设计所出现的问题并不是教师个人素质所致,事实上,能够做出这样写作教学设计的教师已经相当优秀。正如王荣生教授所言,在语文教学实践中长时期地、大规模地出现的问题,一定与语文课程的不完善有直接的关系。当然,也与我们目前写作教学设计研究与实践的缺失有关。

在此,我们对当前写作教学设计的常见样态做如下粗线条勾勒。

第一,在写作教学目标层面:在确定写作教学目标时,满足于让学生学习一些写作知识,通常将关于写作的若干陈述性知识或程序性知识传授给学生,而这些学习内容以及对这些内容的学习顺序通常是根据教师、教材编者或专家的意见决定的,并非根据学生写作学习实际情况而定的。目标确定因此忽略学生的实际写作困难。另外,教学目标的呈现比较笼统、泛化,聚焦性不够。

第二,在写作教学内容层面:教学内容往往是静态陈述性知识,缺少策略性知识;相关知识没有充分关注学生的写作学习需求。

第三,在写作教学结构层面:写作学习活动设计不足,缺少针对性的写作教学支援,合宜的习作教学评价缺位。

显然,这样的设计其总体取向还是侧重关注写作结果、关注写作知识本身的,对于写作学习者的实际需求、对于写作学习者在学习过程中实际遭遇到的困难是相对忽略的。新型写作教学设计亟待改变这一取向,转而高度关注写作学习者的实际需求,并依据其需求设计教学方案。

转向后的写作教学设计有如下特征:

(1)设计基本取向:以写作学习者为中心取向,聚焦学生写作学习需求,为学生写作学习提供帮助,支撑学生的写作学习。

(2)教学目标:目标来自对写作学习者的需求分析,目标通常是具体、微型化的。

(3)教学内容:能够促成目标的达成,内容以程序性知识为主;确定教学内容以是否能促成学生完成写作学习任务为依据。

（4）教学过程：始终考虑学生在写作学习过程中的实际困难，为写作学习架设必要的支架，并提供合宜的评价标准与方式。

走向深度学习的写作教学设计在其逻辑起点、基本样态和设计步骤等方面，都发生了重大的战略性转向。

**2. 写作教学设计的逻辑起点**

写作教学设计如何促进深度学习？我们借国际流行的"教育超市"隐喻予以阐释。

该隐喻认为，一个超市是否经营得富有成效，不看该超市所保有的商品是否种类齐全，不看商品本身是否系统丰富，而应该看该超市是否能够满足当地消费者的需要。同理，一个教学设计是否合宜，也不能看这一设计方案中的知识是否具有"系统性"与"丰富性"，而应该看它是否能够满足学习者的实际需求。那么，在进行写作教学设计之际，确定教学目标与知识内容，显然也应该以学生的学习需求为依据。

我们还可以用一个"黄金隐喻"来阐释这一主张。

黄金知识作为一个知识系统，它应该是具有体系的、结构化的，人类将千百年来对黄金的研究与实践所积累的知识加以组织，构成了整个关于黄金的知识体系。但是，如果将这些黄金知识用于教学设计，显然不能简单地选择一些设计者认为重要的知识传授给学生，而只能依据学生的实际需求来确定。例如，如果要求学生区别一块黄金和一块白银，只需要掌握一点知识即可：金子是黄色的。但是，如果要区别金表和银表，还需要进一步知道黄金的比重和质地等知识。

那么，促进深度学习的写作教学设计，其逻辑起点是什么呢？

在写作教学设计中，一个合适的教学目标需要有效的问题来表达。例如，学生写作为什么容易偏题？学生为什么写作时无话可说？学生分析问题为什么容易走极端？这些在学生写作学习过程中反复出现、大量出现的问题就成为触动写作教学设计的原初动力。为解决这些问题，就必须设计一系列写作学习过程。例如，选择适切的知识内容、设置写作学习活动、安排写作学习活动的流程等。这一切设计手段，最终目的都是为了解决这些实际问题。最后，对学生写作学习效果的评价，也只能看设计之初所聚焦的写作问题是否得到了解决。

由此看来，基于深度学习的写作教学设计，其逻辑起点在问题解决。

"问题解决"大致可以解析出三个基本元素，分别是"目的指向性""子目标的分解"和"算子的选择"。格拉斯（Class）1985年把问题解决划分为相互区别又相互联系的四个阶段：表征问题、确定解题计划、执行解题计划、监控与调节。

问题解决的这些特性与阶段，和写作教学设计特征是基本一致的。问题解决之所以成为写作教学设计的逻辑起点，是由于写作行为本身就属于问题解决这一范畴。

写作研究者认为，"写作活动实际上是一种问题解决活动"。① 海斯（Hayes）和弗劳尔（Flower）建构的写作过程模型就将写作行为视为一种目的导向的问题解决活动，该模型表明："写作目的是分层次组织的，作者通过三个环节的认知过程——确定计划（目标）、执行计划和评价计划的执行情况，来达到目的。"

我们知道，人们在从事写作活动时，总是面临形形色色的问题：或材料不足，或思路闭塞，或表达困难。整个写作过程，实际上就是解决上述各种问题的过程——解决得好，写作就成功顺利；解决得不理想，写作效果就会大打折扣。

在写作教学视域，学生实际的写作水准与老师希望达到的目标之间一定存在差距，这个差距就是教学设计需要解决的"问题"。写作教学设计必须关注并尊重学生客观存在的这些问题，或者将大"问题"化解成小"问题"（此为"子目标的分解"），或者为解决问题寻找合适的对策（此为"算子的解决"）。学生写作学习问题如果能够得到解决，意味着这样的教学设计是合宜有效的；反之，教学设计就存在不足。

正如有学者所言，问题是教学方向和教学动力生成的核心要素，教学过程实质上是基于问题解决的学习过程。问题的表达和创设是目标方向设计的操作性载体，问题解决认知过程的心理表征是教学过程组织设计的基本意蕴，问题解决的有效质量是评价监控设计的目标指向。②

综上所述，我们可以得出结论：基于写作学习问题、致力于解决学生的写作学习问题是新型写作教学设计的逻辑起点。

### 3. 靶向式微型化设计

为有效应对学生在学习过程中遭遇到的各种问题，写作教学设计需要借鉴当前以"用户第一"为理念的微型学习理论及其设计技术。

由于移动信息技术的飞速发展，微型化学习已经成为时代的标志。所谓微型化学习就是把学习内容微型化，分割成适合于在零碎时间中学习的众多片段化的知识，从而有利于在有限的课堂教学时间中开展学习活动。祝智庭教授总结了微型化学习的如下特点：内容组块信息含量的微型化；学习时间跨度的短暂性；具有独特学习品性与格调特征，强调学习者在学习中获得一种轻快、愉悦的学习体验。③

微型化学习具备如下几个特征，能够有效促进写作深度学习。

（1）微型时间：为满足随机移动学习的需要，微型学习时间可以是十几分钟、几分钟乃至几十秒。

---

① 朱晓斌.语文教学心理学［M］.北京：高等教育出版社，2011：194.

② 朱德全.论教学设计的逻辑生长点［J］.教育研究，2008（8）.

③ 祝智庭，等.微型学习——非正式学习的实用模式［J］.中国电化教育，2008（2）.

（2）微型目标：学习时间的微型化必然要求学习目标的微型化。

（3）微型内容：学习时间的微型化必然要求学习内容的微型化。

（4）微型活动：利用通信技术开展双向交流学习，在互动中实现预期学习目标。

综上所述，可用四个关键词来表述微型学习的特征：学习时间短暂化、学习目标与内容微型化、学习方式互动化、学习体验愉悦化。

为什么微型化学习能够促进写作深度学习呢？主要基于如下几点原因。

第一，在母语写作状态之下，学生的写作学习绝非零起点。

玻尔（Per.S）的研究表明[①]：即便是写作技能很差的学生，他们在写作时也会熟练地运用一些固定的写作策略。因此，学生在写作学习过程中所遭遇的一定不是全方位系统性的困难（否则无法开展学习活动），只是在局部存在某些缺陷与不足。所以，学生学习写作，往往只需要学习自己最缺乏的知识，够用即可，大可不必追求知识的系统丰富。

第二，依据写作认知负荷理论，写作学习采取微型化学习方式开展较为有利。

写作心理学研究证实，在写作学习中存在认识负荷的现象。因此，对写作学习内容进行微型化处理，往往能够更有效地开展写作学习。反之，如果贪多求全，追求知识的大容量、高密度，反而会妨碍写作学习。

认知负荷理论（The Cognitive Load Theory，CLT）由澳大利亚心理学家约翰·斯威勒（John Sweller）于20世纪80年代末提出，基本观点如下。

人的工作记忆容量是有限的，有一定的负荷区间。学生在学习过程中，其工作记忆涉及信息存储、提取和加工处理等一系列活动，在进行这些活动时，学习者均需消耗认知资源，都要付出一定的"心理能量"。若所从事的活动所需要的资源总量超过了个体所具有的资源总量，就会引起认知资源分配不足的问题，从而影响活动的效率，这就被认为是认知超载。

认知负荷一般可以从三个方面加以分析：内在认知负荷、无关认知负荷、相关认知负荷。所谓内在认知负荷，指的是源于学习内容本身的性质，一般而言，学习材料的难度越大，其认知负荷程度越深。内在认知负荷是相对于学习者已有的知识经验和技能水平而言的。当学习内容要素之间的联系较为复杂，而学习者又未掌握信息加工所需要的相关技能时，就会出现较高的内在认知负荷。这时，为了促进有效的学习，就必须对复杂的学习内容加以简化，以便降低内在认知负荷。而"无关认知负荷"的形成主要与课程内容的组织设计有关。课程内容组织混乱复杂，就会给学习者的学习造成较大的负荷，导致认知资源超载。"相关认知负荷"涉及与学习直接相关的认识加工，如图式建构和自动化。

在工作记忆容量范围内，内在认知负荷、无关认知负荷和相关认知负荷呈动

---

① 丁炜.全语言研究——兼论语言学习的社会文化观［D］.华东师范大学博士论文，2009：25.

态变化：当三者的总和超过工作记忆的容量时，信息加工就会受阻；如果内在认知负荷较高，就必须通过学习内容的合理设计将无关认知负荷控制在较低水平，否则容易引起总认知负荷过载。因此需要减少无关认知负荷，将认知资源应用到与相关认知负荷有关的图式建构和图式自动化加工活动中，以改善认知负荷总量。

认知负荷理论认为，学习者要同时注意两个或多个来源的信息知识或活动时就会导致注意分散。学习过程中的冗余信息会产生无关认知负荷，从而分散学习者对重要材料的注意力，加重学习和理解的认知负荷。

根据研究，在观念产生、内容组织和目标设置等写作过程中，高水平写作者往往比低水平写作者占有更少的工作记忆容量。学生能否有效写作，依赖于他们对工作记忆资源的管理水平。高水平写作者由于许多写作环节都达到自动化，因此写作较少受到工作记忆资源的制约，从而有更多精力用于更高级的加工，例如可以更为轻松地将观念思想加工成更协调、更全面的文章。

微型化学习方法有助于减轻写作学习中的认知负荷。

例如，有人把写作任务分解成多个步骤，并为学生提供了合适的写作样例，取得了较好的写作效果。而曾经在写作课程史上具有革命性影响的"过程写作法"，其实质就是将学生的写作行为分割成可管理的几个阶段，在每个阶段只要学生关注有限的几个子目标，就可以降低其认知负荷，从而有利于写作学习的开展和深入。

研究者已经得出这样的结论：写作作为一种复杂的认知加工活动，必然受到认知资源限制，其任务目标中包含了许多子目标，需要进行较高水平的认知加工，这往往会超出个体所拥有的认知资源总量。某种意义上，学生在写作过程中感到困难，通常与高认知负荷密切相关。[①]

合宜的写作学习，就是通过减少认知加工活动来降低写作学习者的认知负荷，从而达成预期的学习目标。对于一些虽然重要、却不是目前学生急需的知识，可以暂时搁置；对于一些不可或缺、但不属于重点目标的知识，则通过提供支架的方式分解认知负荷。

### 三、写作教学的五大策略

2011 年，王荣生教授曾向笔者提出这样一个问题：写作课堂教学研究，不要试图构建什么写作教学体系，只要回答这样一个问题——如果给你 100 堂写作课，以三年为期，要求让学生的写作水平得到有效提升，你这 100 堂课将会教些什么？又将如何教？

我将此称为写作课堂教学的"王荣生之问"。这一发问是建立在王荣生教授

---

① 朱晓斌.写作教学心理学［M］.杭州：浙江大学出版社，2007：57.

很早就提出的"写作无教学"观点基础之上的。如果说"写作无教学论"主要侧重批判,那么,这一追问则是重在建设——提出了在一个特定的学习阶段中,乃至在每一节写作课堂上,语文教师应该教什么、怎么教的问题。

写作无教学,这一判断已经成为共识。为何众多教师投入很大精力于其上,并且在语文教学中占据半壁江山的写作居然称不上"教学"?根据加涅的定义,课堂教学在本质上是"一组精心设计的用以支持学生内部学习的外部活动"。一切教学行为都是外在于学生的,这些教学究竟能否产生效果,必须看它是否能够支撑学生的内部学习。根据这个定义我们判断,大量的写作课堂上的教师行为固然经过了"精心设计",却没有起到"支撑学生内部学习"的作用。

如何使写作课堂具有"教学"价值?本文认为,有效的写作教学必须研究学生,瞄准学生的实际需求确定教学目标、开发教学内容、设计学习活动,并提供必要的学习支援。简要阐释如下。

**1. 探测写作学情**

写作课堂教学首要关注的问题是:"学生在哪里?"

首先,写作课堂教学与其他学科教学相比有其独特之处。在母语学习状态下,学生的写作学习其实不存在一张白纸现象,学生的写作起点不是全面的空白,而是局部的缺失。正常情况下,任何一个学生都能够写出一篇总体完整的文章。学生之间的写作状况总体上只是好与不太好的差距,或者是好与更好的差距。所以,合宜的写作课堂教学应该是准确探测到学生的写作起点水平,了解学生的写作学习需求,然后提供必要的教学,满足学生这一需求。

其次,从一堂课的角度看,由于写作是一种实践性活动,写作能力的形成需要通过较多的学习活动、消耗较多的时间才能内化所学知识转换为写作能力。因此,写作课堂教学必定不能在有限的时间内全面撒网,四处出击,而应该针对学生某一点不足进行"按需施教"。即便学生存在较多的写作知识能力的欠缺,教师也不能企图在一堂课中解决若干问题,只能聚焦其中一点,同时悬置其他问题,通过"积小胜为大胜"的方式,逐渐发展学生的写作能力。这时,探测分析学生最近发展区、了解制约学生写作水平提升的"瓶颈",就成为写作课堂教学的起点。

钱梦龙先生曾于"文革"结束后不久接手一个初二年级"双差班"的教学任务。该班学生不但学习水平低,而且学习态度差、习惯差,在写作方面更是让人头疼不已。"句子不通倒还不算主要障碍,单是那些缺胳膊少腿的千奇百怪的文字以及文字间莫名其妙的组合关系,就让老师头晕得没有勇气看下去。"面对错别字连篇、思维混乱、文句不通的这类作文,教师需要教的内容实在太多。但是,正因为学生欠缺太多,钱梦龙老师反而没有面面俱到地将汉字书写、遣词造句、谋篇布局等知识悉数传授给学生。钱老师完全不做"一锤子买卖"。他布置了一篇题为"我的一家"的作文,只对学生提出两项要求:标题必须写在第一行的正中间;文章要分段,家里有几个人就写几段,每段开头必须空两格。当学生作文本交上来后,钱老师根本不仔细看,只根据上述两项要求打分。[①]

钱梦龙老师的这个经典课例,本质上就是依据学生的实际写作水准而开展的针对性教学。由于这一教学完全贴着学生的实际设计,因此针对性很强,教师所教的知识完全符合学生的需求。同时,由于教师非常了解学生的学习能力与学习态度,因此,所教内容非常简单、非常明确,属于学生稍做努力就能够达成的学习目标。

写作课堂教学的起点绝不是教师随意地"想教点什么",也不是有一堆写作知识需要传达给学生。写作课堂教学旨在"支撑学生的内部学习",这要求教师通过一系列办法,确切了解学生的写作学习困难与需求,诊断学生的"写作学情"。教师必须充分了解到:学生在写作学习之前主要缺失哪些知识?学生在写作学习过程中究竟遭遇了什么困难?学生最需要得到教师什么样的帮助?只有这些问题明确了,才能有效实施针对性教学。

写作学情的探测是一项专业性很高的技术活。现代医学在治疗病人之前,都有一套比较完善的病情探测手段,如化验、CT、B超、核磁共振……但是,写作学情探测技术目前完全处于最原始的"批阅"阶段,教师只能凭借经验模糊地了解学生的写作实际状况,这严重制约了写作教学针对性与有效性的提升。

当然,也有一些教师致力于研究写作学情探测技术,也取得了一定成果。笔者将在随后的专栏文章中介绍一些有效的写作学情探测技术,如作文批阅法、问卷访谈法、切片分析法、数据统计法等。

当我们探测学生写作学情之后,可以比较精准地确定学生的最近发展区,把握学生写作学习中的瓶颈问题或有价值、易于解决的问题。这就是所谓的"精准靶向式"写作教学范式。

**2. 炼制核心知识**

当我们准确探测了学生的学情,确定了写作教学的"箭靶",写作教学就可以有的放矢了。这时的"箭"就是核心知识。写作教学必须选择或炼制最关键的知识,让学生借助这些知识形成写作能力,提升写作水平。

但是,写作教学知识开发存在如下两点不足:一是缺少知识;二是忽视知识。王荣生老师曾经感叹中小学语文课程与教学中的知识开发的贫瘠[②]:

小说,除了被拧干了的"人物、情节、环境"这三个概念,事实上已没有多少知识可教了;诗歌,在感知、背诵之外,只有题材、押韵等屈指可数而且极为表面的知识;散文,也只有"形散神不散""借景抒情""情景交融""托物言志"

---

① 邓彤 . 微型化写作教学研究[M]. 上海:上海教育出版社,2018:180-181.

② 王荣生 . 语文科课程论基础[M]. 上海:上海教育出版社,2004.

等似知识又似套话的几句话，以不变应万变；戏剧，除了"开端、发展、高潮、结局"的套路简介，再不见有像模像样的知识。从小学到初高中，语文课程与教学就是在这么几小点知识里来回倒腾，还美其名曰螺旋形上升。

在写作教学领域，这些现象同样存在。当下流行的写作课堂上的知识多数是有限的文章写作知识（如以小见大、夹叙夹议）、若干描写知识（如细节描写、景物描写、人物描写）等。

当然，忽视知识的现象近年来有所改观，但依然有一些教师没有意识到知识在写作教学中的作用，宣称写作主要是人生经验的积累，试图依靠学生个人体验、自我领悟来开展写作。从课程教学论角度看，没有知识，教学便没有依托，就无法进行。

写作教学中，教师总不免要教给学生一些内容，但这些内容往往是一些正确而无用的知识。例如，许多语文教师会教给学生这套东西：当简则简，当详则详；正面描写，侧面描写；记叙六要素，议论三要素……不是说这些内容不对，而是说这些内容事实上对于学生的写作学习没有实质性的帮助。最终的结果便是除了学生能够讲述这些术语以外，根本没有办法在写作实际中运用这些知识内容。

笔者曾对目前写作课堂教学中经常呈现的一些记叙文知识做了如下梳理。

记叙文的内容与方式：简单记叙文、复杂记叙文。

记叙文的写作对象：写人、叙事、写景、状物。

记叙的六要素：时间、地点、人物，事件的起因、经过、结果。

记叙的顺序：顺叙、倒叙、插叙。

记叙的线索：人线、物线、情线、事线、时线、地线。

记叙的人称：第一人称、第二人称、第三人称。

记叙的中心与详略：材料与中心，材料的详略安排。

记叙文的常用表达方式：记叙、描写、说明、议论、抒情。

以上知识内容在正确性方面当无问题，但是我们依然无法回答如下问题：为什么记叙文写作教学要教这些知识？这些知识是否能够促成学生写作记叙文的基本能力？如果删去其中部分知识，学生的记叙文写作学习是否会因此受到影响呢？就以人们极为熟悉的"记叙六要素"为例，"时间""地点"等知识真的是写记叙文的基本要素吗？"很久很久以前，在一个遥远的地方……"这样的时间、地点是否有必要作为一种写作知识让学生掌握呢？我们知道，在叙事类作品中，即便"时间、地点、人物、事件"这些要素样样俱全，未必就称得上是一篇好的叙事作品。而且这些知识即使不教给学生，学生也可以从阅读中自然习得；即便教给学生，也未必能够促进学生叙事能力的形成。

看来，确定合适的写作教学内容就显得至关重要。李海林、荣维东认为，我国中小学写作教学正面临着全方位重建工作。写作教学的重建包含目标重建、内容重建、教材重建、教法重建以及作文评价方式的重建。其中,内容重建是关键,由于内容的核心是知识,因此更新和重建"写作知识"应该作为写作教学研究的切入口。①

目前,有研究者越来越注重开发写作知识内容,一系列写作知识正逐渐被开发并且在课堂教学中得到运用。

例如,故事写作中的"重复叙事"知识,动物故事写作中的"视角选择"知识,运用比喻句有效阐释个人观点的知识,描写事物时"分解事物、拉长时间和融入体验"等知识,运用写作目的、写作对象等交际语境元素等知识……这些写作知识的开发与运用,为建构理想的写作课堂教学奠定了坚实的基础。

当然,这些知识还远远不够。建构有效的写作课堂教学范式的当务之急就是遴选、开发一系列针对学生实际的写作知识。我们需要构建一个种类齐全、内容丰富的写作知识库,以便确保教师能够从中遴选有效的知识内容以开展写作教学。

### 3. 设计写作学习任务

炼制写作知识并不是写作教学的终点。写作是一项实践性极强的行为,知识在其中固然发挥着重要作用,但是写作能力并不是表现为能够解释原理,而是能够运用知识解决问题。写作课堂教学还必须为学生创设各类写作学习任务,让学生在运用写作知识完成写作任务的过程中,不断内化知识、形成能力。

没有合宜的学习任务,写作课堂教学就失去其立身之本。

以往写作教学,不妨称之为"写作命题教学",教师用心选择新鲜的材料或学生感兴趣的话题,也很努力地试图使得作文题贴近学生的生活,但充其量不过是试图通过命题的方式让学生的写作稍微容易些,至于其中的教学因素却相当稀薄。

写作既然是一种实践行为,写作能力就应该在写作实践中加以培育,写作能力应该是"做中学"的结果。所谓的"做",就是完成一定的写作学习任务。所谓的"写作学习任务",就是指那些镶嵌了写作知识的"写作活动"。

例如,我们要教给学生"读者意识"知识,固然可以向学生直接讲解有关知识,这时教师实际上是在进行写作知识教学,但这样的教学对于写作能力的培育没有意义。有效的写作课堂教学应该将"读者意识"等知识融会于学生的写作行为中,设计一系列写作学习活动。例如,学校门前道路狭窄,车辆很多,交通比较混乱,请你分别给学校校长和交通局长写一封信反映这一问题。此时,教师已经设计了两个写作学习任务,学生在完成这些学习任务的过程中,就会运用"读者意识"等知识,并且最后内化为写作能力。

设计写作学习任务需要利用一些真实情境(如学校门前的交通状况),或创

---

① 李海林,荣维东.作文教学改革的突破口:写作知识重建[J].中学语文教学,2009(7).

设一些拟真的情境（如"假如人生可以重复三次"），然后将写作知识融入情境中构成具体的写作任务。

《美国语文》一书中设计了大量"写作学习任务"，学生在完成这些任务的过程中，能够较好地内化有关写作知识，最后形成写作能力。

自传式叙述写作任务设计案例[①]

写作任务：自传式叙述写作。

任何人都可以写自传。你有大量的材料可供选择，包括你的活动、友谊、家庭和学校里的事件，还有成功与失败。从你的生活中选择一次重要的经历，并写一篇关于这次经历的自传式叙述文，写明为什么这个时刻值得纪念，你从中学到了什么。

教学目标与内容：技巧重点——表现因果关系。

在你的叙述文中清楚地表现一次经历在你的生活中产生的效果。注意富兰克林是怎样有意识地预期每种美德将会取得的效果的。

《自传》中的范例：

而一旦"果决"成为习惯，我就能在获得下面的美德的努力过程中更加坚决。"节俭"和"勤劳"将使我从残留的债务中解脱出来，变得富裕和独立，这会使"真诚"和"公正"的实现变得更加容易，诸如此类，等等。

构思：

在头脑中列出一个你想要描写的经历的细节清单。注意发生了什么事情，你有什么感受和你可能会学到什么。尽可能包含更多的具体细节。

写稿：

写出你的自传式叙述，纳入可以使读者清楚了解这一事件及其重要性的细节。记得要表现这个细节或这次经历和你的生活之间的因果关系。使用例如"由于""如果……那么……"和"因此"之类的过渡词来向你的读者强调这个关系。

修改：

在你做修改的时候，注意因果关系。如果一个过渡词可以使因果关系更清楚的话，就加上一个。

这一写作任务设计最大的特点就是教学目标明确、单纯，教学内容集中。

首先，"写一篇自传式叙述文"只是为学生写作学习所设置的任务。本设计的教学目标是：学生写作自传类叙事语篇时"能够表现事件的因果关系"。根据日常教学经验我们可以得出结论，这一目标的确定是有其学情依据的：许多学生在记叙个人生活经历时，所记叙事件与所要表达的意图之间经常缺乏必要的"因

---

① 马浩岚，编译．美国语文［C］．北京：中国妇女出版社，2009：82.

果关系"。或者说，这样的教学目标是有着现实针对性的，它针对的是学生个人叙事写作中普遍存在的问题。

为达成这一目标所需的"知识内容"也非常清晰明确。非常简单的一段《富兰克林自传》中的例子，以及对这一例子所含知识内容的简要分析——注意富兰克林是怎样有意识地预期每种美德将会取得的效果的。

我们知道，撰写一篇自传式叙述文章，可教的知识内容非常多，但这一教学设计只聚焦到一个知识点。整个写作过程始终围绕"因果关系"这一核心知识展开教学，设计者将这一核心知识镶嵌于各种写作活动中，让学生运用这一知识。

本书还将从如下几方面介绍有关写作任务设计的要领。

· 如何设计写作情境？
· 如何分析完成写作任务的条件与要求？
· 如何设计包含若干学习元素的写作教学单元？
· 如何开展写作教学的过程化指导？

**4. 设计写作学习支架**

为确保写作学习的有效性，对于学生在写作学习过程中遭遇到的困难，设计者必须设计专门的支架帮助学生学习。这一支架本身并不在学习目标之内，但有助于学生的写作学习。

学习支架的设置有基本的理据支撑，其实质是对超出学生最近发展区的知识内容，通过设置支架，可以降低学习难度，从而最大限度地减少学生的认知负荷，最终可以提高写作学习效率，达成写作学习目标。设计写作学习支架，同样需要考虑到教学目标、教学内容与写作学情之间的关联性。

在教学理论中，"支架"将学生独立活动的水平与在更有能力的他人的支持下活动的水平之间的差距联系起来。支架理论假设，学习者能力的成熟是不同步的，那些还没有成熟的能力是外在于学习者的，是无法参与问题解决的。因此，针对不同发展阶段的学习者，必须提供与其能力发展水平相适应的学习支援。

教学支架应该属于教学内容范畴。

在微型化写作教学设计理念中，教学支架是有助于实现教学目标的辅助性内容。设计教学支架的实质是通过设计支架，设计者对那些超出学生能力的任务元素加以控制，从而使学生将认知资源集中到他们力所能及的任务内容上，并快速地掌握它们。

在写作学习过程中，学生要完成某一写作任务必须借助若干能力；但同时，学生实际上总是缺乏某些完成任务所必不可少的能力。而教师在实际教学过程中，也总是无法在有限时间内让学生掌握所有必需的知识能力，因此就必须对完成任务所需的知识做一下总体筹划：某些知识能力处于关键地位，须作为核心内容予以凸显；某些知识能力对于完成当下学习任务并非必不可缺，可以暂时悬置；某些知识能力能够有效地促进核心知识的学习但又不宜作为重点内容，因此被处理为"教学支架"，辅助学生学习。

对于写作学习而言，首先，必须"接收"一定数量的知识信息作为写作内容，这时需要借助"接收支架"的帮助。其次，还需要根据写作的对象与目的对所接收的信息进行加工转化处理，转化过程中需要借助"转化支架"加以辅助。由于在写作学习过程中，"转化"的结果一般可以直接形成"产品"，因此，"转化支架"与"产品支架"在设计中可以合二为一，统称为"转化支架"。再次，由于写作学习高度关注元认知元素，关注修改过程，所以本书提出一个新的支架类型——"评价支架"。

**5. 习作修改与评价**

以往写作教学中，习作修改与评价总是处于教学的后端，也就是说，往往在写作完成之后，教师为习作做一个评价，或者让学生依据评价做些修改。

理想的写作课堂教学则将"习作修改与评价"贯穿于写作教学全程。

教学起点：在写作之初，教师先设计一个写作任务，由学生尝试写作。然后教师组织学生对已经完成的部分任务进行修改评价。通过这一修改评价，发现学生习作中的主要问题或者共性问题，进一步明确或调整教学目标，寻求解决办法。

教学中段：在写作过程中，修改与评价始终伴随着写作行为，学生不断通过自评与他评而对自己的习作加以修改、调整。

教学终点：习作最终完成后，还需要对习作做一种总结性评价，或评定等级，或发布交流。习作评价通常可以运用评价量表来实现。

## 四、写作课堂教学的边界

写作课堂教学不是万能的，但没有它也是万万不能的。在此，我们试图为写作课堂教学划定一个比较清晰的边界。

**1. 写作教学之辩证**

什么是教学？加涅认为"教学是一组精心设计的用以支持学生内部学习的外部活动"。根据这个定义，写作课堂教学就是教师设计的能够支撑学生写作学习的一组外部活动。

问题随之而来。如果没有课堂教学，学生是否也会进行写作学习呢？也会的。例如，学生在阅读中可以习得写作方法；在日常生活中，可以获得若干写作内容；在写作实践中，可以掌握一些写作策略与规则。根据研究，写作所需要的知识大致有如下四类：主题知识、读者知识、体裁知识、言语表达知识。这些知识学生在日常生活中、在各学科学习中，都可以获得部分并能转化为写作能力。有许多作家、包括相当多的学生，之所以会说自己的写作能力不是在课堂上学到的，就是这个道理。因为写作能力在一定程度上确实是可以无师自通、依赖自我领悟而获得。

但是，这不意味着写作课堂教学没有必要。理由如下：

其一，不是所有的学生都能够自我领悟写作规律，多数学生写作水平的提升需要专门的指导。其二，即便少数自我领悟者，其写作能力也只是建立在个人经验之上，必然存在着盲区与不足，因此需要得到必要的指点与提升——莫言、严歌苓等著名作家尚且需要在写作培训班中接受指导，更遑论一般中小学生。其三，合宜的课堂教学能够将在暗中自我摸索、个人领悟式的"暗箱悟道"式学习，转变为包含明确目标、明确知识可以"明晰化操作"的指导式学习，其效果在理论上远超过个人领悟式学习。总之，写作课堂教学有一基本特征：在有限的时间段里，教师瞄准学生的主要不足，提供必要的学习内容，通过合宜的方法，有效发展学生的写作能力，提升其写作水平。

正是基于这样的考虑，我们在此讨论如下问题：写作课堂教学可以做什么？无法做什么？

**2. 写作教学之"不当为"**

以往我们没有为写作课堂教学划定清晰的边界，这导致了教师教学行为存在越界、越位的现象。教师或者不作为，或者乱作为，其中一大原因，可能是没有弄清楚哪些地方是"不可为"的。

我以为，写作课堂教学至少在以下四个方面不可胡乱作为。

第一，写作离不开学生的人生经验，但写作课堂教学不应该把形成学生人生经验作为目标——教师既不可能也无必要试图去"丰富学生的生活"，而应该帮助学生学习如何将自己的人生经验转化为写作内容与表现方式。

第二，写作是思维的产物，但写作课堂教学不应该致力于培育学生的思维水平，这其实是各学科教学合力的结果——写作教师实在无法独自承担提升学生思维水平的重担。

第三，写作教学内容无限丰富，但由于受课堂时空所限，教师无法也不必面面俱到全盘授予系统全面的写作知识内容。

第四，写作是一种能力，能力的培养显然无法通过大量传授写作知识实现，教师不能把写作课堂异化为写作知识教学课或范文例文阅读课。

毋庸讳言，以往写作课堂教学做得不好。为此，有许多人批评"没有真正意义上的写作课堂教学"。但做得不好不意味着不需要写作课堂教学，相反，我们更应该研究如何充分发挥写作课堂教学的针对性与实效性。为写作课堂教学正名的最好办法，应该是让写作课堂教学更有效。

**3. 写作教学之"当为"**

我们应当依据写作课堂教学特点来分析其"当为"之处。

写作课堂教学有何特点呢？时间恒定有限，学习者为几十个学生组成的一个学习共同体，目的是提高他们特定的写作水平，形成特定的写作能力。为此，在写作课堂上教师能做也应该做的就是：了解学生的写作学习需求，提供必要的写作知识，实施能够内化知识的学习活动。受时间所限，教学内容无法面面俱到，因此必须聚焦一点，进行"点穴式"指导。另外，课堂中最丰富的资源是学生"人力资源"，如何充分借助这一资源开展合作式学习显得至关重要。写作是一种特定情境中进行语篇交际的行为，课堂中教师必须设置特定交际情境，才能使写作学习具有真实意义。另外，写作属于实践能力，能力应该在活动中培养，因此写作课堂教学必须设计多样的写作学习活动。

下面，我们对写作课堂教学之"当为"领域做如下具体阐释。

（1）教学目标：从"面面俱到式"变为"精准靶向式"

课堂教学时间有限，因此必须采取针对性指导。以往写作教学总企图一劳永逸，试图通过一堂课解决众多问题，最终什么问题也解决不了。写作课堂教学应该发生一个重大翻转：不再是遍撒胡椒面，而是点要害、抓关键，开展针对性写作指导。

一次写作活动需要调用的知识很多，例如，审题立意、布局谋篇、遣词造句……但课堂上只能"攻其一点，不及其余"。这"一点"就是学生完成特定写作学习任务最需要的关键处，这就是所谓的"精准靶向式教学"。这时，最关键的就是要为学生写作学习提供核心知识。要做到这一点，就必须了解学生写作学习需求，要开展有效的学情诊断分析工作。

以往写作评价总是处于写作教学后端，先教师指导，再学生写作，最后才是教师评价。有效的写作课堂教学流程也应当发生一个翻转：写作评价前置。教师在教学之初必须通过分析评价学生的写作样本，了解学生的写作问题，然后依据这些问题设计写作教学目标、内容与写作学习活动。传统的作文批阅旨在评价优劣、判定等级，"精准靶向式"教学的作文批阅目的在于研判学情、探测需求，为教学设计做准备。到教学的最后阶段，当然也有作文批阅，但目的却不同于以往：一是为检验学生是否达成预设教学目标；二是重新探测学生需求，为后续教学做准备。有效的写作课堂教学就是这样不断螺旋式上升。

于漪老师在20世纪80年代出版的《作文讲评五十例》就是一个范例。于老师讲评学生习作《夏天的夜空》，只聚焦一点：指导学生选择想象的触发点。指导学生写看图作文《夜》，则聚焦于另外一个点：如何由图画展开联想与想象。正如王铁仙教授所言，于漪老师"分析学生作文中的问题，不但精细、周到，而且总能点到'穴位'，指明问题的关键"。[①]

于漪老师深谙写作课堂教学规律。她的经典课例昭示了写作课堂教学中的教学辩证法：多则少，少则多。教师面面俱到，看似内容丰富，收效却是寥寥；一旦聚焦要害、精准施教，看似内容有限，却往往发生深度学习，取得良好效果。

———————————

① 于漪. 于漪老师教作文［M］.上海：华东师范大学出版社，2009.

（2）教学内容：从"传授知识"到"设计活动"①

写作能力的形成需要关键知识的支撑。但培养写作能力主要不是靠理解知识，而是靠运用知识。写作课堂在教学内容层面也应当发生翻转：不再传授系统的写作知识，而侧重开展"写作活动"解决"写作困难"，通过设计若干活动让学生运用并内化关键知识。

在写作课堂中传授大量知识是危险的。有的教材曾系统介绍"想象和联想的表达功能"等有关知识内容如下：

【想象定义】想象是人脑对记忆中的表象进行改造并创造新形象的过程。

【想象功能】第一，利用事物间相通、相近、相似或相反的关联，丰富突出事物的形象性。第二，根据已有的经验和认识，对未来进行想象。第三，大胆虚构，超越时空，突破现实生活的限制。

【联想定义】联想是我们平日常用的一种心理活动过程，例如从这件事想到那件事，从这个人想到那个人，等等。

【联想功能】拓宽思路，弘扬题旨；丰富和加深文章的内容。

【联想方式】同向联想、反向联想。

上述知识内容不可谓不丰富，但多半是关于"联想和想象"的陈述性知识，了解这些知识当然是必要的，但显然无法有效达成课程目标。《义务教育语文课程标准》（2011 年版）中第四学段的写作课程目标有如下规定：运用联想和想象，丰富表达的内容。显然，如果为了达成"运用"这一目标，就需要提供更多的程序性知识，即"如何运用"想象和联想的知识，而不仅仅是关于联想和想象"是什么"的知识。但是，上述知识显然没有足够的关于"如何运用"的关键性知识。

写作课堂教学需要少量的关键知识，随后应该辅以较多的写作学习活动，使得学生在各种活动中运用并内化这些关键知识。

仍以于漪老师的写作教学为例。②于老师指导学生写想象作文，只着重讲授两个关键知识点：

其一，选择想象的"触发点"——眼前的现实景物。

其二，想象的内容应该与眼前的实景衔接过渡得自然、巧妙。过渡衔接有直接叙述、抒情过渡、以"想"贯串等方式，过渡衔接要注意"渡过去"与"渡过来"——由眼前景渡到想象景，再由想象景渡回到眼前景。

随后，就是教师指导学生开展一系列写作学习活动：选择触发点展开想象，运用不同方式过渡衔接。学生在开展活动过程中不断内化少数关键知识，最终形成写作能力。

国外写作教学非常注重写作活动的设计。著名的《美国语文》教材便开发设

① 邓彤.微型化写作教学研究［M］.上海：上海教育出版社，2018：160-171.

② 让思想长上翅膀飞翔.参见：于漪老师教作文［M］.上海：华东师范大学出版社，2009：3.

计了许多写作活动内容。例如，《穿越大峡谷》一课，编者设计了如下两项写作活动[①]：

【活动一】写一份到大峡谷观光游览的广告，你写出的标题和文章要能吸引读者在下个假期里去探索那"地球上最壮观的景象"。

【活动二】想象你是一名记者，1805 年 8 月 17 日你也在麦里韦泽·李维斯当时所处的现场，写一篇新闻稿报道那天的事件。

上述活动还可以进一步细化为一系列更加微观的活动。例如，对于"活动一"可以进一步细化为：搜集若干观光景点广告，提炼大峡谷景点特征，讨论并撰写合宜的标题与文章内容要点，学生阅读评选最具吸引力的标题与文章……如此，就可以让写作课堂教学成为学生运用知识开展写作活动，从而获得写作能力的"练兵场"。

（3）教学方式：从孤军奋战到"分布式合作"

写作课堂教学有一个重要资源需充分利用，那就是课堂中的几十名学生。

以往写作教学课上，教师与学生之间主要是教师讲、学生听的"单向传输"，学生之间基本上是单兵作战、各自为政，而教师则是"孤军奋战"，独自承担指导学生写作教学的重任。合宜的写作教学必须充分发挥班集体教学这一无可替代的优势，将学生作为重要的资源充分加以利用。为此，我们主张建构"分布式合作"式的写作课堂教学范式。[②]

所谓"分布"就是"泛中心"，有共享的意思。在分布式的写作课堂教学中，教师不再是教学垄断者，人人皆是指导者，时时处处可指导。例如，课堂上学生的发言、讨论，显然对其他同学的写作学习具有"启示"与"诱发"作用；学生互为读者开展的提问与质疑，有利于培育良好的读者意识；学生对同学习作所提出的修改意见与建议，往往能起到意想不到的好效果。总之，学生共同参与写作学习活动，可能为写作课堂教学带来巨大的变革。

分布式写作教学的价值在于全体学生一起参与写作学习，在互相指导中得到实践体验的机会，从而内化所学习的写作知识。学生写作过程中存在的一些问题，有可能在学生的相互交流中得到较好的解决，教师也有余力集中解决学生发现不了的关键问题。写作学习一旦采取"分布式"的指导方式，就跳出了传统写作课堂教学的窠臼。

优秀的老师在课堂上开展的主要活动就是让学生之间交流互动，他们的课堂是分布式的，都充分利用了学生这一宝贵的资源。

明确了写作课堂教学的边界，其正面效用当能得到有效发挥。

---

① 马浩岚，编译 . 美国语文［C］. 北京：中国妇女出版社，2009：62；93-94；165.

② 邓彤 . 写作教学密码［M］. 上海：华东师范大学出版社，2018：251.

# 第三章  如何炼制与运用写作知识

我国中小学写作教学面临着全方位重建工作。其中，写作知识的重建是关键，应该作为写作教学研究的切入口。本章我们讨论写作知识的炼制与运用问题。

我们曾经迷信过知识，也曾贬斥放逐过知识。如今，写作教学迫切需要研究知识的炼制与运用，需要让知识在写作教学领域中放射应有的光彩。

## 一、写作知识的炼制方法[①]

写作知识的获得，不能依靠直接传递，即教师告诉学生某个写作知识，然后学生学会这一知识。那么学生如何才能获得写作知识呢？著名学习理论专家安德烈·焦尔当提出了一大策略——"炼制"。什么是"炼制"呢？最概括的定义就是对知识进行重塑。重塑既有生理意义上的制造、加工，也有物理变化及化学变化层面上的"冶炼"等意思。[②]说到底，炼制是打磨知识的手段和方法。

"炼制"一词来源于知识炼丹术的隐喻，隐喻知识的获得像炼丹术一样复杂。写作知识的"炼制"是一个特殊而复杂的生产过程，学生依靠自身的力量是难以完成的，需要老师的帮助和支援，因此写作知识的炼制应是写作教学的难点。写作知识的炼制方法越多越好，这个难点需要广大教师共同努力，发明更多炼制写作知识的有效方法。

写作知识炼制的主要方法有：锚定、重新命名、转化等。

### 1. 锚定

锚定是指从众多写作知识中"遴选"出适合学情的写作知识。

中小学写作教学的写作知识，大致有四个来源：一是传统的文章学，比如

---

① 本节由福建闽南师范大学文学院代顺丽教授撰写。

② 代顺丽.语文知识的课程炼制［M］.福州：福建教育出版社，2015：13.

"以小见大""虚实结合"等；二是现代文艺理论尤其是文学创作学，比如"叙事视角""叙事人称""叙事时间"等；三是心理学，比如"写作过程""写作思维"等；四是语言学，比如各类修辞手法等。上述每个领域都提供了大量写作知识。另外，写作作为一种实践性活动，还有实践者本身的经验知识。可以说有多少个写作者，就有多少种写作知识。写作知识可以说是数量极大、增长速度极快的知识类型之一。

海量的写作知识与有限的中小学写作教学时间形成了冲突。传统写作教学的弊病就在于没有处理好这个冲突。邓彤对此现象曾有过分析："关于描写，已有的写作课程早有非常丰富的知识。例如，有景物描写、环境描写、人物描写等等，仅以人物描写为例，就有心理描写、动作描写、语言描写、肖像描写等，不一而足。这些内容如此众多，是不能完全作为写作教学内容让学生学习的。但以往的写作教学经常将这些写作知识一股脑地灌输给学生，从而导致写作学习的低效乃至无效。"① 这个观点是极有道理的。

像"描写"一样，几乎所有写作知识都有一个繁杂的体系。如此少的学习时间，要学习如此多的知识，是不太可能的。近一两年来，写作研究界提出根据学情遴选写作知识，无疑是解决这个矛盾的好办法。

锚定哪个写作知识，主要取决于教师对学情的分析。比如同样是教描写，邓彤老师曾做如下总结：项恩炜根据学生描写太粗略，锚定的是通过"视听味嗅触感"多种感知维度的知识，学会写细腻；郑桂华根据学生描写太主观，锚定的是通过"有什么、怎么样、像什么"的知识，学会写真实、写具体。② 荣维东教授也从王从从老师的课例中锚定了这样的写作知识：通过"分解动作，结合情境"的知识，学会描写动作细节，表现不同情境中的人物。③ 同样是教描写，面临的学情不同，教师锚定的知识大不相同。

锚定是根据学情遴选写作知识，就好比厨师根据顾客的口味到市场选择材料一样。它分为两个过程：第一步是分析学情；第二步是在众多写作知识中靶定某个写作知识。传统的写作教学忽视分析写作学情，在少量的教学时间里教太多知识，使写作教学无效或低效。

锚定作为写作知识炼制的一种方法，关键在于对学情充分正确的分析，有了这个基础，才知道锚定哪个写作知识。

**2. 重新命名**

重新命名是指引导学生对学术化的写作知识进行适合个体认知的言语炼制。

---

① 邓彤. 写作教学密码——邓彤老师品评写作课［M］. 上海：华东师范大学出版社，2018：65，57，49.

② 邓彤. 描写教学：教什么？怎么教？［J］. 中学语文教学，2017（1）：40.

③ 荣维东. 细节描写教学中写作支架的复合应用策略［J］. 中学语文教学，2018（7）.

任何一个写作知识，都是学术提炼的结果，都有一个学理性的定义。这个定义是写作知识通用意义的概要说明，是大家关于某个写作知识约定俗成的观念。比如联想，它的学理定义是这样的："联想是指因某人或某种事物而想起其他相关的人或事物，或由某一概念而引起其他相关的概念的心理过程。"这个定义是绝大部分专家公认的。

写作知识的学理定义是从大量的写作事实中抽绎出来的，是人们关于某个写作知识的基础认识，较为准确地反映人们先前关于某个写作知识达成了什么样的一致。学理定义具有约定俗成性，便于传播。但这个优点也是它的缺点，约定俗成同时意味着相对的静止和固化。学理定义固化的、静态的、一成不变的表述，造成了写作知识与"人"的疏离。比如上述关于"联想"的静态描述，会给人一个错觉：从古至今的联想是一样的，世界上任何人的联想是一样的，不存在不一样的联想，因为不管任何时代的联想、不管是谁的联想，都被概括在同一个定义之下。

写作知识的学理表达与"人"的疏离在课堂教学情境下，表现为与学生的疏离。这种疏离感突出表现在：写作知识的学理定义过于专业化、学术化，显得晦涩，与学生的认知、生活经验、言语水平疏离。

学习主要取决于学习者。写作知识的学理表达与学习者的"疏离"使学习产生困难。比如上述的"联想"定义中，内含"概念""心理过程"非常专业化的术语，学习者如果没有理解这几个术语，是无法理解"联想"的学理定义的。学习者只有对学理定义进行个人语言的重新表达，才有可能理解"联想"并使之内化。这个重新表达的过程是知识重塑非常重要的一步。

如何重新命名呢？教师应引导学生从自己的生活经验出发，对写作知识的学理定义产生回应。所谓回应是指对学理定义进行质疑、提问、比较、分类、再阐释等，然后重新定义、命名。比如"联想"，学习者在没有学习"联想"这个定义之前，在生活中肯定有过联想的经验。在教学中，教师要帮助学习者回忆自己关于联想的经历，然后与定义所描述的"联想"进行对比：比如生活中哪些经历是这个定义所描述的现象？这个定义是否能涵盖生活中熟悉的所有"联想"现象？有位中国台湾老师在教学生用"联想"写新诗时，先引导学生从生活经验出发，举一些联想的例子，再引导学生从例子中得出自己关于"联想"的定义和解释。经过教师的引导，学生认为：联想是把两个不相关的事物联在一起，就像媒婆把两个不相识的男女介绍到一起一样，"联想"其实就是"做媒"。

用"做媒"来命名和定义"联想"或许不严谨，但学生通过生活经验对"联想"重新命名，对"联想"专业化、学术化的学理定义进行解构，使"联想"的定义走向生活化，使之内化为写作技能。

又如，周子房在《"慢镜头"写长文章》的课例中，锚定的主要写作知识是"拉长时间"。邓彤指出，"拉长时间"实际是叙事学所说的"延宕"。"延宕"和

"拉长时间"从内涵上看是指同一个写作技能,一个侧重术语化表达,一个则是通俗的表述。如果从教学角度看,"拉长时间"显然更贴近学生的认知、生活经验和言语理解水平,也更容易被学生内化。

重新命名的焦点在于将专业化的写作知识调适成与学生的语言水平和经验相匹配的"新概念",将专家的抽象观点解释为与学生的日常经验相适应的"生活名词"。这个语言炼制的过程也是写作知识内化的过程。

**3. 转化**

不同的理论视角,知识的陈述和分类有很大差别。"比如从教育心理学的视角,将知识分为陈述性知识和程序性知识;从教学设计的角度,将知识分为事实性知识、概念性知识、程序性知识和元认知知识;从知识管理的角度,将知识分为显性知识和隐性知识……"[①]

知识类型和状态的多重属性导致知识学习的不便。因此,我们需要对不同视野下的知识进行转化。转化分为两类:一类是不同类型的知识之间的转化;另一类是同一种知识不同状态的转化。

（1）陈述性知识向策略性知识的转化

写作陈述性知识是用"陈述型"语言描述的知识,主要功能是澄清写作知识是什么。知识的"陈述文字"不适用于实践活动,因为这些陈述中不包括"实践的操作历程"。[②]写作是一种实践活动,需要指向写作实践的操作性知识,这类"如何做"的知识被称为"策略性知识"。

传统写作教学对写作陈述性知识和写作策略性知识的区分并不重视,导致教师在教学时教了大量陈述性知识,而没有教或少教了指向写作实践的策略性知识。近年来邓彤、荣维东等研究者所呈现的课例,重点都聚焦于写作知识类型的转化。如在《如何让学生描写得具体》的课例中,邓彤谈道:"正如关于汽车原理的知识不同于汽车驾驶的知识一样,描写知识也可以分为静态知识和动态知识两大类。描写教学所需要的知识主要是动态的程序性操作性知识。"[③]这里所说的描写知识的静态和动态类型,实际就是陈述性知识和策略性知识。

当然,写作陈述性知识和策略性知识并不是截然分开的。陈述性知识是属于浅层的知识,策略性知识是深层的知识。人们在接触到一种知识时,往往先了解到它的浅层"是什么",然后才有可能了解到它的深层"如何做"。写作知识的转化并不是丢掉陈述性知识,而是从陈述性知识的浅层学习跃升到策略性知识的深层学习。

---

① 王觅,钟志贤.论促进知识建构的学习环境设计[J].开放教育研究,2008（4）.

② 伊士列尔·谢富勒.教育的语言[M].林逢祺,译.台北:桂冠图书股份有限公司,1994:70.

③ 邓彤.如何让学生描写得具体[J].中学语文教学,2014（2）.

（2）内隐状态向外显状态的转化

我们不仅要关注知识的不同类型，还要关注知识的不同状态。

波兰尼认为知识有两种状态：一种是外显状态，可以言说，是言传知识；另一种是内隐状态，难以言说，是意会知识。知识的外显状态和内隐状态互为前提，一定条件下互相转化。有研究者指出，将知识的内隐状态转化为外显状态，内隐知识就可以被学习者习得。①

如何将写作知识的内隐状态转化为外显状态呢？主要有两个步骤：第一步是提炼；第二步是可视化。这两个步骤依次进行。

邓彤的《细分学习任务　优化写作教学——以新诗写作教学为例》课例②，在写作知识的内隐状态向外显状态转化方面具有典型意义。研究者先提炼写作知识："围绕情感核心，将诗意一层一层地写出来。"写作知识本来与作品是一体的，研究者通过分析、概括等思维操作，让它从"暗"变"明"，这个过程就是"提炼"。随后，为了进一步将知识完全外显化，邓彤老师创建了一个洋葱图，将"围绕情感核心，将诗意一层一层地写出来"这个写作知识加以可视化，如下图：

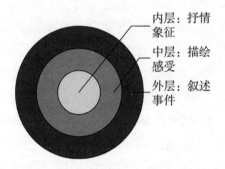

这使得内隐于诗歌作品中的写作技巧完全外显化了，学生在课堂上体验的知识的转化过程（提炼—可视化），也就是写作策略知识内化的过程。教师再布置新的写作任务，学生又把刚刚内化的知识再外显化。

## 二、写作知识的课堂运用

写作知识对于写作教学具有重要的作用。"现代语文教育面临的第一大任务，就是引进知识教学……知识教学使得语文教学摆脱了'未可以言传'的落后状态，极大提高了教学效率，实现了语文教学范式的更新换代。"③

① 毛华滨.意会知识言传化的障碍因素及路径选择[J].自然辩证法研究,2011（12）：121-125.

② 邓彤.细分学习任务　优化写作教学——以新诗写作教学为例[J].中学语文教学,2018（10）.

③ 王荣生,李海林.语文教育研究大系（1978—2005）[C].上海：上海教育出版社,2005：70-71.

写作具有极强的实践性特征,写作教学主要不是"阐释原理",而是"运用知识"。如何在课堂教学中有效运用写作知识,这一问题遂成为写作教学研究的关键问题。

写作知识在课堂中的运用方式大致可分为体验型、明示型与蕴涵型三类。

**1. 体验型知识运用**

在教学中,教师运用写作知识时,始终让知识处于隐形状态,处于"默会知识"状态,不要求学生明确言说这些知识,只要求学生能够运用这些知识解决问题即可。

在本章课例中,教师在课堂中向学生陈列了若干种类型的"假作文",就属于"体验型活动式"知识运用。教师没有明确地将这些文章划分为多少种类,也没有要求学生辨别并且指认这些文章属于哪一类"虚假",但学生在教师指导下,能够感受到这类叙述中的"虚假",体验到这些虚假叙述的不足即可。再如,教师在讲述"海大鱼"的故事时,并没有过多讲述有关知识,只要让学生对这一故事发生兴趣,学生自然可以领会"合理化解释"的内涵。对于这类学生原本就具有生活经验的知识,教师只需加以命名予以凸显,学生就可以通过体验的方式理解并掌握。

**2. 明示型知识运用**

教师通过直接讲授的方式告知学生特定的写作知识,然后通过范例指导学生学习、运用并且内化这一知识。这是典型的将以往"暗中摸索"转变为"明里探讨"的教学方式。

下述课例中,主要采用了"明示型"的知识运用方式。尤其是在"矫治写作虚假症"这一教学环节中,教师逐一为学生介绍了三类策略性知识:"合理化解释""情景化叙述""脑补细节术"。其间,教师均明确对这些知识加以定义,用简洁的语言明确地告知学生。特别是"脑补细节术",更是由教师直接传授知识,然后通过示例让学生了解知识,最后再让学生运用知识修改习作以便实现知识内化的目的。

在日常写作课堂教学中,经常可见这一知识运用的类型。

例如,在记叙文写作教学中,教师发现学生叙事喜欢戴帽穿靴,喝茶要从烧水起步,吃瓜常从播种写起,从而导致叙事拖沓。于是,便直接向学生介绍"斩头去尾法"叙事知识,指导学生写作记叙文,砍去喋喋不休的交代,径直从事件"中段"写起。例如,一篇题为"预谋"的历史故事,学生就学会了这样开头:张良想复仇,已经不是一年两年了……

再如,为确保学生写作表达的顺畅,教师还可以通过讲解示范的方式将如下知识直接传授给学生:① 在段落之间使用转折性的句子;② 在段落开始之前使用提示性的句子;③ 使用提示性的词语强调凸显自己要讲述的内容……

由于程序性知识具有很强的操作性特征,学生一旦知晓,就很容易学以致用,能够迅速转化为"生产力",内化为自己的写作能力,提高自己的写作水平。

**3. 蕴涵型知识运用**

对于一些比较复杂或学生不宜内化的知识,还需要教师设法将这些知识镶嵌于特定的任务情境中,让学生借助特定情境并通过一系列活动逐步习得,最终内化为学生的写作能力。这就是所谓的"蕴涵型"写作知识运用。

下述课例中,这一类型也非常典型。例如,教师设计了许多写作活动,如"游览假文陈列馆""问诊假文门诊室"。这些写作学习活动的设计,体现了写作作为实践性学习活动的基本特点,遵循了写作学习规律,使得写作学习由以往"静听知识型学习"转变为"运用知识型学习",活跃了学习气氛,提升了学习效益。其中的哑剧表演,更是寓教于乐,寓知识于活动,是非常典型的蕴涵型知识运用方式。

这是写作教学最主要的知识运用方式,国外写作教学也是主要采用这一方式。

荣维东在比较了我国写作教材与《美国语文》在写作知识组织特点方面的差异后指出:美国写作教材善于将知识隐藏在教学步骤的设计中和写作任务的描述中。[①] 叶黎明的研究结论也与之类似:国外多数写作教材侧重通过设计各种各样的听说读写活动来呈现知识,将写作知识变成写作操作性建议,将写作知识隐匿在教学步骤的设计中,隐藏在写作任务的描述中,将一些策略性知识不动声色地转变为一个又一个的写作练习活动。[②]

学生在逐步实施活动的过程中,就能够逐渐领会并内化其中所蕴含的程序知识。

正如海德格尔所言,了解一把锤子最好的办法就是使用这把锤子。写作教学如果希望达成良好的效益,除了开发出合宜的写作知识以外,还应该充分研究有效运用写作知识的方式方法。

写作知识,"善用"为王。

## 三、课例研究:运用知识矫治写作虚假症[③]

学生写作,经常出现"假大空"现象。此种现象可谓屡禁不止,屡教不改。类似"考试考砸了郁闷沮丧——看到鲜花盛开——若有所悟变得乐观""被人批评心灰意冷——看到清洁工——感受美好"这样的习作屡见不鲜。这类逻辑简单粗暴、行文扭捏矫情的文章,目前在学生中间似有愈演愈烈之势。

写作教学亟须打假、治假。为此,本课题组设计了如下写作教学活动,取得

---

① 荣维东.写作课程范式研究[D].华东师范大学博士论文,2010:149-162.

② 叶黎明.写作教学内容新论[M].上海:上海教育出版社,2012:177-183.

③ 本课例由浙江省宁波市海曙区教研室陈菊飞撰写。

了较好效果。

**1. 环节一：游览假文陈列馆**

打假、治假，先要识假。为此，教师设计了一个写作学习活动：游览假文陈列馆，试图让学生认识到什么是作文之假，假作文有哪些特征。

（1）有一天我发高烧了。深夜，爸爸背起我，走了四五公里的路来到医院。妈妈抚摸着我的额头，心疼地流下了眼泪。回到家后，妈妈温柔地注视着我入睡，并关切地在我的床边守了一整夜，我醒来时她还握着我的手。

（2）我努力了很久，成绩始终没有起色，因此无比消沉，好朋友想办法开导我。朋友带我去登山，一路艰辛但终于登顶。他拉着我坐下，对我说："成功的要诀就在于坚持，想当年，爱迪生……"终于，我激动地对他说："谢谢你，你让我懂得了……我将不再轻言放弃，绝不辜负你对我的帮助。"

（3）因为长期沉迷手机游戏，我的成绩一落千丈。望着成绩单上，语数英学科门门不及格的分数，我无比悔恨。我暗暗地下定决心，一定要和手机说再见……期末考试，我终于考进了年级前十名！只要有决心，没有什么不可能！

（4）一天，下了一场大雨。考试中经历的挫折令我失落沮丧，这时我看到一只在暴雨中艰难挣扎却始终不放弃的受了伤的蝴蝶，我以为它是徒劳……没想到，暴雨过后，蝴蝶振翅翱翔。我深受激励，挥别了心头沉重的枷锁，向着更好的明天出发。

师：谁来说说，你觉得哪一个故事最能打动你？

生：都不能打动。

师：为什么呢？你们觉得什么地方出了问题呢？

生：发高烧看病那个，爸爸背着走了四五公里，太假。现在完全可以坐车嘛。妈妈流下眼泪，握着我的手守了一夜，太不真实了，有点小题大做的感觉。

生：同学好友之间说话，绝对不会是那样语重心长的口吻语气，太假了。

生：还有那个励志故事，从门门不及格一下子就能到年级前十名，一看就是瞎编的。

生：受伤的蝴蝶的故事，感觉也非常刻意，非常假。

师：同学们的回答让我听到了一个共同的字："假"。没错，这些故事最大的弊端就是——虚假。大家喜欢这类文章吗？

生：不喜欢，太假了，自己都不好意思了……

**2. 环节二：问诊假文门诊室**

刚才我们在假文陈列馆中走访了一番，见识了各种假模假样的文章。现在，我们一起来解剖一个假文"片段"，看看这段文字究竟哪里出了毛病。（PPT 投影）

意 外

①"小姑娘！"不知是不是在叫我，我朝声音的主人望去。②是他，一个骑

三轮车的老人，我和他认识，但关系并不好。③我讨厌他，因为坐他的车总比别人贵。④我只有偶尔没办法才会坐他的车。⑤我看见是他，心想他又想坑我的钱，便不予理会地往前走，他却追上来："上来吧，伞都不打一下。"⑥我冷冷地哼道："我没钱！"⑦他自作主张把我的行李包和我的雨伞拎上三轮车："不要你钱了，雨这么大。"⑧我有些愣神儿，呆呆地上了车，他问东问西地寒暄，我一下子没反应过来，此时只觉得他的背影显得慈祥而又柔和。⑨他还把东西搬到了我家门口才走，我的心微微颤抖，仿佛心情也没那么糟了，看着他骑着三轮车远去的背影，脸上不知是泪还是雨，不住流淌……

⑩这一次意外，不后悔遇见；这样的意外，我愿意再来……

师：读了这段文字，大家能否说说觉得比较假的地方，说明你的理由。

（学生思考、讨论后发言）

生：第③句"我讨厌他，因为坐他的车总比别人贵"，我觉得不够真实。因为三轮载客，车钱应该差不多，太贵了一定没有生意。

生：第⑤句说车夫追上来要"我"坐车，也不真实。因为前面两句原本说"我"很少坐他的车。车夫这样做，没有道理。

生：第⑦句车夫说"不要你钱"，前后矛盾。为什么以前车费贵，现在突然不要钱了？很奇怪，不可信。

生：第⑧⑨句，完全不真实。原来就讨厌这个车夫，和他关系也不好，突然车夫一反常态，变得和蔼可亲，人之常情应该是疑虑、害怕，哪里还会感动落泪啊！（学生点头认同）

师：很好！同学们的分析中，有一个高频词，"不合情理"。是的，许多"假模假样"的作文，假就假在"不合情理"上。"情"是人之常情，"理"是规则道理。所以，要使得我们的作文真实可信，就必须让我们的叙述符合常情，符合规律，符合逻辑。另外，假味十足的文章，往往与另外两种表述密切相关，人们经常把这类文章统称为"假大空"。就是说，造成文章虚假的原因，除了不合情理外，大而化之和空洞无物都容易导致文章真实感的缺失。

这就是文章虚假的几个主要病症。知道了病症，接下来就需要加以矫治。

**3. 环节三：矫治文章虚假症**

师生明白了虚假文章的三大病症：不合情理、大而化之、空洞无物之后，还需要对症下药，开展治疗。教学策略如下。

（1）策略一：合理化解释

在写作过程中，大家必须不断追问自己：我这样写，富有真实感吗？读者会相信吗？虚构并不是胡言乱语，都要以现实可能性为依托。现实可能性就是合情合理，就是要对一切文章中的一切叙述做出合理化解释。

什么是合理化解释呢？请看下面这段故事。

战国时期，齐国靖郭君深受齐王信任，国王就把薛地封给他。靖郭君十分高兴，为保护封地，靖郭君想筑一道高大的城墙。许多有见识的人纷纷劝阻，但靖郭君根本听不进去。一天，一位老人求见靖郭君说："我只说三个字，多说一个字，你就杀了我。"靖郭君同意了，老人走上前说："海大鱼。"说完，扭头就往外走……

师：同学们看看，故事写到这里，应该怎么写呢？

生：应该解释"海大鱼"是什么意思。

师：不仅故事中的靖郭君希望听到解释，读者也想听。我们接着看这位老人是如何做合理化解释的。

客曰："鄙臣不敢以死为戏！"君曰："亡，更言之！"对曰："君不闻大鱼乎：网不能止，钩不能牵，荡而失水，则蝼蚁得意焉。今夫齐，亦君之水也，君长有齐阴，奚以薛为？夫齐，虽隆薛之城于天，犹之无益也。"君曰："善！"辍城薛。

师：把一件事、一句话的意思讲清楚，让大家都明白，都认同，这就是"合理化解释"，也就是要把事情的原因讲清楚，来龙去脉讲清楚。那么，上面这篇习作《意外》中，哪些语句需要做合理化解释呢？

生：这个车夫为什么价钱比别人贵？为什么这次他不收钱？为什么车夫特别关照"我"？

师：是的，如果上述原因都能够交代清楚，故事就合情理了，就不会显得虚假了。

（2）策略二：情景化叙述

教师在课堂上与学生随意聊天。现在我们来治疗"假大空"病症中的"大"病。粗线条、大而化之的叙述，往往使得故事缺少足够的真实感，从而显得虚假。怎么办？

对于不合情理的故事，如果能够把事件的前因后果交代清楚，可以使得故事具有真实感。可是，对于大而化之的故事，我们就需要采取另外一个办法了：创设一个具体的情境，让读者有身临其境之感。"情景化叙述"，听起来很高深的样子，其实每个同学都懂的。我们一起做个游戏，大家就明白了。

于是，教师按计划邀请两位同学表演一段预演过的哑剧，要求其他同学观看后解说其含义。

一位同学走进教室，坐在一张椅子上，做沉思状。另一位同学缓缓走进教室，握着一张纸的手微微颤抖，低头将纸递给前面这位同学。该同学接过纸，扫了一眼，将其操作一团，掷于地上，用手指着身前的同学做训斥状。

（学生兴致盎然地欣赏哑剧，之后纷纷解说自己的解读）

生：一个学生考试不理想，回到家将试卷交给父亲，遭到父亲斥责。

生：我觉得这个场景也可能是发生在一个公司里，两个人物是上下级关系，因制定的工作方案失败了，正在被上司训斥。

生：我觉得有可能是一对情侣，男孩所设计的旅游方案不合"白富美"女友的心意，遭到了后者的斥责。（学生大笑）

......

之后教师总结如下：其实面对一个共同的事件框架，我们如果能够把这些大而化之的事件具体化为特定的人物、特定的原因和特定的行为，叙事的真实感就会大大增强。这就是我们所说的"情景化叙述"。对于《意外》这篇习作，大家觉得可以创设哪些情境呢？

学生经过讨论，很快达成共识：要渲染故事发生的一些特殊情境——"我"是一个住校生，周末回家，大雨如注，雨伞根本用不上，也叫不到出租车，天越来越黑，"我"焦急万分，车夫看到"我"疲倦又焦急的神态，看到"我"宁可站在校门口也不坐他的三轮车，于是主动邀请"我"上车……

（3）策略三：脑补细节术

最后，教师发现学生存在一个认识盲区，于是明确予以点出。

作文虚假病的产生，还有一个原因——就是叙述过于空洞，缺少足够的细部描绘。其实，许多骗子很懂这个道理。为什么骗子往往极力在细节上下功夫？因为这样容易产生真实感。我们写作文当然不是为了欺骗，但在追求真实感方面原理却是一致的。

如何把空洞笼统的叙述变得真实可信？这就需要运用我们的各种感官，把事物活灵活现地呈现出来，把事物的形状、颜色、质地、气味一一加以描述出来，这样就会造成眼见为实、身临其境的感觉，可以大大增强文章的真实度。

例如，《意外》一文中出现的"那把伞"，在文中只出现了一次，一闪而过，非常空泛。我们在写作中，就可以运用"脑补术"，想象一下这把伞的颜色、形状。例如，可以把这把伞脑补成黄色，为什么呢？因为，"脑补"伞的颜色就使这把伞"鲜活"起来了。"一把嫩黄色绸伞"给读者的真实感要远远超过"一把伞"。同时，黄色是一种温暖的、温馨的颜色，还具有一定的象征意味，能够凸显文章主旨。请大家再看看，文中还有哪些空泛的词语可以通过脑补加以具体化呢？

学生恍然大悟，受到启发，议论纷纷。大家一致认为可以具体化脑补的对象有：三轮车的外形，车夫的外貌、表情、动作，"我"当时的心情。

最后，教师布置课后作业。运用"合理化解释""情景化叙述""脑补细节术"三大策略修改完善上述《意外》一文，使之叙述得真实、自然。

# 第四章　如何有效分析写作学情

把写作学情的探测分析作为写作教学的起点，具有革命性意义。写作教学既然是为了学生发展，那么教学就必须基于学生实际需求，这必然是写作教学的逻辑起点。

人们多年来一直呼吁"以学生为本""以学论教、以学定教"，这些理念如果要落地，必须树立写作学情分析观，必须完善学情分析技术。

## 一、对一次写作偏题的学情分析[①]

长期以来，语文教师指导学生写作总是陷入一个怪圈：考场写作怕偏题，为防偏题重审题；审题大抓关键词，抓了关键仍偏题。

许多教师高度重视"关键词"，认为"关键词"是写作的重要支架，有助于学生把握材料中的主导倾向和立意。还有的教师甚至归纳出一连串"抓关键词"的技巧与策略，如抓第一关键词、第二关键词。但是，在实际教学中，许多学生依然感到"抓关键词"这一招在写作中总是"听起来很美，用起来不灵"。

一次高二年级期末考试，笔者执教的一个班级学生有一半出现作文偏题的情况。在批阅作文过程中，教师感觉学生的议论总是东拉西扯，虽然与材料能沾上一点边，但总体与材料关联不大。但是，在平时写作课堂上，甚至在考前，教师一直强调并反复讲解有关审题技巧，其中，"抓关键词"更是作为重中之重。考试前教师更是千叮万嘱，让学生紧扣关键词写作，但是考试结果仍然不尽如人意。为什么学生一旦碰到稍微复杂一些的材料就容易偏题呢？

那么，学生究竟是如何抓关键词的？在抓关键词之际，学生头脑中究竟想些什么？带着这个困惑，笔者决定做一番学情研究。

【研究对象】高二年级一个班级的学生，共30人。

【作文题目】今天的生活中有一种常见的现象叫选择综合征，即面对诸多选

---

① 本节由上海市五爱高级中学方佳琦撰写。

择时难做决定。对此你有怎样的认识,请写一篇文章,谈谈你的思考。

【学情分析方法】切片研究、深度访谈。

笔者对本班 30 位学生的考场作文做了较为细致的切片分析,以期了解学生写作过程中的实际状况。在此基础上,又对几位典型的学生开展了深度访谈,试图探测学生文本背后的深层思维流程。学情分析结果如下。

**1. 学情切片研究**

对全班 30 个习作样本,笔者分别从标题拟制、观点阐释两个角度进行切片分析。

(1)标题拟制学情分析

对 30 位学生考场作文的标题进行归类分析后,笔者发现学生所拟写标题与其对材料理解程度具有高度相关性。根据学生所取的作文标题与材料联系的紧密程度来区分,大致可分为三种类型的标题。切片分析结果列表如下。

| 与材料联系程度 | 学生人数 | 所占比例 | 标题示例 |
| --- | --- | --- | --- |
| A. 能够紧扣材料 | 6 | 20% | 浅谈选择综合征、选择综合征 |
| B. 与材料略有关联 | 21 | 70% | 选择、面对选择、学会选择、正确选择、果断选择 |
| C. 完全偏离材料 | 3 | 10% | 做出判断、认识自己、一切过往皆是序章 |

从标题切片分析可以看出,全班只有 20% 的学生将议论的重心聚焦到"选择综合征",这类学生的理解大体上是符合材料的。其余 80% 的学生基本上都偏离了材料。其中,有 70% 的学生只关注"选择",而忽略了"综合征",大谈选择之重要、讨论应该如何选择。学生议论重心出现严重偏差,说明他们对材料的理解似是而非,并没有真正读懂材料内容。

(2)观点阐释学情分析

考虑到单纯分析标题还无法准确判断和分析学生的写作学情,于是笔者聚焦那些占总数 70% 的标题与材料"略有关联"的文章,将这些文章抽取出来作为学情分析对象,试图从观点与材料的关系角度分析学生究竟是如何逐渐偏离材料的。

学生是如何阐释自己观点的呢?学生偏离材料的思维过程又是一种什么样的状态呢?

例如,学生 A 的作文《果断选择》就非常典型。文章提出"要果断选择"这一观点,然后分析人们为什么在选择时不能做到"果断"。显然,材料原本要求学生分析"面对诸多选择,人们为什么会陷入选择困难"这一问题,但学生转而大谈"要有魄力、要果断"。那么,学生的思维究竟在什么地方出现了偏差呢?

经过分析,我发现学生是由于忽略了材料中"面对诸多选择"这一词语,而将注意力放在"难做决定"一词之上。正是由于这样的忽略，学生才有类似的阐述：为什么"难决定"？因为我们没有魄力、没有独立意识，甚至还进一步分析到因为家庭教育出了问题……最后，为解决"难决定"的问题，得出需要"坚决果断"这类观点。忽略"面对诸多选择"这一前提的后果，就导致了随后学生的阐释与材料渐行渐远。

但是，为什么学生只关注"难做决定"而忽略了"面对诸多选择"这一前提呢？这背后的学情，有待进一步分析。

继续对学生作文做切片研究后发现，还有部分学生只是围绕"选择"这一关键词做阐释。学生 B 的作文《面对选择》是这样阐释的：在面对选择时，应该如何行动呢？应该"明确目标、遵从内心、肩负责任"。请看：

在面临选择时反复询问自己内心的意愿尤其重要。著名艺人王传君在出名之后，做出了与大多数艺人不同的选择，他选择暂时退出演艺圈去潜心磨炼演技，舍弃参演快餐式的综艺节目，丢下偶像的外衣。最终，他在《我不是药神》中凭借演技再度走红。面临演艺圈错综复杂的关系、物质与金钱至上的情况，他舍弃了这么多具有诱惑性的选择，只因为他的本心是做一名好演员，想用实力来致敬艺术。选择再多，遵从自己内心的想法，不被物质所蒙蔽是他秉持的态度。

这一阐释与"选择综合征"确实有所关联，但又觉得不够聚焦。学生此时所阐释的"应遵从内心"这一观点与材料所言"选择综合征"有何区别呢？

仔细分析发现，学生的观点其实与材料内含观点之间存在重大差别。材料中的"选择综合征"是侧重强调"外因"——因为可供选择的东西太多，所以我们难以决断、无所适从。学生作文所列举的王传君这一事例所侧重的则是"内因"，"遵从内心"如是，"明确目标、肩负责任"亦如是。显然，用这样的事例来阐述材料，二者自然就会出现"貌合神离"的现象，导致事例与材料观点之间的扦格。

为什么出现这样的问题？作文问题背后究竟隐含着怎样的学情？

看来，如果仅限于从学生作文这一个维度来分析学情，可能还无法探测出隐含在深处的学情，因为学生内在的思维过程无法完全通过文章分析探知，教师有必要进一步打开学生思维的黑箱，让作文背后所隐藏的学情明晰化。深度访谈是相对有效的方式。

**2. 深度访谈**

在对学生作文进行切片研究的基础上，笔者又对上述几位典型偏题的学生做了一番追踪访谈，希望进一步了解学生写作偏题的症结所在。

（1）访谈学生 A

师：你的作文上来就说要"敢于选择、大胆选择"，为什么你会这样想呢？

生：材料中说"选择综合征，即面对诸多选择时难做决定"。我根据老师的要求，首先抓住关键词"难做决定"，然后展开思考。

师：哦，你认为"难做决定"是关键词，有什么依据呢？

生：我认为它是这句话的主导倾向。

师：你凭什么认为"难做决定"是主导倾向呢？"面对诸多选择"不重要吗？

生："难做决定"是结果呀，结果不是很重要吗？

师：那么，"面对诸多选择"是原因，原因岂不是更重要吗？

生：如果都重要，那我以后还怎么抓关键词？我在初中写作文时就经常抓关键词，写得也不错，为什么到高中就抓不得关键词了呢？

……

教师陷入了沉思。

（2）访谈学生B

师：请说说你对"选择综合征"的理解。

生：不就是这句话吗？面对诸多选择时难做决定。

师：你觉得自己能够理解这句话吗？

生：（不屑一顾）这句话很难吗？

师：那好！就拿你文章中的例子来说吧！你认为王传君有选择综合征吗？

生：有的呀。

师：那么，王传君面对诸多选择，他是否难做决定呢？他是否有选择的困惑呢？

生：他确实面对诸多选择。

师：他是面对诸多选择，但是你认为他有困惑吗？

生：（略有思考）好像没有。

师：那么你觉得用王传君的例子适合吗？

生：这样说来是不合适的。我忽略了"面对诸多选择难做决定"。我觉得自己不是在说"选择综合征"，而是在说"选择"。

师：有没有想过，你为什么会这样呢？

生：我一直按老师的要求，写作文要"抓关键词"，我觉得这次作文的关键词就是"选择"。

师：如果我们不考虑"抓关键词"这件事，就要你分析"选择综合征"，还用这个材料，你觉得怎么修改比较合理呢？

生：我想应该关注"面对多种选择难做决定"这句话，而不是"选择"这个词。

师：说得好！试试看，按这个思路重新组织一下语言。

生：同样在演艺圈，面对众多诱惑，有的人会因此觉得无所适从。觉得这条路很通畅，那条路很愉悦，结果他们就被众多选择弄迷糊了。但是，王传君却不会有这种选择困惑！因为他的目标清晰，虽然选择很多，诱惑很多，但他清楚地知道自己要什么。选择综合征是病,得治。王传君恰是治疗这一病症的一剂良药。

师:非常好。

通过访谈,笔者得出一个结论:在高中阶段的写作教学中,强调抓关键词,往往不是促进写作学习的支架,而是一个陷阱,一个误区。

通过访谈发现,学生在面对一段复杂材料时,总是试图用一个"关键词"去把握材料的全部意旨,而不愿(或许主要是不会)对材料做一番细致的分析。学生A甚至没有仔细分析材料,就径直将"难做决定"确定为关键词。而学生B似乎理解了材料中"选择综合征"的含义,在列举事例时却又不自觉地将"选择"作为了关键词。

对于学生A而言,如果一个词语就能概括全部材料,还要材料中那么多语句干什么?对于学生B来说,所谓关键词,一定是与其他词语比较之后才能认识到其"关键作用",如果没有对材料的全面了解,没有弄清诸多词语之间的关系,即便看似理解了"选择综合征"的真实含义,在写作中也会发生思维的偏斜。

那么,是不是抓关键词就完全没有意义呢?笔者认为,在初中阶段,学生所面对的材料相对简单,抓住一个关键词确实可以起到"一言以蔽之"的作用。但是,到了高中阶段,学生面对的材料早已不同于以往,事件之间关系错综复杂,学生写作就需要分析多种原因与多种结果之间的相关性。此时如果再运用以往"抓关键词"这样的线性思维方式,很可能让学生思维陷入简单化、模式化的陷阱之中。

例如本次考场作文,学生只有认真比较分析"选择综合征"形成的多种原因与各种后果后,才能得出这样的结论:选择综合征是对一个复杂社会现象所做的判断,不能简单地用一个关键词加以表征。

选择综合征的含义是"面对诸多选择难做决定",其间涉及两个重要概念:一个是"选择",一个是"决定",并且这两个概念之间还有着特定的因果关系——"面对诸多选择"是原因,"难做决定"是结果。如果教师在写作教学中过分强调"抓关键词",则容易误导学生将具有复杂关系的多个概念简化为一个孤立的"概念",使学生不去甄别概念间的逻辑关系而将这一关系简化为一个词语,不去分析概念间细微却是本质的区别。

综上所述,笔者有如下建议:教师应该高度警惕"抓关键词"所产生的片面、简单、模式化的思维方式;教师需要引导学生具体问题具体分析,研究材料要素之间的复杂关系,而不应该试图简单化地通过某个关键词去理解材料。

针对学生简单通过"抓关键词"进行写作这一特殊学情,笔者在教学中尝试通过"构建思维坐标"的方法,引导学生从简单分析一个"关键词",转而能对几组关键词加以思考,能够对关键词之间的"关系"加以思考,收到了较好的效果。

## 二、基于学情分析，指导写作深度学习 [①]

统编教材的使用开启了语文教学新篇章。一线教师在使用统编教材时普遍感受到了可喜的变化，尤其是写作部分，既明晰了语文教学的核心——学会读书，学会作文，又非常重视学生的写作需求。每学年12个写作训练点，不同年级侧重不同的训练点，既有基础写作能力提高、专项写作实践，又有写作能力综合提升训练。然而，置身写作教学课堂，我们依然会发现，写作指导被异化为阅读课、活动讨论课，缺少针对性的写作指导。翻阅学生习作，虽有老师密密麻麻的批改，但依然发现关键内容不具体、详略不当、偏离题目等问题。

究其原因，笔者以为：一是缺乏对写作学情的深入探测，没有对学情的深入研究，写作指导就容易泛泛而谈；二是对写作教学的认识存在偏差，忽视了学生原有的知识基础，以为写作教学需要系统性的知识来支撑，总想用一套完善的方案来解决所有问题。

写作是特定语境中的书面表达与交流活动，写作思维本质上是一个"问题解决"的过程。在写作教学上深有研究的邓彤老师告诉我们：写作教学应当通过研究学情，确定写作目标；炼制关键知识，设计写作学习情境；依据学生习作中存在的问题，提供写作学习支架，开展针对性的指导。邓老师特别强调，写作教学要根据学情，一次教一点，微型化、碎片化，持久而为才有效。

笔者在初中语文教学的一线深耕几十年，一直苦于写作教学事倍功半。参加第四期上海市名师基地攻关项目后，研读了关于写作教学的课例、论文，聆听了邓彤老师的《基于学情研究的写作教学设计》等讲座后，在写作教学方面有了一些新的认识，特别认同"基于学情"这一点。下面以七年级第一学期第三单元"写人要抓住特点"为例，谈谈本人基于学情的写作指导实践及体会。

### 1. 范文引领，完成习作

第三单元的写作，编者主要以《从百草园到三味书屋》中对寿镜吾先生的动作描写示范，又以《再塑生命的人》中莎莉文老师的几则事例导航，引导学生通过典型事例表现人物特征。

笔者先组织学生进行范文学习，然后设计写作情境：爷爷奶奶很想了解你的班主任，现在请你给他们具体地介绍一下自己的班主任是一个怎样的老师。

学生当堂完成习作《我的班主任某某老师》。

### 2. 作文批阅，把握学情

邓老师说，一线语文老师了解学生写作情况，最主要的途径就是分析学生的习作样本。分析学生的习作样本，实质就是作文批阅的过程。作文批阅不是简单地给学生打打分，更不是为了应付上级领导检查而留下眉批、旁批，作文批阅真正目的应该是探测学情，了解学生写作的困难点，分析学生的写作能力，为写

① 本节由上海市虹桥中学郭荷苗撰写。

作教学找到依据。有效的作文批阅，应该分三步走：面上批阅——浏览习作，把握整体；点上批阅——确定要素，选择样本；深度批阅——依据量表，切片分析。

根据点面结合的批阅原则，笔者很快把握了本次写作的情况。因为班主任老师与学生接触密切，大家都有内容可写，而且所写内容富有生活气息。然而本单元的写作要求是：写人要抓住特点。学生习作的主要问题恰恰就是未能抓住、抓准人物特点。

问题一：肖像描写不聚焦。

X 老师总是把自己打理得很好。头发干净利落，总穿一件蓝色的衬衫，配一条黑色裤子，挺着一个啤酒肚，戴着一副黑框眼镜，脸上总挂着和蔼的笑容。

这段肖像描写的顺序：头发→上衣→下裤→肚子→眼镜→表情。描写顺序忽上忽下，也不知道他到底要表现老师的什么特点。这样的肖像描写眉毛胡子一把抓，既无序，又不聚焦，但是很有代表性。

问题二：所写事件不扣题，人物特点未提炼。

我的班主任 X 老师，是教我们数学的。数学是我的弱项，上课时听着听着我就犯困。有一次快睡着的时候，X 老师突然停下了讲课，原本热火朝天的课堂一下子安静下来了，我感觉好多视线聚焦到我身上，好像不对劲，于是马上睁开眼睛。一看，X 老师和同学咋都看着我呢？我慢慢抬起头，看向 X 老师，他正微笑着看我呢，镜片后面小小的眼睛紧紧盯着我。

X 老师这样子，真的有点像考拉。我忍不住笑了出来，周围同学也跟着大笑起来。这时候，X 老师让我起来回答问题。我的笑容瞬间凝固在了脸上，心里炸开了花：我根本没有听啊，这题完全不会啊！怎么办，怎么办，怎么办？不管了，随便蒙一个吧："我选 B！"同学们笑得更厉害了，我再一看，这明明是一道应用题啊。再偷偷看 X 老师的神色，很怕他生气。没想到 X 老师还是微笑着，只是带有几许无奈或者苦涩吧。我特羞愧，只想快点坐下。X 老师语重心长地说："坐下吧，得好好听课啊！"我拼命点头。

初读以上内容，会觉得描述的情景挺生动，很有画面感。然而，细究一下，这个事件并未从"班主任"的角度来写 X 老师，而是从学科教学角度来写的。如果文章中还有其他事件是从班主任角度写的，那么似乎也可以。另外，这个事件要表现 X 老师的什么特点呢？是表现老师的性格温和，还是对上课犯困学生的包容呢？因为没有中心句，所以不明确。这样的习作貌似生动，实则缺少思考提炼。

问题三：所写事件与要表现的特点不一致。

C 老师是我的新班主任，她是一个很严厉的老师。有一次，体育课上我们跑 1000 米，回教室时已经没有任何力气，有的人甚至瘫倒在座位上了，而我呢，却想着去洗头。说是洗头，其实是用水龙头往头上浇水。当我洗完头，心满意足地走出洗手间，却被班主任 C 老师撞了个正着。我心想："完了，被老师发现了，得挨训了，搞不好还要告诉家长。"谁知，班主任却说："天凉了，你这样洗头要感冒的，快去擦擦干。"当时一股暖流涌上我心头，觉得 C 老师真好！心想：以后一定要好好表现，不让老师失望。

这段内容一上来就写 C 老师是一个严厉的老师，可是后面的内容并没有表现老师的严厉，相反是表现老师对"我"的关心，是温柔的特点。这属于写作时的随意，这样的随意在 70 多篇习作中也很有代表性。

问题四：情感倾向不明确，特点认识停留在浅表。

因为 X 老师的身高问题，我们常把他当作"小朋友"来看。俗话说得好："身高不够，踮脚来凑。"我觉得这句话特别适合 X 老师。你看，白板低处都写满了，而且都是重要知识点不能擦。X 老师只好踮起脚尖往高处写，写起来不容易，擦起来更难。一会儿，X 老师只好又踮脚去擦，擦一次不干净再擦，可能踮脚太累了，这时候 X 老师就一蹦一跳地擦。看到这一幕，我们全班都忍不住哈哈大笑起来。

这段描写着重表现老师的个子矮小，特点是抓住了，但这只是一个外在的特征，习作要求"写出人物特点"的"特点"不应该是表面的，而是人物内在的精神品质方面的"特点"。从本段描写来看，学生对老师的情感倾向不明确，对老师一次一次擦白板的举动缺少深入体察，因而也没有真正写出人物特点。

**3. 针对问题，提供支架**

综合以上问题看，学生习作反映的其实是他们的对生活的感知停留在浅表，思维没有闭环，思考缺少逻辑，表达处于较低水平。我们不可能通过一两次训练和讲评解决所有问题，只有通过写作实践—讲评指导—修改完善—再写作实践……不断提高学生的观察力、感知力、认识力、表达力、修改力。

针对问题一，指导学生自行梳理描写的内容和顺序，找出段落中心句。学生在梳理过程中，很容易发现顺序忽上忽下，中心句不能涵盖本段内容。于是提出修改要求：一个中心句，列举三个表现点。

针对问题二，要求学生比较《我的班主任某某老师》和《我的数学老师某某》，思考两个题目写法上应有怎样的区别。再请学生具体列举班主任的工作内容和数学老师的工作内容。然后请学生归纳班主任的工作可以体现老师的什么特点，数学老师的工作可以体现老师的什么特点。

针对问题三，让学生读一读，思考中心句概括的特点与所写事件是否一致。若不一致，可以怎样修改。类似问题，下一次如何避免。

针对问题四，要求学生读三遍。初读，学生笑不可遏；二读，有学生笑不出来了；三读，有学生说有点残忍，把老师的个子矮小、辛苦擦白板当作笑料。于是追问学生：写出人物特征，是写外部特征吗？怎么由外部特征转化到内部特征呢？板书写那么多目的是什么，一次一次擦白板背后是不是一种敬业的表现？

#### 4. 修改完善，总结方法

修改是写作过程中的一个重要步骤，它贯穿于写作的整个过程。基于学情，聚焦问题的讲评目的是引导学生发现自己习作中的问题，然后进行修改完善。

根据前面的问题分析和修改指导，我们制订了本次作文的自评、互评量表。

| 作文题目 | 项目 | 自行梳理 | 同学互评 |
|---|---|---|---|
| 我的班主任某某老师 | 中心句是否明确 | 第 1 段＿＿＿＿＿ | |
| | | 第 2 段＿＿＿＿＿ | |
| | | 第 3 段＿＿＿＿＿ | |
| | | …… | |
| | 中心句能否涵盖本段内容 | 第 1 段＿＿＿＿＿ | |
| | | 第 2 段＿＿＿＿＿ | |
| | | 第 3 段＿＿＿＿＿ | |
| | | …… | |

根据量表，每个学生完成对自己习作的梳理和修改。

先逐段阅读，查找是否有中心句，中心句能否涵盖本段内容。缺中心句则补中心句，中心句不当则修改之，或者删除中心句不能涵盖的内容。

再查特点是否表面化，特点与所写事件是否一致。不一致的，或修改特点提炼句，或修改所写的事件。

然后从整篇看，是否主要从班主任角度写的。表现班主任特征的材料扩展，表现学科老师特征的材料略写。

最后查看情感倾向是否明确，不明确的需要补写。

在自我梳理、修改的基础上，同学之间进行互评。互评后，再修改完善。

#### 5. 专题训练，巩固提高

"写出人物特点"这个问题不可能通过一次习作训练解决，为了巩固前面的学习成果，我们把它作为一个专题进行训练。

（1）请学生以语文老师作为观察对象，完成记录表格。

| 序号 | 观察任务 | 观察结果 |
|---|---|---|
| 1 | 语文老师的发型、衣着习惯是怎样的？ | |
| 2 | 语文老师在课堂上的表现通常是怎样的？ | |
| 3 | 语文老师课后的表现又是怎样的？ | |

（续表）

| 序号 | 观察任务 | 观察结果 |
|---|---|---|
| 4 | 语文老师高兴时有什么口头禅？ | |
| 5 | 语文老师批评学生时是怎样的表情？说些什么？ | |
| 6 | 初中语文老师与小学语文老师相比，有什么不同？ | |
| 7 | 语文老师与数学老师的板书习惯有什么不同？ | |

（2）三天观察记录后，完成第二篇习作《我的语文老师》。

（3）再以同样的方法观察记录一位同学，完成习作《我的同学某某》。

基于学情的写作指导实践，让笔者摸到了写作教学的脉搏。设计写作情境，让学生感受到写作既是表达和交流的手段，又是思考和探究的工具；点面结合的作文批阅，让老师既能把握整体情况，又能深入探测个性化问题；聚焦主问题，引导学生自己发现问题，总结修改方法，根据讲评自我梳理、修改，互评修改……基于学情的写作教学步子小而实，效果看得见。

一个学年下来，首先，学生对写作的害怕度下降，对写作课的兴趣度提升。其次，学生习作内容基于生活实际，丰富而有趣。再次，学生掌握了修改习作的途径和方法。班级学生作文水平整体进步明显，区级、市级作文获奖人次和等第都有明显提升。

### 三、学情分析：写作深度学习的前提

写作教学从哪里开始？这绝不是一个没有意义的问题，而是关乎写作教学能否有效提升学生写作水平的大问题。

以往的写作教学的起点是不是多半如此呢？教师或者从一本书中学得，或者从自己的经验中提取出一种很好的写作"大招"，认为非常有必要传授给学生，于是我们的写作教学就此启动。这样的起点也可以这么表述：写作教学内容通常由专家、教材编写者或者教师按照他们的理解加以确定，而确定教学内容与教学方法的依据是某种写作理论或教师个人的经验，而不是基于对学生是如何学习的认识。

难道不是这样吗？一线语文教师一直纠结于写作教学应该"怎么教"、应该"教什么"的问题。事实上，写作教学的关键点可能应该是"为什么教"的问题。

例如，时下众多的写作课上，教师很喜欢教学生学习"描写"，传授了许多细节描写、动作描写、心理描写、肖像描写等知识内容。但是，为什么要教这些知识？是这些知识本身重要，还是因为我们喜欢这些知识？或者是因为教师本人恰巧对这些知识比较熟悉？

正是基于这样的思考，我们提出这样的问题。

### 1. 写作教学的起点在哪里

我们当然认同这样的观点：写作教学是为了学生发展，而不是单纯为了传授写作知识。既然如此，写作教学的起点就不是"我要教给学生一些重要内容"，而应该是：学生当下的发展需要哪些内容？应该如何教才能促进学生发展？

前文提及的"金表寓言"非常形象地揭示了这一道理。关于黄金的知识，可以说汗牛充栋。冶金学院甚至有专门的黄金学专业。但是，对于具体的教学，注定不可能将所有关于黄金的知识悉数传授，而必须根据当下的学习任务确定合宜的知识。例如，如果希望学生能够区分"金表"和"银表"，其实只需要一个知识：金子是黄色的；而如果需要区分"纯金表"和"镀金表"，就必须掌握更多的关于黄金的知识，例如黄金的比重、质地等知识。

写作课堂教学不是教师随心所欲想教什么就教什么，想怎么教就怎么教。无论教学内容的确定，还是教学方法的选择，都要依据学生的实际需求。这时，最为关键的问题就是：我们如何确定学生实际上需要什么？学生的需求，实在是五花八门，各不相同的。我们在教学中究竟应该如何统整、如何兼顾、如何顺应这些纷繁复杂的需求呢？

至此，我们开始触及写作教学的起点问题：写作学情分析。

### 2. 学情探测与诊断

什么是写作学情？本书所言写作学情，大致包含如下内容：学生写作学习之前的先有知识状态、写作情感；学生写作学习过程中遭遇的困难；学生写作学习之后的有关写作的知情意等。[①]

探测分析学生的写作学情，就是找到制约学生写作水平提升的瓶颈问题，然后针对下药、因材施教，通过量身定制的方式，为学生写作学习制订切实可行的教学方案。

学生的起始学情是写作教学的起点，学生写作学习过程中的学情是教师提供学习支援的依据，学生学习之后的学情则是评价写作教学成效的标杆。写作学情探测分析，如同一根红线，贯穿并支配着写作教学的全程。

这就是基于学情的写作课堂教学范式的基本要义。

### 3. 学情分析，促进写作深度学习

前文列举的方佳琦老师的课例是一个典型的学情分析案例。这一课例很好诠释了研究写作学情、开展针对性教学对于写作深度学习的重要价值。

一次期末语文测试，学生作文出现大规模的共性不足，这显然就是写作教学的"瓶颈"，对于这样的问题，教师注定不容回避。有效写作教学，必须聚焦这一"症状"，分析其"症结"所在，然后提出教学方案予以矫治完善。

首先，方老师通过扫描全班学生习作，发现学生存在一个较为普遍的不足：

---

① 邓彤.微型化写作教学研究［M］.上海：上海教育出版社，2018：33.

有几乎一半的学生在写作中完全没有意识到"选择综合征"的具体含义,而是自说自话地就"选择"这一话题发表一番滔滔不绝的演说。这一现象背后的原因到底是什么? 如何解决? 这是学情研究不容回避的问题。

其次,开展切片研究。方老师选择一篇典型习作,深入研究其文章结构,找出学生作文中存在的两大不足:一是阅读写作材料出现偏差,忽略了"选择综合征"的内涵;二是虽然大致理解材料含义,在运用事例阐释的过程中又发生了观点上的偏移。

再次,进行深度访谈。为了解学生文章背后所存在的思维"症结",方老师进一步与上述两位学生做了一番访谈,以此探测、了解学生出现写作问题的真实原因。

在此基础上,方老师形成了一份"写作学情报告",明确学生的主要问题在于过度依赖抓关键词导致思维偏狭、肤浅等不足。最后,依据上述学情分析,方老师为学生量身定制了有效的教学指导方案:聚焦这一因果关系判断,打开并呈现其深层关系。通过设计"思维坐标"的方法,引导学生不断分析材料间诸多概念之间的内在关联,避免了分析论证焦点的偏移。

总之,写作教学是为了培养学生的写作能力。母语背景下的写作学习,学生的写作能力不是零起点。学生不是带着一片空白的头脑进入写作课堂中的。学生以往的生活经验、知识积累以及写作经验,都影响着当下写作学习。这是学生写作学习的前提与基础,自然应该成为写作教学的起点。

## 四、写作学情分析方法

如何探测、分析写作学情?

写作学情高度复杂。不同学生的学情自然不同,同一学生在不同阶段的学情也不同。为此,需要采取多种方法加以探测和分析。学情分析方法大致有如下几种,需综合加以运用。

### 1. 依据常模分析法

同一年龄阶段学生,由于身心发展处于同一阶段,必然存在一些共性特征。章熊先生曾研究中学生言语运用的变化特点,通过对不同年龄段学生在作文中句子长度、语病发病率、语言因素权重等方面一系列要素的分析,发现中学生的言语运用(书面表达)具有如下共性特征:句子长度迅速增加;连接词语的使用频率也随之增加;语病起初呈上升趋势而后逐渐下降。[①]

章熊先生的上述研究结果,形成了一个常模参照标准。依据这一标准,我们就可以鉴别某一班级、某一学生在所处群体中的相对水平。许多研究量表事实上就是一系列写作学情常模。教师可以依据这些常模量表,较为准确地判断自

---

① 章熊,张彬福,王本华.中学生言语技能训练[M].北京:人民教育出版社,2005:1.

己的学生处于哪一水平层次上，从而开展有效的写作教学指导。

例如，教师依据上述常模检测本班学生，如果发现学生确实存在"句子长度快速增加"并且"语病增多"的共性学情，在教学中就可以确定这样的教学内容：注意控制每句话的字数，把十几个字、几十个字的长句改成只有四五个字的短句。如可以将"高高的绿绿的草散发着诱人的清香，一根一根都看得那么清楚，很挺拔的样子"这一长句，改写成如下短句："草绿了，高了，散发着清香；一根一根，看得清清楚楚，很挺拔的样子。"[①]

可见，一旦准确探测出学生的学情，教师就能够判断制约学生写作水平提升的症结，就易于对症下药确定有效的教学内容，从而改进学生的写作状况。

一些重要的量表可以成为学情分析的重要标尺，是写作学情探测分析的重要工具。1991年，祝新华编制了青少年作文能力量表，涉及驾驭语言能力、确立中心能力、布局谋篇能力、叙述事实能力、择用方法能力等多种因素。一线教师中，江苏省特级教师郭家海构建了一个高中写作表达升级量表体系。这样的工具理当多多益善。遗憾的是，目前这类有效的工具还非常缺乏。而建构一个常模形成具有参照价值的量表，需要研究大量样本，属于典型的基础建设。写作教学量表研究对于写作教学意义非凡，研制相关量表，任重道远。

### 2. 个案式诊断

如果没有可供教师参照的"常模"，教师就必须针对这个班级或某一学生的实际写作情况开展针对性的个案分析诊断。这是对特殊学情开展的"具体问题具体分析"式的学情诊断。

在这方面，有一个经典课例。

钱梦龙先生在"文革"之后曾指导一批初中学生学习写作，这群学生写作基础极为薄弱。此时，钱梦龙老师所探测到的写作学情令人绝望："句子不通倒还不算主要障碍，单是那些缺胳膊少腿的千奇百怪的文字以及文字间莫名其妙的组合关系，就让老师没有勇气看下去。"

语句不通、错别字连篇、条理不清、逻辑混乱……几乎所有在写作学习中可能存在的问题均汇集在这批学生身上。面对这样的学情，钱梦龙老师不断降低写作教学重心，在指导学生写作一篇题为"我的家"的作文中最终确定了这样的教学内容：① 标题必须写在第一行的正中；② 文章要分段，家中有几个人就写几段，每段起始必须空两格。

作文交上来后，钱老师做了这样的评判：凡符合要求的，至少80分；字迹还算清楚，大体能看懂的，给90以上的高分。结果作文本一发，在全班掀起了不少的波澜，当同学们打开作文本一看之后，出现了意料中的强烈反响，有高声嚷的，有拍手笑的，有把本子往上抛的……此时此刻，钱老师郑重地告诉学生："在

---

① 蒋军晶.作文的十个技巧[J].小学语文教师，2016（6）.

学习问题上，老师从来不开玩笑，打这些分数我都是经过郑重考虑的。我相信我打得正确。你们的作文完全符合我提出的两项要求，得90分以上的作文，还超出了老师要求的标准。"①

这一课例以一种极端的方式诠释了这样一个原则：写作教学必须依据学生的实际学情因材施教，必须为学生量身定制教学内容与教学方法。

事实上，广大一线教师在日常教学中可以经常开展这样的个案式学情诊断。一次写作练习、一次模拟测试、某一学生的习作片段、本班学生突出的写作问题……都值得教师做一番研究分析，从中发现学生的学习困难，了解学生的学习需求，从而提出教学方案，开展针对性写作教学。这是一线教师写作教学研究的源头活水。

### 3. 习作批阅探测法

目前，最直接探测学生写作学情的方法是批阅学生作文。

作文批改使教师最直接地感知学生的写作实际状况，从而为教师的写作教学提供必要的资源及针对性。作文批阅一直以来都是教师的常规工作，但是很少有教师有意识地将此作为学情探测分析的方法。以往作文批阅主要是为学生习作判定分数或划定等级，而作为学情探测分析手段的作文批阅则是为了诊断学生的写作学情。教师通过研究学生习作，对学生的写作起点和学习问题进行查探，分析学生写作学习上的主要困难及其症结所在，为随后的教学指导提供目标方向。

为了解学情而开展的习作批阅一般有如下几个环节：

（1）通览习作——浏览全体学生习作，从整体上了解本次写作的主要优点与不足。

（2）切片研究——选择一二典型习作，聚焦某一瓶颈问题，开展深度研究。

（3）访谈追问——针对切片研究过程中所分析的问题，通过与学生的交流对话，厘清学生写作时的思维过程，确定学生真实的写作困难及学习需求。

江苏的管建刚老师主张通过"先写后教"了解学生的写作学情。他认为这是写作教学最为有利的起点。教师通过研读学生作文，发现学生的一个精彩点，或发现学生表达上普遍存在的一个缺陷，由此引出一个训练点。②

于漪老师曾在初中三年期间对学生进行了50次写作学习指导。在三年间，于老师为学生提供了50个作文题目开展写作练习，而教学重点就落在习作讲评上。每次讲评，于老师都在批阅习作的基础上，遴选2—3个重点问题开展针对性指导。讲评内容完全基于学生习作中的得与失（优点与缺点），提炼学生习作中的优点作为知识让其他学生学习，指出学生习作中的主要不足予以矫正改进。

---

① 钱梦龙. 导读的艺术［M］.北京：人民教育出版社，1995：65.

② 管建刚. 我的作文教学主张［M］.福州：福建教育出版社，2010：182.

50次习作讲评，顺应学生的写作学情，如水随地势，自然流淌，最终形成曲折有致的写作能力提升之流程。[1]

基于学生习作批阅开展学情探测，就是从学生的实际出发，准确把握学生当下的写作学情，可以径直切入学生最近发展区，从而有效提升写作课堂的教学效益。

专业化水平较高的医学领域，高度关注疾病探测专业技术的提升，从最初的经验型探测不断走向技术型探测，由个体经验型的"望闻问切"逐步进化为化验检测、CT透视、核磁共振等专业检测。假以时日，我们相信，专业化的写作教学也当如是：随着写作学情探测意识的不断增强，学情探测分析专业水平的不断提升，教师可以运用扎根式研究、大数据分析等手段有效开展学情分析工作。[2]

我们设想，在不远的将来，写作教学的起点很可能就是教师只需输入学生若干写作样本及对学生的访谈问卷，学情分析系统就能够与写作常模加以对比分析，能够准确研判某一学生写作的优点与不足，最终提出相应的学习指导方案。

---

① 于漪. 于漪老师教作文[M]. 上海：华东师范大学出版社，2010.

② 邓彤. 微型化写作教学研究[M]. 上海：上海教育出版社，2018：89-105.

# 第五章　如何设计写作任务情境

写作任务情境，这是一个语文教师相对陌生的话题。

当下写作课堂教学，任务情境的缺失一直是一个大问题。不少教师或是没有这样的意识，或是不知如何设置写作任务情境。这一现状严重制约着写作课堂教学效益的提升。学界一直诟病的"写作无教学"之弊端，很大程度上与写作教学缺乏任务情境有关。

本章我们想与读者一起探讨如下几个问题：什么是写作任务情境？写作教学为什么需要任务情境？写作任务情境有哪些类型？如何设计任务情境？

## 一、写作深度学习为何需要情境

任务情境在写作课堂教学中的重要地位，是由写作特性所决定的。

什么是写作？目前达成共识的看法是：写作是特定语境中，运用语言文字等手段，建构意义，构造语篇，进行书面表达与交流活动。[①] 由此看来，写作是特定语境中的书面交流行为，必然要置身于特定情境，要面对或明确或潜在的读者，也会包含一定的意图。

什么是写作教学？根据加涅的定义，教学是一组精心设计的用来支撑学生内部学习的外部活动。写作教学也可这样定义：为了促进学生学习如何在特定语境中进行有效的表达与交流，教师需要创设一组外部活动。其中，就需要设计特定"任务情境"来促进学生的写作学习。

现在，我们需要追问了：什么是写作任务情境？

有研究者这样界定情境："针对某一任务而需要联系起来的一整套背景化了的信息。"[②] 这意味着完成一个任务需要多方面的复杂的信息，它需要人们在认知

---

[①] 王荣生，宋冬生. 语文学科知识与教学能力［M］. 北京：高等教育出版社，2011：75.

[②] ［比利时］易克萨维耶·罗日叶. 整合教学法——教学中的能力和学业获得的整合［M］. 汪凌，译. 上海：华东师范大学出版社，2010：106-109.

上、行为上或情感上调动已有的多项资源信息。

写作任务情境也是与写作活动有关的一整套信息元素的组合体。通常，一个写作任务情境包含如下几个要素。

一项任务：要求实现的一个预期结果，例如写一篇文章，写一个便条。但仅靠这样的任务，还不足以构成任务情境的全部。

完成任务的背景：写作任务的运用环境，特定的写作目的、读者对象等。

需要的工具：图片、文字资料等。

特定的指令：字数、内容、方式等。

例如，以"我们的学校"为题，写一篇文章。这类通过"布置题目＋基本指导"的命题写作教学，之所以效果不理想，一个重要原因就是只有笼统的任务要求，缺乏完成任务必要的"情境要素"。

合理的写作教学至少应该设置这样的情境："请你为新入学的高一同学写一篇图文并茂的介绍学校特色的千字文。"在这个情境中，写作任务是写一篇文章；写作背景是我们生活于其中的校园（历史与现状、校舍与校风……）；写作目的是介绍学校，让新生了解学校；读者对象是高一新生；需要的工具是文字与图片；相关指令是篇幅在 1000 字左右；写作内容是学校特色……

这便是所谓的"写作任务情境"，也就是说，只有当一位作者充分了解并运用这"一整套背景化了的信息"，他所面对的写作任务情境才是完整充分的，他才能较好地完成特定的写作任务。目前，学界对于任务情境要素达成了如下共识：包括话题、作者（写作时的身份）、读者、目的、语言（语篇类型和语言运用）等。

一个好的写作者，需要具备将空泛的写作任务转化为"写作任务情境"的能力。

一个好的写作教师，必须具备为学生的写作学习设计"写作任务情境"的能力。

缺失任务情境，写作的交际特征便无法体现，写作学习也无法得到有力的支撑。

写作教学的目的在于培养学生的写作能力。能力是以内化的方式调动一切资源以解决问题的可能性。由于问题解决总是在特定情境中进行的，因此能力具有情境特征。

写作是一种在特定情境中的交际行为，写作能力总是与特定的交际情境密切联系的。脱离了具体的情境，人们就无法交际，无法写作。没有目的、不看对象就能够随便写出一段文字，非但毫无意义，而且贻害无穷——学生一旦对此习以为常，甚至以为这是写作的常态，那么他将从此失去正常的写作能力。

教师需要设计必要的任务情境以支撑学生的写作深度学习。美国写作研究者弗劳尔和海耶斯的写作模型示意图，很好地说明了任务情境对于写作学习的重要性。该模型认为：写作是一个复杂的思维和问题解决过程。这一过程由"写作任务环境（包括写作任务、话题、读者等情境要素）、写作者的长时记忆、写作过程"三大系统构成。①

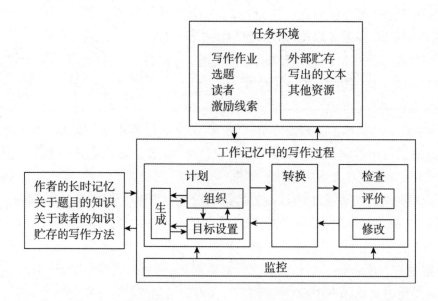

由此看来，如果没有写作任务情境，写作的三大支柱将会失去重要的一维，写作活动将失去其"问题解决"的特征，写作最终就会异化为"码字"或"材料堆积"行为——写作不过是从作者的记忆中提取写作内容，正常交际所特有的"为谁写""为什么写"等特征将不复存在。

写作教学无法承受没有具体情境的后果。但是，当下写作教学恰恰剥离了写作学习的具体情境。当然，在写作测试中，为了选拔的需要，是可以允许略去任务情境以增加写作难度的。但是，在写作教学中，如果没有必要的写作情境，就违背了写作学习规律，属于典型的"反写作""反学习"之举。写作教学缺少情境，就意味着教师将学生抛掷到一个缺少基本条件的环境中，却强势要求学生赤手空拳地完成"写作任务"。长期以来，写作教学之所以低效或无效，原因之一就是写作情境的缺失。那种"命题＋要求""材料＋指导"式的写作教学可以休矣。

合宜的教学总是设法为学生创设必要的任务情境，以便充分支撑学生的写作学习。在这方面，《美国语文》一书提供了许多经典样例。

哥伦布能够筹集到资金是因为他有能力使没有见过他探险的大陆的人接受他的想法。假设你是哥伦布，口头做一篇报告，在回到欧洲时报告给西班牙国王和王后……想象哥伦布见到的自然风光，列出他可能碰到的风光中的声音、触

---

① 王荣生，等.语文学科知识与教学能力［M］.北京：高等教育出版社，2011：82-83.

觉、气味和味道……对你描述的每一个形象都加入细节来强化，在只有视觉和听觉的描述中加入嗅觉，考虑在适当的地方加入触觉或味觉的描写。[①]

这段情境设计非常重要。教师希望学生学习"生动细致的说明"，固然需传授如下知识内容：通过细致的描述来说明纳入感官的细节，叙述可以看到、听到、感觉到、触摸到或嗅到的东西。但是仅仅告知学生这些知识，显然还难以培养学生"生动细致的描写说明"能力。为此，教师还需要为这些知识设计情境，帮助学生在运用知识的过程中内化这些知识。

这个情境包含了一个模拟的事件背景（哥伦布环球航行后向西班牙国王报告），包含了写作对象（西班牙国王）、目的（获得国王支持）、内容（环球航行中所见的奇异风物）、方法（具体描绘）等相关情境要素。具备了这些元素，学生的写作学习才有目标，有抓手，有知识运用的环境，支撑学习才成为现实。

"情境缺失症"使得写作教学长期以来效率低下，其主要表现如下。

**1. 没有情境元素**

如下现象屡见不鲜：教师通常只是布置一道写作题目，然后简单提几条建议，就让学生开始写作。这类"命题＋范文＋指导"式的写作教学，显然无法支撑学生的内部学习。

如果教师没有情境意识，写作教学就不会出现必要的情境元素。于是，上述《美国语文》中的课例在这些老师的课堂上很可能呈现这样的场景：

教师先出示一张自然风光图片或一段录像，再提供若干景物描写范文，然后提几点写作指导意见及要求，最后要求学生"去写吧"。此时，学生既不知道为谁描述，也不知道为何描述，于是只好依葫芦画瓢模仿范文堆砌若干花里胡哨的文字。

这样的写作教学使学生无法调动自己早就具备的与人交流的人生经验，也完全不知道如何组织自己的体验与感受，而教师所做的那些"写作指导"也因为没有具体的情境而变得失去了意义，因为学生所面对的是一个没有具体情境的笼统的写作任务。

没有写作交际情境的写作教学是不能接受的。

**2. 情境元素不充分**

也有教师意识到写作情境的重要性，在指导学生写作时也能够试图创设"情境"，但这些情境却不够充分，情境元素"缺斤少两"，此时教师所创设的任务情境对学生的写作学习的促进作用就不明显或基本无效。叶黎明教授曾经批评过的一个"写作情境"教学案例就是如此。[②]

语文老师在上课铃声响了之后，迟迟不去课堂，教室里像炸开了锅一样，学

① 马浩岚，编译.美国语文［M］.北京：中国妇女出版社，2009：14.

② 叶黎明.写作教学内容新论［M］.上海：上海教育出版社，2012：212.

生纷纷猜测老师不出现的原因。等到开课近一刻钟后，教师才假装"急匆匆"地走进教室，什么话也不说，挥笔在黑板上写下"老师迟到之后……"这一题目，然后要求学生写作。

为什么说这是一个不充分的写作情境呢？这个情境只提供了一个情境元素——教师迟到。不同的学生面对这一事件，也实实在在体验到了奇怪、着急甚至兴奋等各种不同的情绪。但这一切都只是一种真实的生活感受，却不属于"写作学习"。

这一"教师迟到"的情境至少缺少如下几种情境元素：其一，没有明确的任务——只笼统要求写一篇文章；其二，没有明确的指令——写什么文章？议论文？叙事文？建议书？或者批评信？均没有加以明确；其三，没有明确的目的——为什么写这篇文章？其四，没有明确的对象——文章写给谁看？

当这一切都付诸阙如，学生事实上是难以有效进行写作学习的。

对此，我们有一个基本判断：为学生提供一个要素不全的情境或组织一次活动，并不会必然支撑学生的写作学习。因为学生只是在自己原有知识状态中依靠不充分的条件进行写作活动，实际上并不能获得知识与能力的增量效应。

于永正先生有一个经典课例，恰与上述课例形成了鲜明的对比。[①]

上课铃声响了之后，于永正老师没有到课堂。一位陌生的年轻女教师走进教室，小朋友们都瞪大了惊奇的眼睛。女教师说："小朋友，我是鼓楼区文教局的，找于老师有点事。局长要他带着教学计划参加座谈会，时间是今天下午两点，地点是文教局一楼会议室，请于老师按时到会，不要迟到。我还有别的事，不等他了。等于老师来了，请大家转告他，好吗？"

这一课例中，于老师创设了一个真实的交际情境，包含了如下较为充分的情境元素：

读者对象：不在现场的于老师。

学习任务：学生要完成两项任务——其一，描述传话人模样，让于老师知道传话人的身份；其二，准确转达文教局一位女教师的通知。

写作目的：其一，学生向于老师描述前来传话的女教师的外貌特征；其二，准确转述这位女教师所通知的内容。

工具信息：传话教师的相貌、衣着；需要学生转达的开会通知（时间、地点）。

特定指令：能够描述这位教师的特征，让于老师知道来人身份；能够准确转达传话内容。

这样的情境设计能够让学生在一个教师精心模拟的情境中，开展有效的言语交际活动，能够使学生借助自己的交际经验有效完成写作任务，支撑学生的写

---

① 于永正. 于永正课堂教学实录（Ⅱ）[M]. 北京：教育科学出版社，2014：3-10.

作学习。

**3. 情境与教学目标与教学内容不匹配**

还有一种写作教学，看起来各类情境元素一应俱全。但是，这些元素与写作教学的目标、内容却缺乏必要的关联，甚至呈现油水分离的态势。

下面这个写作教学方案便存在类似不足。

用联想丰富写作素材库

［教学目标］

用联想的方法将生活体验转化为写作素材。

［情境设计］

你在一次测验中只得了 65 分。在回家的路上，你忐忑不安。回家后怎样才能把这件事平静地告诉爸爸、妈妈呢？怎样才能让他们平静、甚至高兴地接受你这个分数呢？一路上你都在盘算着……

［实战演练］

写作任务：

以"他那个人，哈……"为题，写一篇记叙文章。

写作提示：

（1）记叙文中，写人是最基本的训练。如何把一个人写活？这需要写出人的个性，本次写作意图即在训练学生写出人的个性。

（2）对"哈"的理解很关键。这个"哈"可以是大笑、嘲笑、讥笑、无奈的笑……不同的哈声代表不同的写作态度，笔下的"那个人"应该根据"哈"的不同含义体现出来。

（3）细节描写很重要。在写"他那个人"时，必须有细节描写。

应该说，上面这个写作教学设计有些地方是相当不错的。例如，"运用联想方式创生写作素材"就是很好的教学目标与内容，这一设想针对学生写作学习过程中经常出现"缺少素材"的现状，内容具体，有针对性，很有现实意义。但是，随后的情境设计、写作任务以及写作指导，就出现了较大的偏差。

请看，教师首先设计了这样一个情境：学生考试成绩不理想，不知如何向父母交代。

单纯就这一情境本身来看，相关要素可以说是齐全的，有背景，有目的，有任务，也有相关指令。其中，事件背景是考试成绩不理想；写作目的是让父母平静甚至高兴地接受；任务是构想一个奇妙合适的策略以便达成预期目的。

但是，这一设计的根本问题在于：情境元素和写作教学目标与内容之间缺乏有机关联。"运用联想创生素材"这一目标与"考试成绩不理想"这一情境之间缺少必要的联系。因为学生考试成绩不理想却希望能让父母接受自己的成绩，单纯依靠联想显然难以完成这一艰巨的任务。如果要做到让父母接受这一不理想的成绩甚至高兴起来，在写作教学内容层面上，主要不是教学生"学会联想"，而需要教学生"了解父母心理需求的策略"，然后再教给学生一些写作策略：依据父母的性格、喜好以及心态，选择合适的内容与方式，或劝慰，或安抚，或撒娇讨好……

随后教师布置的写作练习更是远离教学目标。写作任务是要求学生以"他那个人，哈……"为题写作，但这一任务与所设计的情境有何关系？为什么不从前面的情境中自然生发出写作任务呢？所发出的指令"写出个性、有细节描写"也与情境毫无关系。也就是说，本方案的情境与写作任务之间是断裂的，是油水分离的。

## 二、写作任务情境设计的基本要领

设计写作任务情境的基本要领，大致分为如下两大原则、三条路径。

### 1. 写作情境设计的两大原则

原则一：情境与写作教学目标、学习元素一致。

任务情境是为支撑学生写作学习而创设的，其中情境元素必须与教学目标、教学内容融为一体。由于写作具有强烈的交际特征，写作课堂教学必须遵循一大原则：确保"情境、目标、内容"三要素之间的高度匹配。

例如，针对学生在写作中存在着描写不具体的现象，浙江宁波的陈菊飞老师通过创设任务情境，最终使学生学会运用知识具体生动地描写出飘忽的"味道"，取得了良好的效果。请看课例片段。[①]

师：初次见面，送同学们一点见面礼。（教师分发糖果，学生兴奋地品尝。）这是一颗风味比较独特的榴莲糖哦。请同学闻一闻、尝一尝，然后说一说你的感受。

生：好臭！香！又臭又香……

师：那就请几位同学上讲台把自己的感觉写在黑板上吧。

（四个学生板书：甜和臭混合；一丝一丝的甜；有独特的香味；很甜，很好吃，很亲切。）

师：如果只看这几句话，我们能否判断这几位同学吃的是榴莲糖？

生：（齐答）不能，没把特点写出来。（七嘴八舌地）因为别的食物也有甜和香的。

师：看来只是笼统地写很甜、很臭、很香是不够的。读者读了你的文字还是无法体会你的感受。你要具体写一写榴莲糖的甜是一种怎样的甜。它和蜂蜜的甜一样吗？它的又香又臭是怎么一回事？这味道和臭豆腐一样吗？这时候，我们就需要把自己的感觉写得细一些，也就是常说的写"具体"。大家刚才都吃过

---

① 陈菊飞.唤醒感官教描写.参见：邓彤.写作教学密码［M］.上海：华东师范大学出版社，2018：87—92.

榴莲糖,四位同学这样简单描述一下我们都能够体会到。如果我们要向没有吃过榴莲糖的同学介绍这种糖的味道,怎样描写才具体明确,让对方能够真切感受到它的滋味呢?

这个任务情境与教学目标、教学内容匹配度较高。

本方案的教学目标是"学会具体描写",教学内容有三:细分感觉、类比联想、融入体验。如何教授这些内容呢?如何让学生运用这些知识形成写作能力,最后达成"具体描写"的预设目标呢?陈菊飞老师为此设计了一个"吃糖"的情境。

为此,陈老师进行了精心的设计,最后确定用味道独特的榴莲糖作为"情境道具"。在这个情境中,学生品尝了味道独特的榴莲糖,有了初步的体验与感受,这只是创设了写作的背景。如果此时要求学生开始写作,学生未必能够学会"具体描写"。

这时,陈老师进一步设计了一个重要的情境:如果向没有吃过榴莲糖的同学介绍这种糖的滋味,该怎样描写才能产生好的效果呢?此时,一连串任务情境元素开始出现:写作任务是写一段文字具体描写榴莲糖的滋味;读者对象是没有吃过榴莲糖的同学;写作目的是让对方具体真切地感受到榴莲糖的滋味……在此基础上,教师分别引入了具体描写的三大知识,学生就可以在这些任务情境的支持下,运用这些知识对榴莲糖的特别滋味做出具体细腻的描写。

原则二:情境与学生的生活经验对接。

"榴莲糖"课例其实还包含了写作情境设计的第二个原则——与学生的生活经验对接。

设计写作情境,应该选择那些学生感兴趣、有体验的生活场景。情境设计如果能够与学生的生活经验对接,就便于激发学生的写作兴趣、调动学生的生活积累,并有助于学生运用自己的相关生活经验与生活智慧有效开展写作学习活动,从而对学生写作学习最终产生支撑作用。笔者曾经因为班级学生喜欢小动物,专门设计了"收养流浪狗、调查流浪狗"的系列写作情境而取得好效果。

周子房老师曾经举例批评写作情境设计脱离学生"经验区间"导致的后果[1]:

台湾彰化县曾举行初三学生的第一次模拟考试,写作题目是"最感谢的人",但是限制不能写父母、老师、义工(志愿者)等,结果有半数学生傻眼,想不出应该感谢谁,有些班级竟有学生得零分。

这是一个故意脱离学生经验区间的情境设计,其本意在于防止学生套作、宿构,但在事实上却有故意"与学生为敌"的味道。甚至可以说,这是一种"反写作"的情境设计。因为如果排除各种最有可能感动学生的人,"最感谢的人"这

---

① 王从华,孙锦明,周子房.语文学科建设理论模型和实践案例研究(初中卷)[M].南昌:江西高校出版社,2018:124.

一写作任务其实就难以完成——除非学生胡编乱造。

**2. 写作情境设计的三大路径**

为实现预设的教学目标，合宜的教学应当为学生设计必要的学习情境。条条大路通罗马，情境设计的路径也是多样化的。大致而言，如下三条路径较为常见。

路径一：基于学情创设情境。

这一情境设置路径其实质就相当于将学生"抛掷"到一个新鲜、独特的情境中，以便激发学生写作的欲望。设置这样的情境，需要考虑学生的兴趣爱好，然后投其所好，让学生兴高采烈地进入写作状态中。例如，对于爱好动物的学生，可设置有关动物保护的写作情境；对于科学爱好者，不妨以当下科技最新发展作为写作情境……下面以国外一个经典课例为例加以阐释。

半夜，你正在熟睡，突然电话铃声大作，把你唤醒了。原来是总统的高级助理打来的。他急切地要你打开CNN（美国有线新闻网），CNN正在报道一场需要你立刻关注的危机。你是总统的顾问，总统要在你听完报道后马上和你见面。会有一辆高级轿车在门外等你，带你去白宫。你打开电视，得知一个叫Krasnovia的岛国的一方正在入侵另外一方，准备推翻政府，控制权力。你前往总统那里讨论这一危机。在椭圆形办公室里，总统说他将在当天晚些时候举行新闻发布会。他需要你提出建议，看美国应该不应该进行干预，如何干预。他希望你提交一份清晰的报告供他参考。你的建议必须基于你从专家那里得到的信息中收集的证据。

上述情境大致包含了如下写作学习元素。

事件背景：20世纪中期爆发的某半岛战争，这对历史爱好者而言极具吸引力。

活动背景：美国总统府，这对于关心热爱政治的学生而言非常诱人。

作者身份：总统智囊，为总统决策出谋划策。

写作目的：为总统制定政策、发布新闻提供参考。

读者对象：总统。

文本体式：政策建议书。

相关指令：研究有关信息，收集相关证据。

显然，这一情境中丰富的元素可从各个方面支撑学生的写作学习活动。此时的写作情境本身就具有特别的魅力，可以激发学生积极参与到写作活动中。虽然最后的写作成果不过是一份薄薄几页纸的"建议书"，但学生却经历了一个完整的写作过程，综合考虑了写作可能涉及的各方面因素，由此开展了一系列写作学习活动。

路径一的设置流程大致如下：首先，确定一个学生感兴趣的情境；随后，依据这一情境设置写作学习元素（目的、任务、文体）。

路径二：基于学习元素创设情境。

写作情境设计的第二条路径与前一路径恰恰相反。教师首先确定的是学习元素，为了让学生有效开展学习，教师还需为这一学习元素选择合适的情境，以便让学生运用并内化这些元素。

例如，教师发现学生在写作议论文时存在着"简单归因"的毛病，即学生在分析因果关系时，经常将某一结果简单归结为一个原因。对此，教师应该如何开展教学指导呢？上海的於健老师经过研究，决定采用思维可视化工具——鱼骨图，作为重点学习元素。当学生运用鱼骨图寻找导致某一结果的可能原因时，就不会简单地归因为一个原因，而是先确定主要原因，再确定次要原因，如此分析，就能较为真实地揭示事件的本质。如何使学生熟练掌握"鱼骨图"这一学习元素并内化为自己的能力呢？为此，於健老师精心设计了如下一个情境[①]：

好多同学都看过《人在囧途之泰囧》（以下简称《泰囧》），这部电影2012年12月12日公映以来，票房一路狂飙，累计已超10亿，刷新国产片票房纪录。同期上映的影片虽然不乏优秀之作，如《少年派》《一九四二》《王的盛宴》《血滴子》《十二生肖》等，但其票房都难以望其项背。这是一个奇迹，请运用鱼骨图分析《泰囧》热卖的主要原因。

在此情境中，学生运用鱼骨图分析讨论，最终确定了《泰囧》热卖的四个分析维度：观众喜好、宣传手段、电影制作、文化背景。随后，在四个维度中又确定了最基本的维度——学生认为，一部电影能够热卖的原因固然很多，但"电影制作"是最为关键的主因，必须深入分析；至于其他原因，只需简单解说即可。

这一情境设计很好地为学生掌握"鱼骨图"这一思维工具创设了良好的学习环境与条件，有力支撑了学生的内部学习。但是必须明确，"《泰囧》热卖"这一情境设计是随机的，只是因为当时正值《泰囧》上映且大受好评，并不意味着《泰囧》就是最合适的情境。

与第一路径充分考虑学情的思路不同，情境设计的第二路径重点关注的是"学习元素"，选择怎样的事件背景反而可以相对自由。上述课例中，於健老师如果不采用《泰囧》作为情境，而使用任何一个社会热点问题作为情境要求学生运用鱼骨图学习合理归因，也同样可以较好地达成教学目标。

一般而言，第二条路径在写作课堂教学中运用得更加普遍，也便于教师的操作。

路径三：为笼统话题创设情境。

如果说前两条路径主要以教师设置情境为主，那么第三条路径的设计主体就是学生。或者说，第三条情境设计路径充分体现了"教是为了不教"的最高原

① 於健.鱼骨图与因果分析.参见：邓彤.写作教学密码［M］.上海：华东师范大学出版社，2018：177-180.

则——教师在写作教学中为学生创设写作情境的最高境界，就是使得学生最终能够自主、自动地为一个笼统的话题创设写作情境。

写作教学至此，教师的写作教学便意味着获得了相当的成功：至此，一个不成熟的"写作新手"渐渐成长为"写作专家"。当一个写作学习者能够考虑依据不同情境决定不同写作内容与写作方式，而不是自说自话地将自己长期积累的原材料搬运出来之际，才意味着他的写作水平得到了有效提升。

采取第三条路径设计情境，一般要考虑如下几个方面的问题：

（1）目标——本次写作教学欲达成何种目标？为何确定该目标？

（2）知识——为达成目标，需让学生学习哪些关键性的知识内容？

（3）情境——为掌握上述关键知识，需设计怎样的任务情境以便学生有效开展学习活动？

笔者参与王荣生教授领衔的上海师范大学国培任务，曾与团队成员一起就"节日"这一话题设置了多样化的情境。此时，一个笼统的"节日"话题，因为教学目标、教学内容的不同，可设计出形态各异的写作情境。现摘录其中三则情境的设计方案呈现如下。

【方案一】"愚人节"大讨论

愚人节即将到来，有的同学喜欢在这一天里想方设法捉弄人，认为这很有意思。但也有人对此持反对意见。为此，老师组织了一次专题讨论：愚人节，该不该捉弄人？你对此有何看法？请你写一篇文章，争取得到反对你的同学的理解与支持。

【方案二】"重阳节"建议书

传统节日越来越受到社会重视，许多传统节日也陆续被列为国家法定节假日，例如"清明""端午""中秋"等。有人认为"重阳节"也是一个重要的传统节日，也应该被列为放假节日。请你搜集相关材料并参考如下理由——节日由来、老人期望、我国进入老年社会、中国传统、法律依据，写一份《请将"重阳节"列为放假的节日》的建议书并提交给地方政府，以便获得政府的支持。

【方案三】设立"道歉节"

快毕业了，我们班将举办一个特殊的活动——道歉节活动。在初中三年的学习生活中，你有意无意伤害过别人（老师、同学）吗？请你写一封信表达你的歉意，在节日那天读给他听，力求得到他的原谅，现场给你一个拥抱。

在教学中，教师应该指导学生不断将一些比较空泛的写作话题转化为特定的"写作任务情境"，一旦教师或学生能够精准恰当地为一个话题设置具体合宜的写作情境，就意味着教师的写作指导水平或者学生的写作水平得到了相当程度的提升。

有效的写作教学需要设置合宜的任务情境。任务情境的设置使得写作学习克服了以往写作教学常见的知识脱离情境、知行分离等现象，使学生能在真实情境中学到有用的知识并进一步形成能力。

情境理论的先驱莱夫认为，活动、情境和文化是导致学习的主要变量，学习总是处于一定的活动、情境和文化之中，学习不是通过复制他人作品而进行的，也不是通过获得教学中所传递的知识而进行的，抽象并且脱离知识使用情境的课堂学习活动无法获得真正意义上的学习。[①]

写作学习根植于情境活动之中，写作知识的内化也是情境性地获得的，写作学习不能与交际世界分开，总是存在于由写作者、读者和其他情境元素所组成的复杂的社会环境中。

### 三、设计情境活动，促进写作深度学习[②]

深度学习是指"在教师引领下，学生围绕着具有挑战性的学习主题，全身心积极参与、体验成功、获得发展的有意义的学习过程"。深度学习是全面落实语文核心素养的重要途径。那如何促进学生深度学习？这就成了我们每个老师要思考的问题。笔者在日常教学尝试中发现，设计 STEM 活动能够更好地促进写作深度学习。

#### 1. 活动设计缘起

STEM 是科学（Science）、技术（Technology）、工程（Engineering）和数学（Mathematics）四门学科英文名称的简称。STEM 教育旨在培养学生的 STEM 素养。STEM 素养由科学素养、技术素养、工程素养和数学素养组成，但并不仅仅是四者的简单组合，而是把学生学习到的各学科知识与过程转变成一个探究世界相互联系的不同侧面的过程。下面就以《竹节人》一课为例，谈谈 STEM 跨学科活动设计具体实施的过程及成效。

统编教材六年级上册《竹节人》这篇课文，讲述了作者回忆小时候斗竹节人的游戏。作者通过介绍竹节人制作的过程及玩斗竹节人的游戏，体现了传统游戏的乐趣。其实光看文章，让生活在网络时代的学生感受传统游戏的乐趣是有点困难的，因为他们缺少对传统游戏的认知。究竟如何让现在的学生去理解传统游戏的乐趣呢？在刚上这篇课文的时候，有个孩子突然来了一句："老师，你不会让我们也做一个竹节人吧？"孩子这一问，犹如醍醐灌顶，让我突然有了解决这节课难点的想法，那就是让学生自己从动手中去感受传统游戏的乐趣，也许是个不错的选择。

#### 2. 活动设计实施过程

（1）尝试竹节人制作

我利用周末的时间给学生布置了一项制作竹节人的作业。这个作业一布置，

---

① J. 莱夫，等. 情境学习：合法的边缘参与［M］. 王文静，译. 上海：华东师范大学出版社，2007：44-47.

② 本节由上海市嘉定区马陆育才联合中学徐慧撰写。

学生都闹开了:竹子哪里来?怎么做?有个别学生提出是否可以用别的材料替代。考虑到大部分同学的实际情况,我把材料放宽了,只要能做出竹节人的样子,并能够斗起来,可以用其他材料替代。怎么做?可以看书上的竹节人制作步骤,有同学说还可以上网查。到下一周的周一,同学们都把自己做的竹节人带到学校,放在自己桌子上,五花八门:有真用竹子做的,有用吸管做的,还有的同学是用各色彩纸卷成类似于竹子的样子,中间留出空心;更有意思的是,很多同学还别出心裁,给竹节人配上刀,戴上帽子等。同学们边展示还边扯着线,相互挑衅一下:要斗一下吗?正好学生坐的椅子中间是有缝隙的,课间大家便玩得不亦乐乎。有的同学会围在做得最好的那个孩子身边,左看看,右瞧瞧,眼里满是羡慕。

(2)讲述制作竹节人的经历并评比

做好竹节人后,课堂上让同学们分享竹节人制作的过程是非常有意思的。比如有同学说,为了寻找制作材料吸管,他们去向奶茶店的小姐姐卖萌撒娇,以便从奶茶店拿到吸管;有同学说,竹子是爷爷到比较远的乡下砍的;还有同学是自己用不同颜色的卡纸不断地卷啊卷,做成筒型;更有甚者,和爸爸妈妈一起做的时候,砍竹子时竟然把大理石台面给敲碎了;还有的同学让奶奶准备线,帮忙一起穿起竹节人的胳膊和腿;有些同学说制作竹节人光量尺寸就费了很长时间,包括竹子的尺寸、绳子的尺寸等;还有一些同学做完一个不够,还要做第二个。最有意思的是有个家长也玩兴大发,竟然真和儿子在家斗起来;有的是和自己的弟弟玩竹节人,刚开始玩竹节人就力不从心,头就掉了。整个分享过程在欢声笑语中度过了。

当同学们分享完制作过程后,再组织大家现场投票评比。这个评比是自愿原则,只要你觉得自己的竹节人做得好,就可以上台展示,让别人给你投票。有个孩子非常重视,评比那天忘记带竹节人了,特地打电话让爸爸把她的竹节人送到学校。每个不参评的同学和老师各一票,投给自己喜欢的竹节人,并说说喜欢的理由;同时,展示的同学也可以自己拉票,说出自己的竹节人的独特之处。投票的环节紧张激烈,大家在投票过程中也很难抉择。但从同学们投票上看,大家还是比较倾向于用真正竹子做的、有点创意的竹节人。通过这种讲述与评比活动,同学们更加深刻地感受到制作竹节人的趣味了了。

(3)开展辩论赛

在经历了竹节人制作、竹节人制作过程分享、竹节人展示评比后,我们开展了一次辩论赛。辩题是传统游戏与现代网络游戏哪一个更有趣。正方是传统游戏比现代网络游戏有趣;反方则是现代网络游戏比传统游戏更有趣。其实对于生长于网络时代的孩子来说,相信他们肯定会选择网络游戏更有趣,毕竟这是他们擅长也非常喜欢的事情,辩论应该是反方容易胜出的。但是那天的辩论竟然是正方获胜了,这是我没有料到的事。他们认为传统的游戏能培养动手能力,能增强亲子互动,能加强家人之间的沟通,能够让父母返老还童。另外,传统游戏的种类比较多，如斗竹节人、丢沙包、滚铁环、踢房子、跳橡皮筋、踢毽子、踩高跷等等，最关键是传统游戏不伤眼睛，不会造成家庭的矛盾冲突。通过他们的辩论，倒把网络游戏说得一无是处了。正方能够找到这么多好处，得益于他们真正动手制作了竹节人，这让他们对传统游戏有了很深的体会，从而对课文中作者描述的竹节人十分有趣一事就有了深刻的理解。

（4）进行创写活动

同学们那几天沉浸在做竹节人游戏的兴奋之中，于是我再进一步设计了一堂创写活动课《记一次＿＿＿＿＿＿的体验》，限定选材就是竹节人制作。我先带着同学们一起回顾了做竹节人的过程，让他们试着提出自己做竹节人过程中需要解决的问题；然后引导他们补填上修饰语，难忘、有意思、令人兴奋等；再围绕你填写的这个关键词思考，如何体现出这个词；最后要把制作竹节人的过程写详细，要提炼出这次体验给你带来的感受或思考。下面就展示一篇学生的习作。

### 记一次有意思的体验
六（3）班　魏继航

今天徐老师给我们布置了一项特殊的作业——做一个有趣的竹节人。

同学们一下炸开了锅，竹节人要怎么做啊？太难了吧，要用竹子做，家里没有竹子怎么办啊？徐老师笑着说："材料可以任意选择，只要能做出竹节人的样子都可以哦。"同学们议论开了，有些同学说要用吸管做，有些同学说要去找竹子做。但是，我却跟他们与众不同，我想用纸做。

回到家里，说干就干，我找来一些纸准备开工。嗯？我该用彩纸做还是普通 A4 纸做呢？经过和爸爸的一番讨论后，我觉得还是用彩纸做好看一些。我先选了一张绿色的彩纸卷成了一个细细长长的空心棍子，又拿来剪刀，想把那根棍子剪成一小段一小段的，可是刚剪下一根，我就发现剪下的两头是扁的，就像一个扁扁的手抓饼。这可怎么办啊？灵机一动，我想到家里有裁纸机，对了，我可以把它们先裁好再卷。我先把卡纸裁成细长的小纸条，然后再卷成一段段又硬又结实的"棍子"。我用麻绳把各个部位连接起来，但连到手臂那儿的时候，麻绳就穿不进去了。经过一番思考，我想到一个巧妙的办法——先用一根细绳穿进那个小洞，再把麻绳系在细绳上，然后用力一拉，哇，麻绳果然出来了。最后，我又给"他"设计了一顶神气的帽子，还用硬纸板剪了两个"飞盘"当作脚，一个迷你的竹节人就做好了：两条细细的手臂和两条细细的腿，中间还夹着一个细长的身子，戴了顶帅气的帽子，一看就是武侠片里的人物。

我兴奋地跑去给爸爸妈妈看我的成果，他们看了赞不绝口。爸爸说："航航，你做的竹节人太好了，特别是这顶帽子，让他活了起来，这是个有灵魂的竹节人。太帅了！"我心里正暗暗窃喜呢，听爸爸这么说，我高兴得一蹦三尺高。

看着竹节人，我突然想到：是不是还缺了点啥？哦，对了，我的"暗影忍者"

还没有武器呢！我又开始翻箱倒柜，终于被我找到了合适的武器，马上装上，哈，现在我的"暗影忍者"看起来更酷更威风了呢！他好像在跟我说："谢谢你，我的小主人！"

整个制作过程虽然很长，也遇到很多困难，但是我都一一成功解决了。看到这个厉害的"暗影忍者"，我非常开心和自豪。这真是一次令人难忘也非常有意思的体验。

这个学生把自己此次制作竹节人的体验写得非常详细、真实，活灵活现。有了自己的独特体验后，学生写出来的作文也是非常生动有灵性的。把学生此次作文和平时作文相比，我发现每个孩子都写得比自己以前的文章好。

正如《基于课程标准的 STEM 教学设计》所说："STEM 学科和创意写作的融合，能够造就下一代有创造力的思考者、问题解决者和表达创新想法的发明者，真正实现创新人才的落地培养。"作为农村学校的孩子，也许不会一下子成为一个有创造力的孩子，但我们可以确定的是通过设计 STEM 活动，让学生真正体验，至少可以引导孩子写出真实有趣的作文。

### 3. STEM 活动促进写作深度学习的具体表现

这次 STEM 活动设计的尝试，虽然不是有意为之，但收到的效果大大出乎意料，使我真正感受到这种跨学科的活动设计是能很好促进学生的深度学习发生的。这次活动可以说在一定程度上实现了"让学生的成长从提高解答试题的能力转向解决问题的能力，进而转向提高做事的能力"。(《深度学习：走向核心素养》)具体来说，主要表现在以下几个方面：

（1）促进学生学习过程的深度互动

这次 STEM 活动的设计，最主要的一个表现就是促进学生学习过程的深度互动。

首先是学生与学习任务之间的互动。当老师布置了制作竹节人这项任务后，学生就开始思考怎么才能做出竹节人，用什么材料可以替换，如何找到这些材料，等等。实施过程中更是要与真实任务之间进行深度互动。

其次是学生与家人的互动。从选材到制作，很多孩子都是和家人一起完成的，家人之间讨论竹节人的大小、制作的流程等，甚至做完后和家人一起玩竹节人游戏，都很好地促进了他们之间的互动。

再次是同学之间的互动。孩子们互相评价竹节人的好与坏，互相斗竹节人，互相欣赏竹节人，辩论队伍的组成，任务的分配，辩论素材的收集以及和对手的辩论，教师在课堂上组织的小组讨论学习，等等，这些都加深了同学之间的互动。

最后是师生间的互动。教师在整个活动过程中，角色发生很大的变化：上课前，教师是学习资源的提供者，学习活动的设计者；上课时，教师是学生学习的组织者，专业的支持者或者教练员，帮助学生在学习的过程中不断向上攀登；下课后，教师是学生复习和解决问题的指导者、作业的设计者。因此，教师在整个活动中不再是传统意义上的教师，从某种角度来说，教师更多的是给学生提供解决问题的支架，然后就是组织学生把这些活动深入开展下去，最终让学生自己提出对问题的看法并形成自己的成果。

（2）增强学生对学习文本的深度理解

学习活动不管怎样设计，最基本的一点就是能够增强学生对学习文本的深度理解。因此，在整个学习活动设计过程中，教师考虑最多的应该是如何引导学生真正理解传统游戏的趣味性。在学习这篇课文时，笔者是通过以下几条路径去引导的：品读分析关键字词句，感受竹节人的趣味性；制作竹节人，体验传统游戏的趣味性；组织辩论赛，发现传统游戏的趣味性；进行写作训练，抒写传统游戏的趣味性。相信通过这样的学习活动之后，同学们对竹节人的印象、对传统游戏趣味性的理解会更加深刻。相比单纯引导学生品味字词来感受传统游戏的趣味性这种单一的学习方法，STEM 活动设计则显得更有效，更生动，更能激发学生深入学习的欲望。

（3）锻炼学生的高阶思维能力

每个活动过程都是学生不断思考、相互讨论、做出评价、给出建议、得出结论的过程。

在制作竹节人的活动中，他们要主动思考并做出推断：竹节人尺寸多大？需要运用哪些工具？如何注意制作过程中的安全性问题？竹节人各身段之间如何用线串起来？从学生呈现的作品来看，有的同学做得很大气，有的同学做得很迷你，那么斗的过程中高下也就能很快区分开来。这就能反映出同学们的思考是否到位，特别是设计细节非常有讲究。

在投票环节，学生要思考：如何为自己的竹节人打广告，让同学们把票投给你？这对同学们来说也是一种考验和挑战。有些同学看起来做得也很好，但是不怎么获得同学的青睐。因此，在活动总结环节要引导学生反思：我制作的竹节人存在哪些不足？我在宣传竹节人时又存在哪些问题？如果有机会，我还可以怎么改进自己的竹节人？

在辩论的环节，更是锻炼了学生的敏捷思维能力。在短短的时间内，如何运用所收集的材料来反驳对方，有什么理由让对方信服，等等。

在写作活动中，学生要考虑材料的先后顺序、详略安排，如何把自己的制作过程更好地呈现出来，等等。这些都需要学生反复斟酌、认真思考。语言是思维的外壳，因此作文训练也能很好地提升学生的思维能力。

"思维发展与提升"，这是学生语文核心素养的重要组成部分。语文学习的过程伴随着思维的过程，只是我们有些时候的学习可能思维量不够，或者缺少思维的深度，很多问题浮于表面。但是 STEM 活动需要学生沉下心去思考解决问题的方法，需要不断地思考，推演过程，实施方案，再评价反思。因此，STEM

跨学科活动是锻炼学生高阶思维能力的一种有效形式。

苏霍姆林斯基说过："学习如果具有思想、感情、创造、美和游戏的鲜艳色彩，那它就能成为孩子们感兴趣和富有吸引力的事情。"设计 STEM 活动，更多的是通过一些跨学科活动的设计，让学生在游戏中去创造、体验，最终实现培养学生自我解决问题的能力，这其实是实现深度学习的一种方式。无论是 STEM 活动设计，还是深度学习，都是面向未来的教育，这能真正帮助学生获得更好的成长。

### 四、借助情境提升写作的针对性 [①]

笔者曾经以任务写作中"写作目的"为核心教学内容，开展了一次教学实验，取得了较好效果。

#### 1. 借助热点材料，开展时事点评

前不久，崔永元、冯小刚之争在社会上引起了轩然大波。由于事涉当红名人，学生对此非常关注。笔者于是将这一事件作为素材，用以指导学生学习写作。用社会热点做写作教学资料，我对此早已驾轻就熟，但教学效果却不够理想。

课前我请学生浏览冯小刚的《十问崔永元》，并要求学生讨论："作为一名中学生，你非常关心时事。当你在网络上看到冯小刚的《十问崔永元》一文后，有什么看法？"

学生发言还算热闹。有学生说："冯小刚和崔永元都是知名人物，他们之间的争议自然会成为大众关注的热点。"也有学生说："《十问崔永元》是冯小刚对崔永元的指责，但我认为崔永元是正义的使者，他常常炮轰社会上一些不良现象，柴静曾说：'崔永元是这个时代中唯一一个清醒的人。'我们应该站在崔永元这一边。"还有学生说："冯小刚以'冯式幽默'不断反击崔永元，读来很有意思。"于是又有学生针锋相对："那是因为冯小刚理屈词穷，只好诡辩。谎言再漂亮还是谎言。"……

对于这一材料，学生确实思考了，也讨论了，但我感觉到他们的思考只停留在针对一个话题发表一番个人意见的层级，停留于"我也说两句"式的随感层面。

这显然不是我所期望的任务写作目标。我希望学生能够提出更加富有针对性、穿透力的意见和建议。于是我对教学方案做了如下调整。

#### 2. 设置写作情境，明确表达目的

我进一步设计了如下两个具体的任务情境，这些情境包含了各不相同的写作目的。我希望这样的任务情境能够引导学生的思考走向深入。

情境一：如果你是《咬文嚼字》杂志编辑，主编说《十问崔永元》是一篇逻辑问题较多的文章，要求你为中学生读者写一篇文章分析一番，你将如何分析呢？

在教学第一环节中，学生都表达了自己的观点，也简单说明了理由。在没有

----

① 本节由上海市格致中学高翀骅撰写。

明确写作目的的情境下，面对上面的材料，我们怎么说都无妨，只要能自圆其说就可以。但是，假如面对情境一，我们能够随便说几句了事吗？

为了让学生依据写作目的深入思考问题，我特地收集了学生上一环节中所写的三则文字，以此为例引导学生分析评说。

甲：冯小刚的《十问崔永元》无非表达了以下几层意思：《手机》没有对崔永元造成伤害，崔永元闹腾是在碰瓷；崔永元冒充社会良心，诋毁电影行业，是为了一己之私；崔永元绑架民意的行为无法阻止《手机2》。初读觉得气势逼人，但细读却发现每一问都存在逻辑谬误，经不起推敲。

乙：我认为这是一份指向性鲜明的声明，文章对崔永元对《手机》的指控避而不谈，却着重渲染崔永元是个坏人，作者"顾左右而言他"，目的在于打压乃至煽动群众去打压崔永元。

丙：《十问崔永元》一文连珠炮弹般指出崔永元的不是，言辞激烈，带攻击性，有很强的主观色彩，这种语言确实容易感染读者的情绪，但这种感染是无视真相甚至故意屏蔽真相的。

师：这三位同学对《十问崔永元》一文中的逻辑谬误、作者写作意图及语言表达三个方面给出了负面评价。假如在座各位就是主编，会不会认同这样的文稿呢？

生：我还是认同这些结论的。但这些结论是怎么来的呢？最好能够说得更具体、清楚一些。比如有什么逻辑谬误呢？很严重吗？

生：其实这些评价读起来也挺主观的，比如语言激烈就一定屏蔽真相了吗？会不会是因为你对冯小刚有偏见啊？我也觉得还需要分析和解释。

师：是啊，你认为《十问崔永元》有问题，就要做一番分析，告诉我们问题在哪里。例如，上面甲同学说冯小刚的文章有逻辑谬误，但仅仅有结论还不够，还需要做分析。

根据写作目的，我们必须从"逻辑错误"的角度来分析冯小刚的文章。我们以前学习过四种常见的逻辑问题：偷换概念、错误归因、诉诸虚伪和诉诸感情，请同学们借助它们分析此文。（投影）

偷换概念：有意不明确某个概念的含义，进而在这个概念中塞进新的含义，偷梁换柱，从而达到某种目的。

错误归因：看到两个事物同时存在，就判定一个是另一个的起因，但其实两者间未必有因果关系。

诉诸虚伪：不正面回应别人的批评，而是用批评别人作为回复。

诉诸感情：试图通过操控别人的感情来取代一个有力的论述。

学生分组讨论后，形成如下几点意见。

生1：《十问崔永元》中的第一条就犯了偷换概念错误。作者以"《手机》里的主人严守一干过的事你都干过吗"来否认《手机》对崔永元的伤害，这是站不住脚的。我认为电影能造成的伤害是影射伤害，"影射"这个概念是指借类似而不完全相同的事物来说事儿。电影中的人物与真实人物并不需要完全相同，只要相似，就会引发观众的联想。《手机》中的人物和崔永元的重叠性确实挺高。作者偷换概念，把"影射"界定为"完全相同"，为自己洗白，有诡辩之嫌。

生2：《十问崔永元》中有一则说："如果你坚持认为《手机》伤害了你，为什么不运用法律维护你的权益呢？"这显然违反了推理原则。作者的逻辑是这样的：① 受到伤害一定要诉诸法律。② 崔永元没有诉诸法律。③ 因此崔永元没有受到伤害。但我们可以发现这个三段论的大前提 ① 未必成立：一个人受到伤害后可能寻求其他方法，而未必要上法院。

生3：《十问崔永元》中说："别光举报别人，敢不敢把自己的税单拿出来晒一晒？"这是"诉诸虚伪"的做法。冯小刚面对别人的控诉回避话题，倒打一耙，就有转移话题的嫌疑。

教师总结：大家注意到了没有，认真研究写作目的，确实能够使我们的思考更加聚焦，使我们的分析更加深入。甲同学所说的一句话"初读觉得气势逼人，但细读却发现每一问都存在逻辑谬误，经不起推敲"，经过刚才三个层次的分析，是不是更加深入、更有说服力了呢？

情境二：你是自媒体"认识中国"的编辑。你听说主编得知冯小刚发布《十问崔永元》后，希望在媒体平台上推送此文以扩大自身影响。你不同意这样做，你将如何说服主编？

师：对于这样的写作目的，如果我们只是指出《十问崔永元》一文中存在着上述问题，是否可以说服主编呢？

生：好像不行。主编一定也知道这篇文章有漏洞，但他之所以还要转载，可能是认为有争议的文章反而能够引发更多关注呢。

师：这位同学提出了一个关键问题：要说服主编，就需要了解主编的动机。

生：我以为主编的动机可能就是"蹭热度"，想借此扩大平台的影响力。如果他只是希望提高点击量，乘机蹭热度，那我们刚才分析的那一套就没啥用。

师：我们以前读过陈嘉映先生的《说理之为教化》一文，作者慨叹说理有其局限性："要改变他人的看法，说理不见得是最有效的手段。训练、实地考察、引征权威或大多数人的看法、恳求、纠缠，这些途径若非更加有效，至少同样有效。"那么，要想说服主编，可以采取哪些方式呢？

生：我觉得可以抓住"利害"来讲。我记得陈先生说过"利益是重要的理据"，我会告诉主编，刊登这样的作品会给平台带来不好的影响。

生：对，应该告诉主编，这样做对我们的媒体平台会产生负面影响。主编确实希望我们的媒体平台被关注，但肯定不希望被挂上恶名，可以从这一点来说服他。

生：还可以从媒体的责任来说，因为我们这个媒体叫"认识中国"，我觉得主编肯定还是有社会责任感的。我们要坚守职业操守。

师：好，我将同学们提到的都记下来了。老师再补充一点：在现实生活中，我们面对问题时不仅仅要表示反对或赞同，还常常需要提出建议，提供一些解决问题的方法。我们不支持直接转载推送《十问崔永元》，那是不是就意味着只能冷眼旁观呢？请同学们尝试借助这张表格来继续思考，完善我们的论述。

| 不建议转载推送《十问崔永元》的理由 | |
| --- | --- |
| 《十问崔永元》本身的问题 | |
| 对读者的负面影响 | |
| 对自媒体"认识中国"的负面影响 | |
| 对整个媒体行业的负面影响 | |
| 建议： | |

填写表格后，学生的交流如下：

生1：许多读者容易轻信，如果我们转载《十问崔永元》，公众认为我们支持冯小刚。

生2：本文情绪偏激，转载这样的文章还容易激发大众的浮躁心态，这种站不住脚的情绪发泄会对社会产生不好的影响。

生3：如果转载，短期内可能带来较大的点击浏览量，长远看，当该文热度消退，网友就会认识到这篇文章的荒谬之处，就会给平台带来负面影响，不利于长远发展。

生4：冯崔事件延伸出的税收问题已成法律事件，不再是两个社会人物间的口角，这时媒体需站稳立场，不能为博热度而放弃原则。

生5：很多媒体为了生存蹭热度，为100000+不择手段。但是"认识中国"不能成为这种平台，我们应该展现出公正、真实、宽容、理性的社会形象。

生6：我想给主编提个建议，《十问崔永元》可以用，但不是原封不动地转载，而应该冷静地做一番深度分析，应该将我们媒体的态度呈现给大众。

这番讨论，使学生认识到：写作目的变了，写作内容与方式都将有很大改变。

**3. 依据写作目的，评价学生习作**

最后，教师提供一篇习作，要求学生从写作目的的角度评价本文。

尊敬的主编：

　　您好！

　　自媒体存在的意义是什么？我认为是去中心化，也就是给更普遍的群体的言论以被关注的可能。自媒体人以点击率论英雄，依托的是受众的支持；同时，受众所了解到的信息，也日益受到自媒体的影响。因此"文责自负"这句话的分量在这个自媒体时代分外沉重。

在善于用富于煽动性的语言来掩饰自己的乡愿这一方面，崔永元和冯小刚旗鼓相当，都是顶级高手。崔永元揭露范冰冰偷税漏税，本质是想报复冯小刚拍《手机》影射自己；冯小刚十问崔永元，实际上是转移社会对剧组不法行为的关注。虽然披上了"大义为先"的外衣，但遮不住其狭隘的本质。转载这样的文字，难道不是抛弃了自媒体人接地气、思考独立的优势吗？

《十问崔永元》时不时揭一揭崔永元的老账，主要是满足了受众探究公众人物隐私的愿望。但揭开"十问"浩浩千言，其中的逻辑谬误比比皆是。比如对"影射"的理解，冯导演不惜偷换概念，将"借此说彼"的影射置换为"原样还原"的记录。

扭曲真相是冯导的错，然而扩大这一错误行为的影响，就是自媒体的错了。对文责自负的要求，不能仅仅停留在不造谣的层面，还需要不传谣。自媒体一方面拥有自由，一方面肩担责任，这两者是无法分离的。

如果只注重点击率而罔顾事实，我们终将为自己的愚蠢付出代价。如果我们希望读者通过转载"十问"来"认识中国"，还不如去微博翻粉丝骂战，那里充斥着更多重口味的垃圾。

编辑：某某<br>2018.11.11

对于这封信，学生评价各异。有不少同学给了高分，觉得文章从"自媒体"的意义入手，高屋建瓴，一气贯注，很有气势。但也有同学指出，作者高高在上，睥睨天下，作为一封写给主编的信，不免有些傲慢无礼，可能达不到说服主编的目的。在评价过程中，同学们不仅对照自己的作品有所反思，还关注到了之前的讨论中没有涉及的问题，比如说在任务写作中，出于不同的写作目的，语气也要相应有所不同。例如，第二段末句"难道不是抛弃了自媒体人接地气、思考独立的优势吗"，建议修改为"这就失却了自媒体人接地气、思考独立的优势"，这样显得比较平和委婉，与说服目的比较匹配。

## 五、写作情境设计策略

当前写作观已发生一个根本性的转向：写作不再被看作个人的独语行为，仅是为了将写作立意"赋形"或写作主题加以"结构化"，而且是为了达成主体间的沟通，在特定语境条件下开展的"主体间"的"对话"交际行为，是在具体写作目的指引下的系列操作活动。[1]

---

① 刘淼.语境交际视域中的写作能力与写作教学[J].课程·教材·教法,2011（9）.

可见，拿到一个题目就能够下笔千言写出斐然妙文，曾经是极富文才的标志。但如今，能够切合交际需要、满足交际目的的语篇写作正越来越得到人们的重视。写作通常都有目的。目的有两类：自我表达是一类，与人交际是一类。在任务写作视域中，写作目的显然就是"交际目的"。

写作目的既然如此重要，那么如何利用写作目的指导学生的写作学习？高翀骅老师的课例给我们带来有益的启示。

借助写作目的推进任务写作学习，大致有如下三大策略。

策略一：细分类型，设计写作情境。

不同写作观念所运用的写作知识是不同的。在传统写作中，完成一个自足圆满的精致语篇是根本目的。因此，文章本身的思想、结构、语言等知识就成为关键性知识。在任务型写作中，以完成交际任务为目的，其知识类型相应产生了变化。以下知识遂成为关键：交际主体间关系、交际语境、确定和实现交际目的的策略。

笼统了解"写作目的"这一概念及其作用，对于写作学习意义不大。有效的任务写作教学需要打开"写作目的"这一抽象学术概念，将笼统的"目的"加以具体化、明确化，从中开发内涵丰富、操作性强的若干策略知识，有效引导学生开展写作学习。这就是"细化写作目的"的基本含义。

对写作目的类型的阐释，最为著名的是安东尼·海恩斯。他曾经列出 102 种写作目的[①]：为了做广告，为了引起注意，为了表达支持，为了幽默，为了道歉，为了控诉，为了应用某物……

但是，这些写作目的类型知识并不能直接转化为教学资源，也就是说，只是简单告知学生写作需要关注"写作目的"，并无法保证学生依据写作目的有效学习写作。此时，需要教师通过设置情境唤起学生的人生经验，使学生充分理解并能够借助"写作目的"指导自己的写作行为。

任务写作属于典型的交际行为，学生一般都具有一定的日常交际经验。对于写作目的与目的实现方式之间的关系，学生都有一定的体验。教师如果能够设计出特定的情境，学生就容易依据情境有效调用自身的生活经验。

例如，上述高翀骅老师的实验就是如此。

首先，借助冯小刚"十问"的材料，要学生发表看法。由于这一教学要求同以往的材料作文教学一般无二，只要求学生针对材料随意发表一番感想，既缺少写作目的，也没有确定对象，因此，学生写作往往就失之于放言高论、无的放矢。

随后，教师设计的两个情境各异的写作任务，就使学生的写作变得具体真切、易于把握了：情境一，作为《咬文嚼字》的编辑，为中学生评析"十问"一文中的"逻辑毛病"；情境二，以自媒体平台编辑身份，劝说主编放弃转载"十问"的设想。

---

① 安东尼·海恩斯.作文教学的一百个绝招［M］.北京：教育科学出版社，2009：9.

这两个情境分别包含了任务写作的基本要素,有作者身份(编辑)、读者对象(中学生、主编)、写作目的(帮中学生分析文中逻辑问题、劝说主编)。这些要素是互相影响的,高老师则侧重从"目的"角度引导学生开展构思。

从教学角度看,这是非常必要的。目的不同,交际的内容、方式都将有所不同。"情境一"中,写作目的是分析文章的"逻辑毛病",教师就需要提供必要的逻辑知识,如"偷换概念""诉诸虚伪"等,而采取的言说方式显然以冷静分析为主基调。"情境二"中,写作目的是劝说主编,则主要从利害关系、媒体责任以及相关建议等角度加以分析。

可见,同样一则材料,在不同的写作目的引导下,生产出了完全不同的写作内容。由此看来,"为什么写",这绝不是一个简单的问题。这个问题往往能够引导我们的思维不断聚焦、不断深入。依据不同的写作目的,设计不同的写作情境,往往能够有效引导学生进入写作学习状态。可见,写作目的作用巨大,能够引导思考路径,帮助学生构建思维坐标,使学生能够从特定的维度思考问题,或分析利弊,或评价分析文本的优劣高下。

需要说明的是,写作目的不但制约思考方向、写作内容,也能够制约写作文体表现方式。对此,陈兴才、张小兵等老师已有专文阐释[①],兹不赘述。

策略二:提供支架,实现写作目的。

写作目的是否实现,一方面取决于目的本身,一方面需要考虑实现目的所采取的手段,以及对其他交际因素(如写作对象、写作环境等)的考虑。

合宜的任务写作必须明确写作目的。教师是否确定写作目的,将会深刻影响到教学目标、教学内容、教学效果。高老师的实验在确定写作目的方面着墨很多。教师首先呈现的是没有明确"写作目的"的写作活动,要求学生就冯小刚《十问崔永元》一文发表看法。由于没有明确的目的,学生的思考就显得指向不够明确,思维不够聚焦,思考也不够深入,只能就事件抒发一通浮皮潦草式的感慨与意见。而随后教师设计的两个具体情境,由于凸显了写作目的,学生的思考就非常明确并且深入。

当然,只有写作目的还是不够的,教师还需要提供必要的支架来帮助学生实现写作目的。此时的支架大致有三类:一是情境支架,二是知识支架,三是构思支架。

对于情境支架而言,教师所设置的情境,包含了特定的目的、作者、读者、任务等元素。此时的写作学习目标是"借助写作目的开展写作学习",而其他情境元素如写作者的身份、写作对象等就构成学习支架,帮助学生实现写作目的。上文实验课中,教师设计了《咬文嚼字》编辑为学生分析"十问"的逻辑错误、"认识中国"编辑劝主编不转载"十问"一文,就包含了任务情境的多种元素。

---

① 陈兴才,张小兵.用"目的"驱动"文体"[J].中学语文教学,2018(8).

对于知识支架而言，教师在"情境一"中为学生提供了与"逻辑错误"有关的知识，在"情境二"中为学生提供了陈嘉映先生的《说理之为教化》等知识。这些知识对于帮助学生分析问题、实现特定写作目的具有重要作用。

对于构思支架而言，教师所提供的那张表格很有价值。这一支架将上述情境支架、知识支架整合在一起，使学生能够依据"写作目的"对材料加以综合分析。事实证明，学生经过三个支架的帮助，对问题的思考分析逐渐走向深入。

需要指出的是，作为学习支架的"情境"是指具有目标、对象与作者等元素的交际语境，而不是一般的生活场景。叶黎明教授曾举例阐释一般生活场景对于写作学习总体无效。[①]

语文老师在上课铃声响了之后，迟迟不去课堂，教室里像炸开了锅一样，学生纷纷猜测老师不出现的原因。等到开课近一刻钟后，教师才假装"急匆匆"地走进教室，什么话也不说，挥笔在黑板上写下"老师迟到之后……"这一题目，然后要求学生写作。

这类情境本质上就是教师创设与题目相关的具体生活情境让学生体验，然后要求学生记录自己的体验和感受。它总体上还是让学生自我领会，所缺少的就是明确有效的教学指导。

与此相类似的是于永正先生的一个经典课例[②]，该课例有效发挥"写作目的"的作用，获得良好的教学效果。

上课铃声响了之后，于永正老师没有到课堂。一位陌生的年轻女教师走进教室，小朋友们都瞪大了惊奇的眼睛。女教师说："小朋友，我是鼓楼区文教局的，找于老师有点事。局长要他带着教学计划参加座谈会，时间是今天下午两点，地点是文教局一楼会议室，请于老师按时到会，不要迟到。我还有别的事，不等他了。等于老师来了，请大家转告他，好吗？"

于老师在这节课中，创设了一个真实的交际情境。写作者是学生，写作对象是于老师，写作目的有二：其一，学生向于老师描述前来传话的女教师的外貌特征；其二，准确转述女教师所通知的内容。这样的情境设计就能够让学生体会到写作不过就是现实中的言语交际，是生活的一种需要，借助自己的交际经验就足以应对写作。

当然，于永正老师在设计任务情境时，也充分考虑到预设的"写作目的"是否符合日常交际特征。例如，于老师教学此课是1986年，当时电话还没有普及，所以于老师所设计的由一位老师传话、再由学生转达这一情境就显得非常自然、合理。

---

① 叶黎明.写作教学内容新论［M］.上海：上海教育出版社，2012：212.

② 于永正.于永正课堂教学实录（Ⅱ）［M］.北京：教育科学出版社，2014：3-10.

策略三：依据目的，选择写作口吻。

"写作口吻"就是写作者选择与写作目的相匹配的言语风格，这是任务写作学习的重要知识内容。国外写作教学高度重视"写作口吻"。美国写作研究者韦斯特在其著作中对此曾有精辟的阐释：

（如果写作目的是为了说服对方）就必须用这样一种语调写作，使读者相信如果他改换一个新的立场，不会受到太大的压力。因此，说服类文章写作时，应该运用一种平静的、说理的、鼓舞信心的语气，应该对说服对象的立场表示尊敬，对于他愿意改变立场表示尊重，同时要恰当选择词语和句子表达这一口吻。

但是，写作口吻在我国中小学写作教学中没有得到足够的重视。我国中小学生的写作口吻大多是充满学生腔的"小文人"口吻，充斥文本的是排比句、反问句或者浮夸煽情式的话语，完全无视说服对象的内心感受。运用这样的口吻写作，如何能够实现预期的说服目的呢？

很高兴看到前文中高翀骅老师关注到了这一点。在课例最后一个环节中，教师与学生一同分析一篇习作。高老师明确要求学生从"写作目的能否实现"这一角度评判。由于指向明确，学生很容易体会到文中那种咄咄逼人的口吻可能会影响说服效果，不利于实现写作目的。并且，还进一步提出将这类比较富有攻击性的反问句，改为相对温和的陈述句。虽然着墨不多，却显得难能可贵。

高老师这一课例以"写作目的"为核心，从任务情境设计、过程指导、习作评价三个环节开展教学，教学效果相当理想。这一课例启示我们：任务写作中的"写作目的"元素必须进一步加以细化，才能将笼统的随感式写作转变为有针对性的写作，才能将以往茫然的"个人私语"转变为有对象、有目的、具有真实意义的"交际写作"。

总之，任务写作是包含了"读者、目的、角色、话题、语言"等要素的特定语境中的书面表达。但是有效的任务写作教学不应该停留于简单分析、言说诸要素的层面，还需要进一步对写作目的、写作话题等要素加以细分开发，使之成为任务写作教学的重要资源。在任务写作视域下，"写作目的"是重要的元素。有效的写作教学必须对处于概念层面的"写作目的"做进一步细化加工，从而开发出合宜的教学内容。教学实验表明，将"写作目的"转化为写作教学资源大致有三大策略：细分类型，设计写作情境；提供支架，实现写作目的；依据目的，选择写作口吻。

当下的写作教学，教师所关注的重心大多集中在文章本身，例如在遣词造句、布局谋篇等层面用力较多，但教学效果似乎并不明显，学生习作中屡屡出现无的放矢、泛泛其辞、论述单薄、语言表达欠得体等问题。这些问题的长期存在，令教师与学生苦恼不已。解决之道何在？对任务写作的某些特定元素做一番细化工作,从而开发出合宜的教学内容来指导学生学习写作,可能是一条可行之路。

高翀骅教师的课例通过设置特定写作情境,以写作目的为教学抓手,借助写作目的引导学生分析思考问题、选择表达方式,最终提升了学生的写作水平。

## 六、设置情境促进写作评价

任务情境对于写作评价的作用正日益受到重视。近年来的高考作文不断出现"任务情境"式写作,2017 年高考全国卷 I 作文要求考生从一带一路、大熊猫、广场舞、中华美食、长城、共享单车、京剧、空气污染、美丽乡村、食品安全、高铁、移动支付等"中国关键词"中选择两三个关键词来呈现你所认识的中国,写一篇文章帮助外国青年读懂中国,就具有鲜明的任务情境写作特征。

2020 年初颁布的《中国高考评价体系》建构了"一核、四层、四翼"的评价系统,分别回答"为什么考""考什么""怎么考"等基本问题。这一文件对中学写作教学与评价具有重要意义。

对标高考评价体系,研究 2020 年亮相的十道高考作文题,我们发现,这些作文题具有一个鲜明的特征:"情境"与"去情境"的对峙。

### 1. 高考评价体系与 2020 年高考作文

高考评价体系有一个鲜明特点,就是"强调试题命制的情境化设计,紧密联系学生日常生活实际,在现实的问题情境中考查学生核心素养的发展水平"。[1] 具体到语文学科,"高考语文试题以真实、典型、具体的语文实践活动情境为载体,要求学生在特定情境中完成现代文阅读、古诗文阅读、语言文字运用和写作任务"。[2]

可见,情境已然成为高考命题的重要载体。所谓情境,指的是针对某一任务而需要联系起来的一整套背景化了的信息。具体到写作情境,就是指与写作活动有关的一整套信息元素的组合体。这一组合体包含如下内容:一项任务、一组相关任务的背景信息、一套与任务有关的指令。[3] 据此,我们开始分析 2020 年高考作文题中的情境元素。

| 类别 | 材料 | 任务 | 背景 | 指令 |
|---|---|---|---|---|
| 全国卷 I | 齐桓公、管仲和鲍叔的相关故事 | 写一篇发言稿 | 班级读书会,面对同学,阐发感受与思考 | 文体、字数 等 要 求（下同） |

---

① 温红博, 刘小莉. 高考评价体系下语文"教考和谐"的几点思考[J]. 语文建设, 2020 (2).

② 张开. 基于高考评价体系的语文科考试内容改革实施路径[J]. 中国考试, 2019 (12).

③ 邓彤. 写作任务情境: 何以需要? 如何创设?[J]. 中学语文教学参考, 2019 (6-7).

（续表）

| 类别 | 材料 | 任务 | 背景 | 指令 |
|---|---|---|---|---|
| 全国卷Ⅱ | 墨子名言<br>多恩名言<br>中外疫情寄言 | 写一篇演讲稿 | 应邀出席论坛发表主题演讲（主题："携手同一世界，青年共创未来"） | 略 |
| 全国卷Ⅲ | 用"镜子""自画像"突破自我认知限制 | 写一封"如何为自己画好像"的书信 | 毕业前夕，与高一新生分享自己的感悟与思考 | 略 |
| 新高考卷Ⅰ | 疫情相关材料 | 以"疫情中的距离与联系"为主题，写一篇文章 | 无 | 略 |
| 新高考卷Ⅱ | 地名的联想与记忆 | 写一篇主持词 | 主持《中华地名》栏目，"带你走进某地" | 略 |
| 北京卷Ⅰ | 北斗卫星系统 | 就"每一颗都有自己的功用"写议论文 | 无 | 略 |
| 北京卷Ⅱ | 一条信息 | 写一篇记叙文 | 无 | 略 |
| 天津卷 | 中国面孔 | 写一篇文章 | 2020年春天，对中国面孔的新思考与感受 | 略 |
| 上海卷 | 人对事物发展进程是否无能为力 | 写一篇文章 | 无 | 略 |
| 江苏卷 | 人会受自己所关注事物的影响 | 写一篇文章 | 无 | 略 |
| 浙江卷 | 个人人生坐标与家庭、社会之关系 | 写一篇文章 | 无 | 略 |

由上表可知，十一套高考作文题有其共性，也存在较大差异性。

共同处在"材料"与"指令"两列。命题者都提供了一些或多或少的材料或话题；都向考生做出了类似的指令，如"自拟文题、自选角度、字数、文体"等。

差异处在"任务"与"背景"两列。津、沪、苏、浙四省市作文题只笼统要求

"写一篇文章",其余作文题则有较为明确的文体要求。在写作背景方面,差异更为显著:全国卷的三道试题及新高考卷Ⅱ作文题都明确了写作环境、对象与目的(天津卷仅提供"2020年春天"这一特定时间作为背景);新高考卷Ⅰ、北京卷与沪、苏、浙作文题的写作背景则付诸阙如。

那么,2020年高考作文题全国卷及新高考卷Ⅱ,可以称之为真实情境的写作。

如何看待这些共性与差异性?

**2. 作文考题情境化的价值与意义**

为什么需要对作文题加以情境化?

高考评价体系强调了试题命制的情境化设计,紧密联系学生日常生活实际,在现实的问题情境中考查学生核心素养的发展水平。从写作角度看,作文试题的情境化切合写作特质,符合写作学习规律,也便于检测学生写作素养。

首先,情境化切合写作的特质。

高考作文需要考查学生的写作关键能力。写作关键能力,就是作者在特定情境中,面向明确或潜在读者,运用语言文字构建语篇进行表达和交流活动的能力。

关于写作,目前达成共识的看法是:写作是特定语境中,运用语言文字等手段,建构意义,构造语篇,进行书面表达与交流活动。所谓"特定语境",具体指的是写作话题、作者(写作时的身份)、读者、目的、语言(语篇类型和语言运用)等。[①] 由此看来,常态写作通常如是作者以特定身份,处特定场景,面对特定读者,运用特定文体,实现其特定意图。

其次,情境化为写作活动搭设了支架。

对作文题加以情境化,意味着将写作者浸润于一个真实写作场景中,有助于写作者顺利开展写作活动。以2020年高考全国卷Ⅲ作文题为例,要求学生思考"认识自我"这一宏大的话题,原本是有一定难度的,但命题者通过设计特定的写作情境,将宏大主题写作与学生的实际生活有机结合在一起。首先设置了一个特定的情境:毕业前为高一新生写信,就"如何给自己画像"这一主题分享自己的感悟与思考。此时,命题者为考生提供了特定的写作目的——分享本人"为自己画像"的体验,又设置了具体的写作对象——高一新同学,并指定了书信这一文体。这道作文题通过上述情境元素提示考生:写作要符合书信格式,不能自说自话,要运用学兄学姐的口吻,要明确进入高中"为自己画像"的意义和方法。

从这个意义上说,作文情境化也是写作教学与作文应试的重要策略。教师借助情境化,可以帮助学生有效开展写作学习;学生借助情境化,能够将空泛笼统的写作任务转化为具有针对性的适切的语篇。

---

① 王荣生,等.语文学科知识与教学能力[M].北京:高等教育出版社,2011:75.

再次，情境化有利于考场作文评分，增加了作文评分的信度。

命题者设置的多种情境元素，相当于为写作任务附加了诸多限制条件，能够充分满足这些条件的文章，才有可能获得高分。阅卷教师依据这些标准，便于客观、量化地评价作文，同时也有利于最大限度地防止套作、宿构等不良写作行为。

此外，情境化的意义还意味着写作行为不再是作者独自面壁苦思的结果，不能够再满足于能够自圆其说，一篇好文章不仅仅是中心突出、结构严谨、语言流畅，更需要能够实现特定的交际目的，能够"为时而作""为事而作"。

### 3. 相关思考与建议

高考评价体系指出，高考核心目的有三：立德树人、服务选才、引导教学。为此，命制合宜的高考作文试题还需要考虑如下问题：如何看待情境化与去情境化作文题？情境在大型作文考试中具有怎样的意义？情境能否成为衡量作文命题水平的标杆？缺失情境的作文题是否"低人一等"？在教学中，如何指导学生应对情境缺失的作文题？

应该说，以全国卷为代表的"情境化"作文题较好地体现了高考评价体系所秉持的理念，应该是未来写作测试的方向之一。但是，这并不意味着去情境化写作就是错误的。从测试角度看，去情境化作文由于增加了难度，使之在选拔性考试中具有较好的区分度。总之，写作命题可以情境化，也可以去情境化，无论何种方式，均需尊重测试规律。

在写作评价视域下，情境化与非情境化写作命题各有利弊，现简要表述如下：

情境化命题降低了写作难度，大量情境元素为学生写作提供支架；可能对区分度有所影响，但是在评分过程中，相对客观公正，测试信度较为理想。

去情境化命题则增加了写作难度，在选拔性考试中有其合理性（有利于区分度），但是可能影响评分过程中的信度。

写作教学，则需要大力强化情境化写作，使得情境成为重要的学习支架。写作素养的标志之一，是能够将笼统的写作任务加以情境化。去情境化作文题因为难度较大，因此应做到语言简洁、指向明确、减少干扰。上海高考题在这方面相对出色。过多感性化、文艺性的表述，由于材料寓意所指模糊，容易造成纷扰。命题要关注人尽其才，使不同专长的学生均有发挥的空间。北京作文题让考生自选议论文、记叙文进行写作，则凸显高考选择多样性。

综上所述，虽然两类作文命题方式各有千秋，也各有利弊，但如果从更宏观的层面加以思考，笔者以为情境化作文更具发展前景，更契合写作本真，应该是写作教学与写作测试的主导方向。去情境化作文测试的意义在于坚守传统文章写作观与评价观，固然有其合理性，作为配角与支流或许有其存在价值。

# 第六章　如何促进思维深度学习

写作过程首先是思维过程。文本写作是思维的结果，作者的阐释是思维过程的展开。对于写作而言，思维具有极重要的意义。然而，写作教学却存在着先天不足：思维总是处于黑箱状态，思维方式、思维过程、思维结果均处于内隐状态。写作教学因此处于这样一种尴尬的境地：学生"暗中摸索"，教师难以言传，于是只有寄希望于学生的自我领悟。

思维可视化遂受到写作教师的重视。如何使"暗箱式"思维学习转化为可以明确探讨的"明晰化"教学？如何使内隐的写作思维转化为外显的学习元素？这是每一个写作教学研究者不容回避的问题。

## 一、因果分析的有效支架 ①

高中生的议论文写作中普遍存在着论述角度单一、思维缺乏条理与逻辑性等问题。"金字塔原理"有助于学生对特定现象进行探因究果，有利于学生从现象出发，分析原因、揭示后果，并在此基础上提出合宜的解决策略，是有效的写作支架。写作教学需要为学生的写作学习搭建类似的思维支架。

学生学习议论文写作，往往存在这样的问题：不能有序、合乎逻辑地分析问题，论证缺乏严密条理，从而导致文章思辨色彩不浓，说服力不强。以往，笔者总是认为这是学生缺乏必要的写作技巧，因此不断教给学生正反对比、引证喻证等各种论证技巧，但效果始终不理想，为此一直苦恼不已。兹以一例说明。

### 1. 写作学情分析

作文题："螃蟹里面有人造鸡蛋！""莫言将自己的诺贝尔文学奖奖金搞金融投资，结果被骗得血本无归。""中国国民素质全球倒数第二。"……这些都是互联网上的各种谣言。互联网的出现给人们提供了很多便利，但是网络上这些层出不穷的谣言，也给人们带来许多困扰。对此你怎么看？

---

① 本节由上海市崇明区堡镇中学翟梦晗撰写。

对于这则材料，学生当然都可以说上几句，发一通议论，可惜大多都经不起推敲。摘录两个习作片段加以剖析。

【片段一】网络本身具有开放性，而一些别有用心的人就利用这一特点，在违法成本比较低的情况下故意传播谣言，以此来博人眼球，获取更多的利益。此外，网络本身具有传播速度快、覆盖面广的特点，一条信息短时间就转发上百万次，这也助长了网络谣言的传播。而人们的科学素养不够，缺乏独立思考能力，面对谣言不能及时辨析便信以为真，就成为散播谣言的帮凶。

【片段二】网络谣言的频繁出现，会给人们带来错误的信息，并误导他人，从而导致社会秩序混乱，影响社会的正常发展。人们不再相信所谓的真相，政府的公信力下降。所以，我们要弄清所发布的信息的真实度，对待网络谣言，要坚决抵制，也要抵制网络谣言的传播，这需要大家齐心协力。抵制网络谣言，从你我做起，刻不容缓！

在片段一中，作者从几个角度分析了谣言层出不穷的原因，但对这些原因的分析却缺乏必要的逻辑性。文中列举了三个原因，既有客观原因，又有主观原因；既关乎谣言的散布者，又涉及谣言的承受者。作者显然没有厘清这些因素之间的内在关系，于是胡乱地将这一堆理由堆砌在文中，根本不能保证有序深入地展开论证。

在片段二中，作者先分析了谣言带来的后果，然后提出抵制谣言的对策。总体看尚合逻辑，但对"后果"的分析也存在问题，几个后果之间缺乏逻辑关联，而随后所提出的对策也很笼统空泛。

由此看来，学生在分析"现象"时，看似也做因果分析，但往往是因果之间缺少关联；所列举的原因，也不过是随意陈述二三，至于这些原因是否合理，原因之间是否存在逻辑联系，则不做考虑。总之，学生在分析某一现象的因果关系时，对"原因、危害、对策"等要素之间的关系分析得并不合理，既无法厘清要素间的关系，也无法确保要素内部的逻辑性。合理有序地展开论证，在许多学生习作中往往难以看到。

为之奈何？我开始了如下研究探索。

### 2. 确立教学元素

我为此确立了一个写作教学元素：借助"金字塔原理"探因究果。

因为写作问题很大程度上是思维问题。写作教学重点必须从侧重教学生"怎样写"逐步转向如何"想"，即构建合适的思维模式。这时，我想到了美国作家巴巴拉·明托的《金字塔原理》一书（王德忠、张珣译，民主与建设出版社2002年版），此书号称拯救过无数写作恐惧症者。我尝试借助"金字塔原理"教学生分析某一现象的原因、危害及对策，希望以此养成学生思维严密、表达有序之能力。

"金字塔原理"采用自上而下的方式，着重思考作者的结论是什么，明确自己否定什么、肯定什么，如何对现象、原因、危害、对策等要素归类分组，怎么确定金字塔结构中各要素之间的逻辑关系等问题。一般思考流程如下：

（1）金字塔顶端——确定观点。

（2）确定主要问题——在探因究果的过程中，需确定两三个主要问题：

① 为什么会出现这样的现象？

② 这样的现象存在，可能带来怎样的影响或危害？

③ 问题该如何解决？

（3）写出主要问题的答案：要尽可能多角度地思考原因与结果。

（4）找出各要点之间的逻辑关系。

（5）得出结论。

图示如下：

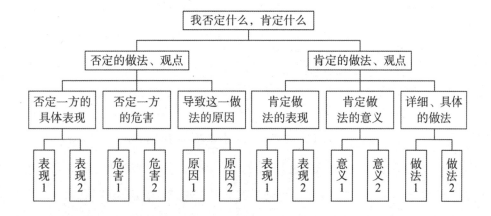

"金字塔原理"能让思维过程变得显性化、可视化。金字塔尖，代表着文章的观点，即你在否定什么或肯定什么。金字塔第二层，代表着要否定的做法、观点和要肯定的做法、观点。金字塔第三层，代表着否定一方的具体表现、危害及其原因，肯定做法的表现、意义及具体做法。金字塔第四层，则是对第三层所列要点的进一步分解……

使用金字塔原理构思作文，文章任一层次上的内容都必须是对其下层次内容的概括，每一层次中的内容都必须属于同一范畴，都必须按逻辑顺序组织而绝对不是简单罗列，这样才能保证思维展开清晰有序。

**3. 指导学生运用**

但是，只是简单向学生介绍"金字塔原理"是不够的，教师必须让学生不断运用这一原理，才能使之内化为学生的分析能力。为此，我尝试引导学生对自己所列举的各类原因做进一步的归类分析。

师：大家在文章中列举了哪些导致"网络谣言"层出不穷的原因？

生1：信息的爆炸性增长和技术进步使谣言传播的速度加快。

生2：螃蟹里面有人造鸡蛋虽然是假的，但现实生活中食品安全问题的确很严重，人们心里很焦虑，所以才容易相信这些谣言，并去传播它。

生3：传播谣言的人是利用网络追求点击率，从而谋取自身利益。

生4：我们对网络信息缺少分辨能力，不去思考就轻易相信谣言。

生5：媒体责任感的缺失造成了谣言的四处横飞。

师：这些都是谣言产生的原因，但我们显然不能简单把这些原因胡乱堆放在文章中。首先，请大家将这些原因做一下归类。这些原因里，属于客观原因的有哪些？属于主观原因的有哪些？属于个人原因的有哪些？属于社会原因的有哪些？（学生讨论明确）

客观原因：生1的观点；主观原因：生2、生3、生4、生5的观点。

个人原因：生3、生4的观点；社会原因：生2、生5的观点。

师：我们知道以上这些原因的归类是有交叉的，在具体的写作中不能随意地把这些内容都写进去，要对原因归类分组，如此才能言之有序。这个"序"实际上就是要注意这几个原因内在的逻辑，如此逐层推进，就能做到思维严密。请大家一起用金字塔原理完成如下"探因"分析图。

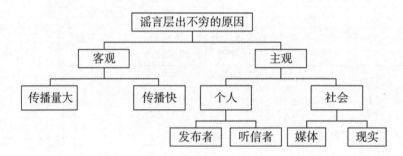

学生一起运用金字塔原理进行了"探因"分析，重点突出、层次分明。特别是在分析各种原因之间内在关系时，能够依据分类标准，合乎逻辑地加以分析。在此基础上，我继续引导学生用金字塔原理对网络谣言的"危害"及"对策"等方面进行了归类，按照"个人、社会、国家"三个维度对网络谣言的危害做了合乎逻辑的归类分析。接着，我又趁热打铁，收集、挑选了一些学生普遍感兴趣的社会热点话题，引导学生运用"金字塔原理"分析各类社会现象。请看下例：

微信，作为时下流行的网络社交工具，以其便捷互动等特点，被人们喜爱和追捧。在朋友圈点"赞"已成为一种普遍现象。"赞"，本为赞美之意，但在实际应用中却被人们赋予了更多的含义。对于这种在微信中"点赞"的现象，人们的看法不尽相同，请写一篇文章，谈谈你对这种现象的思考。

学生运用金字塔原理对文章进行探因究果综合构思，主要从观点、现象、根源、正确做法等几个维度一一进行深入思考，使说理和论证渐次展开。

例如，有一位学生更是从"点赞"庸俗化与"点赞"健康态这两个方面加以分析。在此基础上，对"点赞"庸俗化产生的原因与危害加以分析，接着阐述了"点赞"健康态的意义与本质。最后作者呼吁：要拒绝虚情假意的"点赞"，倡导积极向上的舆论导向。文章既横向分析了"点赞"庸俗化与"点赞"健康态这两个方面，又分别对这两方面做了纵向的深入分析。全文层次丰富，逻辑严密，论证充分。

实践证明，金字塔原理以上统下、归类分组、逻辑递进、简单易懂、便于运用，学生学习起来兴趣浓厚。以金字塔原理作为思维支架，引导学生开展有效的"探因究果"分析，可以改变学生写作思维单一化、说理混乱等不良现状，有效提升学生的议论文写作水平。

### 二、充分说理与理性表达 [1]

课前5分钟发下讲义供学生浏览，并询问学生是否能理解。

师：各位同学在课堂上、在考场上的议论文写作，究其性质，并非私人的心迹袒露，而是接近——公共说理。

显示PPT，引徐贲《明亮的对话——公共说理十八讲》所述：

作为一种与他人交往的方式，说理要求一个人在表达自己的看法和主张时，运用一种不轻慢或侮辱他人智力的文字结构和理性语言。

可是在我们的生活中，却充斥着杂乱无章的表达和缺乏理性的语言。

暑假里，冯小刚的《十问崔永元》横空出世，这里呈现出"三问"，先请同学们读一下，我们一起思考并找出其中存在的逻辑谬误。

生：（读）你说《手机》这部电影影射、伤害了你，请问《手机》里的主人公严守一干过的事你都干过吗？严守一在影片中的人物关系你都有吗？如果他干过的事你都没干过，他有的人物关系你都没有，何来对你的伤害？

生：（读）如果你坚持认为《手机》伤害了你，为什么不运用法律维护你的权益呢？

生：（读）你冒充社会良心，把自己打扮成民众的代言人，别的我不知道，你给诈骗集团当过代言人这倒是事实。你骂转基因是为了卖你的高价鸡和高价米，你亏心不亏心呀？这些年你四处走穴主持，也开了不少公司，挣了不少钱，别光举报别人，敢不敢把自己的税单拿出来晒一晒？

师：谢谢三位同学，接下来我们来找出这些表述里面存在的不合理之处。

生：第一则是把概念混淆了。冯小刚认为"影射"就是一模一样的，严守一得完全等同于崔永元。而影射的意思应该是——

师：影射是借此说彼，某些特征上的相似性引发了观众的联想，就会对崔永元造成伤害。

生：我来说第三则，第三则说"敢不敢把自己的税单拿出来晒一晒"，这是有问题的。一个人在被他人追究的时候，他不能反问说你难道没有问题吗。

---

[1] 本节由上海市格致中学高翀骅撰写。

师：你的意思我来打一个比方，今天高老师在高铁上霸座了，当然被在座各位指责；过了两天，老师被打劫了，那时候我有没有权利去报案？（学生点头）有权利对不对？不能说因为一个人在高铁上霸座，他就没有权利在其他事情上维护自己的权益，去指出他人的过失。回头看，崔永元对冯小刚的控诉和自己还做了一些什么之间并没有直接的联系，那么把这些事扯在一起讲，有什么目的呢？

生：他这样做其实是转移话题，让一些人怀疑崔永元是不是自己有问题。

师：非常好。转移话题，模糊焦点。还有一则——

生：这一则的意思是既然你没有用法律来维护自己的权益，那么《手机》就没有伤害你。问题就在于冯小刚错误地去找了一个崔永元没有诉诸法律的原因。

师：错误归因。不对簿公堂就是没有受到伤害。而事实上，是这样的一种因果关系吗？

生：不是，还可能有别的原因，比如崔永元不想把事情弄大。

师：或许是这样，或许崔永元认为有别的方式可以解决这个问题。刚才同学们发现了这篇《十问崔永元》中混淆概念、错误归因、诉诸动机、转移论题等等不合逻辑之处，而这样一篇充满逻辑谬误却铿锵有力的《十问崔永元》在公众中会产生怎样的影响？

生：大众应该会有两类人，一类就会被冯小刚带走了，去怀疑崔永元；还有一类人就会像我们这样的（大家笑），去思考里面存在的问题。

师：确实，在座的各位在理性地辨析后，会对冯小刚气急败坏指责的深层原因展开思考，但也确实会有不少人被字面牵引，转移了注意力。而长期被充满逻辑谬误的言论笼罩的民众，会距离公正、真实、宽容、理性越来越遥远。而我们不仅仅要能识别，也需要让自己的说理充分、理性。接下来我们将有所尝试。（显示PPT）

师：这是我们近期思考过的一则作文材料："偶像指人们心中仰慕的对象，我们有时需要崇拜他，有时需要打破他。请写一篇文章，谈谈你的思考。"已经有了丰富写作经验的同学会迅速聚焦到第三个分句，并对"为什么有时我们需要打破偶像"展开思考。我们来看看这些理由表述得怎么样。

显示学生的作文片段：

对大部分人来说，并没有机会长时间接触自己的偶像，对于我们来说，偶像永远只会是生活的一小部分。一个几乎永远无法接触的人，和一个虚拟角色有什么区别？而对于一个虚拟角色，我们花费过多的时间、精力，这显然是十分不明智的。

师：有同学笑了。你们发现吗？这位同学的句子与句子之间是有勾连的，其实他在试图运用一种非常厉害的论证方式，叫作连锁式的推理。同学们手头的讲义最上方的就是一段连锁式的推理，齐读一下。

生：（齐读）逻辑学家殷海光在 20 世纪 60 年代曾经说过："中国要富国强兵，必须发展工业；中国要发展工业，必须要研究科学；中国要研究科学，必须在文化价值上注意认知特征；中国要在文化价值上注意认知特征，最必须而又直接的途径之一就是规规矩矩地学习逻辑。"

师："学习逻辑"和"富国强兵"似乎距离甚远，但殷海光通过连锁式推理将它们关联起来，环环相扣，就像做数学题一样，是很严密的。但来自我们同学的这段论述确实有所不足，请同学们用讲义上提供的"质疑法"，提出一些问题，点明其不严密处。

生：我的第一个问题是：为什么偶像只能是生活中的一小部分？

师：他有解释啊，大部分人"没有机会长时间接触自己的偶像"。

生：没有机会长时间接触自己的偶像，就意味着偶像只是生活中的一小部分吗？

师：好，你提出的第二个质疑，占据生活的比例是不是由接触时间决定，这比第一个更有力。还有问题吗？

生：下一个问题是：一个几乎无法接触的人，就和虚拟角色一样吗？

师：这是一个概念界定的问题。我们在界定的时候，需要抓住概念所对应的事物最重要的特征。偶像最重要的特征是什么？

生：让人崇拜。

师：而虚拟角色最重要的特征显然是虚拟。两个概念或许有重叠，但并非一样。好，还有别的问题吗？

生：我提出的问题是：偶像在你生活中占据的地位和产生的意义是用时间或者空间来决定的吗？

师：好，将整段话分量最重的论述找出来，并发现其中的关联不足。你能不能猜度一下，写这段话的同学是如何去理解"长时间接触自己的偶像"的。

生：他指的是面对面在一起吧。

师：那么事实上，我们和偶像之间的接触一定是这种方式吗？

生：我们通过浏览网站、通过阅读，也可以接触偶像。

师：是的，再进一步，当你想到自己偶像的行为举止，脑海中浮现出他的言论，这当然也是一种接触，精神上的接触。

师：刚才同学们的质疑让我们发现这段论述在概念的理解上、在句和句之间的关系上都有所疏漏，这样就使得原本的连锁式推论变成了逻辑学上所谓滑坡推论的一种失误，也就是每一步还没有走稳，就进入下一步，最终导致整个论述的崩塌。显然，我们需要在落笔前这样自问自答，以保证自己的行文逻辑严谨。当然，并不是说这段论述是没有价值的。其实，这里包含着小作者对偶像问题的两个思考：① 偶像在我们的生活中到底占据一个怎样的角色。② 我们追随偶像所用的方式、所耗费的时间精力是否合宜。针对这两个问题，结合刚才讨论的时候又思考到的一些东西，我们能不能尝试修改一下，将下面这段话补充完整。

PPT 显示：

当下，很多人崇拜偶像并不是因为折服于他们_____，而是迷恋于他们精致的外表、哗众取宠的言行；他们崇拜偶像的方式，并非深入了解、描摹学习，在追随中靠近一颗伟大的心，而是_____。崇拜偶像，是因为偶像能予人以正确的指引和深远的教化。若不然，我们恐怕应当反思，是否要通过打破偶像的方式来重审和规划自己的生活，去寻求_____。

（学生思考、在讲义空白处填写）

师：我想请 ×× 同学（原作者）来读一下他的修改稿。

生：当下，很多人崇拜偶像并不是因为折服于他们优秀的人格、品性以及出众的才华，而是迷恋于他们精致的外表、哗众取宠的言行；他们崇拜偶像的方式，并非深入了解、描摹学习，在追随中靠近一颗伟大的心，而是浮于表面，却又废寝忘食，空耗了大量的时间和精力。崇拜偶像，是因为偶像能予人以正确的指引和深远的教化。若不然，我们恐怕应当反思，是否要通过打破偶像的方式来重审和规划自己的生活，去寻求理想的生活方式。

师："理想的生活方式"和偶像的意义还有一些脱节，不妨改为"去寻求更高一层的精神归属"。好，接下来来看第二则。

显示学生作文片段：

因为偶像虽然有专长，但是其他方面也会有缺点，并非是完美的，所以我们需要打破偶像。

师：这个理由在我们的作文中出现的频率相当高，但我恰恰希望各位再审视一下，你们觉得这个说法合理吗？

生：这个表述是说因为偶像有缺点，所以我们要打破他。似乎在说打破偶像全部的理由就是因为他有缺点，但是……但是打破偶像的原因不仅仅是因为他有缺点吧。

师：噢，还有别的原因。

生：比如说——

师：（打断）确实会有别的原因，但我们暂时不考虑别的原因，就先说说这个原因成立不成立。

（学生难以回答）

师：你觉得不成立，但是又很难表述。好，我们来看看讲义上提供的第二个提示"归谬法"。所谓归谬法，就是首先假设某命题成立，然后推理出矛盾、不符合已知事实，或荒谬难以接受的结果，从而下结论说某命题不成立。我们来试试看这个方法，用"如果说偶像有缺点就要打破偶像，那么……"这句话来开头，我们会得出什么推论呢？

生：如果说偶像有缺点就要打破偶像，那么唯一不被打破的就是没有缺点的偶像，也就是说是一个完美的人，但我们知道人无完人，世界上并不存在没有缺点的人，那种绝对伟大的精神标杆是不存在的，因此这个观点是不成立的。

师：非常好。我们在想到或者看到一些观点时，心里隐约意识到它不尽合理，这时不妨尝试一下归谬法，或许就能够将它的问题找出来。刚才这位同学做了很好的示范。我想，这个不是很有说服力的原因，却有那么多同学写作时想到、用到，是因为这来自于我们的亲身经验。或许，你们在更小一些的时候喜欢 TFboys，喜欢杨洋，后来随着自己阅历的增长，随着心智逐渐成熟，你发现说"哎呀，杨洋好像有点自恋"，从而渐渐地"脱粉"，这就是"有缺点，打破偶像"这个观点的由来。但我们不妨和那些铁杆的粉丝比较一下，在看到偶像某些行为的时候，他们的反应或许和你们完全不同。我们就会发现，决定脱粉不脱粉并不是因为偶像是否有缺点，关键在于你自己。好，我们来看看，能不能增加一些内容将这个想法表述得更为合理。

PPT 显示：

人无完人，偶像也不是完美的。当我们意识到偶像的局限，＿＿＿＿＿＿，我们就走出了打破偶像的第一步。

（学生思考、在讲义空白处填写）

生：人无完人，偶像也不是完美的。当我们意识到偶像的局限，反观自己，发现了评判标准的成长和成熟，我们就走出了打破偶像的第一步。

师：意识到偶像的局限，特别是和自我的期待产生冲突时，也就是突破自我、发现自我成长的时候。好，我们来看第三则。

显示学生作文片段：

崇拜偶像会迷失自己。斯大林是为共产主义事业立下汗马功劳的伟大领袖，但是苏联人民对他的崇拜使得他们无法意识到领袖犯下的错误，失去了客观的判断能力。

生：我觉得论证不充分。他举的是一个特殊的例子，苏联人民过分崇拜他们的精神领袖导致了错误，但一个这样的例子是不能够证明这种情形会重演，或者说是普遍的。

师：是的，当我们只拿出一个例子的时候，我们如何去证明它不只是一个特殊的个案呢？而一个特殊的个案无法来证明一个具有普遍性的观点。可见，光有例子是不充分的。老师平时也常说，不要以例代证，要有论证过程，但是到底怎么去做呢？请大家看看讲义上的第三个提示，三段论。三段论的第一部分是一个大前提，是一个普遍的现象；第二部分被称为小前提，是一个较为特殊的情形；两者组织在一起，加上例子的表述和分析，或许我们的结论就不会那么容易引起质疑。我们尝试用三段论的方法来完善一下这则论述。

PPT 显示：

步骤：＿＿（甲）＿＿会迷失自己。

＿＿（乙）＿＿地崇拜偶像，是一种＿＿（甲）＿＿的行为。

崇拜偶像会迷失自己。

（学生思考、在讲义空白处填写）

生：失去自己的独立意志和自由思想会迷失自己。无视时代需求的变化，甚而不辨黑白地崇拜偶像是一种失去精神独立与完整人格的行为。这样去崇拜偶像会迷失自己。

师：我刚才看了不少同学填写的内容，写得最多的还是"盲目跟风"这几个字。我们比较多地去关注潮流对民众的挟持，随波逐流的茫然和无奈。但沈同学的关注点有所不同，他的表述是从自我出发的，迷失自己不仅仅是因为外界的力量，也是因为你不关注自我的真正需求，缺乏实现自我的渴求，缺乏独立思考的能力。

生：我想补充一下，刚才沈同学用了"不辨黑白地崇拜偶像"，我觉得这个"不辨黑白"用得有些过了，是不是可以改成"不依靠自己的主观判断"去崇拜偶像。

师：很好，你注意到了论证严密还需要在用词上加以斟酌。有些人为假象所迷惑，被理想所误导，关键在于没有依靠自己去判断、去辨析，过于倚仗外界的因素而迷失自我。

师：我想我们就是在质问、推究、斟酌的过程中，锤炼自己的语言，实际上也是在磨炼自己的思维。当然在这里也必须指出，质疑法、归谬法、三段论，这些只是工具，误用工具，只会起反效果。让我们回到冯小刚的"十问"，里面有这样一个逻辑：

受到伤害一定要诉诸法律。

崔永元没有诉诸法律。

因此崔永元没有受到伤害。

这也是三段论啊，但成立吗？

生：（齐声）大前提错了。

师：是啊。可见，工具只是辅助，最重要的是工具背后那个在展开思考的你。不知道大家是否发现，我们课上所引的来自同学作文的三段论证，其实是三种不同的对偶像的认识。第一位同学觉得偶像是没有什么存在必要的，第二位同学想到的偶像是现在的流量小生、网红之类的，第三位同学想到的，他举例了，是像斯大林那样被神化的形象。如果他们不是执于一端，能够去考虑其他需要被打破的偶像的情形，如果能够不仅仅从偶像入手，还从那个崇拜偶像的自我去思考，或许就能够在论证中少一些粗暴的论断，也或许能够进一步扣住材料中的"有时"这两个字了。让我们来读一下徐贲在《明亮的对话》中的另一段话。

生：（齐读）有章法的表述是一种表达的途径，但更是一种条理思维的方式，一种成熟智力的显示，一种对透彻而不浮皮潦草的偏好。

师：我希望在座的同学们能够智力成熟，思维有条理，态度诚挚，表述有章法。最后看一下作业。

PPT 显示：

回家作业

1. 林贤治在《人间鲁迅》一文中说："在他（鲁迅）身后，自然要出现大大小小的纪念物、石雕、铜像以及传记，可悲哀的是：当再度被赋予形体的时候，这个始终屹立于人间的猛士，却不止一次地经过有意无意的铺垫与厚饰，成了奥林匹斯山上的宙斯。"就这一现象，围绕"有时我们需要打破偶像"试写一段 300 字左右的文字。

2. 结合课上的经验，分条概述"有时我们需要打破偶像"的"有时"指哪些时候。

### 三、文学短评如何有深度 [①]

陆机在《文赋》中所说的"恒患意不称物，文不逮意"，似乎是创作者常遇到的困难，倘若我们将这句话中的"物"理解为文本，"意"理解为作者的情志，就会发现对鉴赏者而言，"不称""不逮"的问题同样存在；甚至某种程度上说，"诗无达诂"之论也是对难以准确解读诗意的妥协。

尽管读者理论颇有妙处可撷，但如果我们承认诗人在创作中确实在抒写彼时彼刻的情志，而其所选择的语言形式又是为这一情志的表达服务的，那么"以意逆志"就一定是不可或缺的文学欣赏的过程。将这个过程及其所得融入个人学习经验，并且以文字形式记录下来，已经成为统编本高中教材的写作要求：必修上册第三单元以古代诗词为单元文体特征，"生命的诗意"为人文主题，单元学习任务中的最后一项是要求从本单元中选择一首诗词，就感触最深的一点，写一则 800 字左右的文学短评。

让高一的学生就有形之文字抽绎作者无形之情愫已然不易，进而要求他们对古诗词的深刻意蕴或艺术匠心进行篇幅不短的评析则更为困难，在与学生共同完成这个融合了文学鉴赏与语言表达任务的过程中，笔者形成了这样三点管窥之见。

**1. 对任务要求需揣摩细究**

任务中"抓住让你感触最深的地方"提供了写短评的切入口，看似自然平实，但细细想来，问题却很多。

首先，学生一定有"感触最深"的地方吗？他可能"没有什么感觉"吗？即

---

① 本节由上海市格致中学高翀骅撰写。

使选出了一句两句，某处某点，选择的理由是不是"感触最深"？或许学生只是对某个句子比较熟悉，也可能鉴于经验选择某些位置的诗句，因为"这里有主旨"，甚至可能揣度教师的喜好而迎合。即使真的有感而发，这一处的感触之深与那一处是否存在程度上明显的差距，"最深"如何体现，也是个问题。

事实上，在欣赏的过程中，"感触最深的地方"不会稳定不迁。一种情形是感触点发生了转移，初读《永遇乐·京口北固亭怀古》，学生往往对词人大量使用典故印象深刻，但深入解读，或许篇首的"千古江山"四字因其概括时空又突破时空，远目历史又直指当下，看似写景又凝聚感慨，从而成了他感触最深的地方。另一种情形则是，感触最深的地方虽还是这一处，但认识已经深化。最初对《归田园居》中"桃李罗堂前"一句的喜爱或许源于春日花色明丽图景的想象，而在对诗歌中其他意象的理解、全诗整体的色调的感受及诗人情怀的体会中，对桃李的理解会从个人印象中园林中的桃李转向田园，从观赏转向实用，从"回巧献技"的姿态转向亲近的情态。甚至，对"感触最深的地方"的认识可能发生逆转，不少学生在初读杜甫的《登高》时表示最欣赏的是最后一联"艰难苦恨繁霜鬓，潦倒新停浊酒杯"。但体会到一、二联景物的疏密排列，二、三联空间时间、景象个人之间的呼应，特别是体会到颈联的丰富意蕴后，对于最后一联反而产生了"似乎没有增加新的情感层次""艰难苦恨是否过于直白"等疑问。

这提醒我们，学生不同于成熟的评论家，学生的鉴赏能力还在"建构"中。我们希望真正看到他们"感触最深的地方"，就要鼓励学生摆脱"习见"因素、"功利"因素对审美判断的影响，也不必急于让他们确定哪句最美，哪句最感动。其实引导学生多角度反思自己的第一感受，修补之，完善之，甚至形成新的观点，或许他们会意识到：认识发生变化的那个点，才是"感触最深的点"。

**2. 对任务步骤需细化分解**

找到感触最深的点，只是站到了"达诂"的起始位置。面对在短评这一文体的实践上可算是零起点的学生，笔者通过以下几个步骤逐步引导对"达之于言"形成具象的感知。

（1）了解诗歌评论的基本思路

教材中提醒"写文学短评要善于聚焦，从'小'处切入"。这一要求暗含问题意识，为学生日后的学术研究铺垫，也或许因为担心学生没有切入点的意识，行文失之散漫。但对学生而言，评论一首诗不妨先从整体入手。

笔者推荐学生阅读沈祖棻的《唐人七绝诗浅释》中，对两首边塞诗王翰的《凉州词》和王之涣的《凉州词》的赏析。学生发现，第一首沈先生是从边塞题材在唐朝兴盛的原因，及战争对诗人情感态度的影响开始分析，然后对"凉州词"析名，随之逐句阐释，最后对诗作以豪迈的语言表达沉痛情感的特点加以鉴赏。第二首则一开始就逐句解读，随后集中笔墨在"羌笛何须怨杨柳"一句，对诗人将折柳赠别的风俗和羌笛吹奏《折杨柳》乐曲的场景合二为一，委婉细致却含义深刻的表达详加阐释。此外，还比较了"黄河远上"与异文"黄沙直上"的优劣。

　　基于此，学生总结出：题材特征—创作背景—逐句阐释—语言特点—在遣词造句上加以细述，这一较为基本的诗词整体赏析构架。

　　（2）梳理诗歌评论的常见手法

　　鉴赏文学作品，首先需要借助特定的语言形式。在诗歌中，哪些要素值得我们去关注并挖掘是需要积淀的，而前人的成果也能给予学生引导。

　　笔者将吴小如先生评李清照《声声慢》的文本给学生，要求学生结合下面的表格进行梳理。

| 段落 | 相关诗句 | 评价角度 | 外部资料 | 结论 |
|---|---|---|---|---|
|  |  |  |  |  |
|  |  |  |  |  |
|  |  |  |  |  |
|  |  |  |  |  |

　　即找出鉴赏的每一个自然段落中，评论者是针对什么内容进行赏析的，是从什么角度切入的，使用了哪些外部资料，从而得出什么结论。

　　学生梳理出：可以品读叠词，可以从意象分析情感，可以用化用前人诗句并与之比较的方法分析诗人用词的精妙，还可以从赋比兴的手法、语言的特点，以及上下文结构性的关系去评价作品。

　　（3）通过比较，感受从一个角度深入分析的路径

　　进一步向任务要求"聚焦小处"靠拢，笔者让学生将吴小如先生对十四个叠词的赏析，与傅庚生先生在《中国文学欣赏举隅》中的阐释[①]进行比较，发现其异同。

　　学生发现，两位前辈都注意到了人物的行为、感受和情感，但傅庚生先生的分析更为细腻。他首先将十四字之妙分成三个层次，分别是叠词、有层次和曲尽其情。随后又将叠词一一分析（而不是一组组分析），比如将"寻寻"后复添"觅觅"，是寻而不得却未信其去，复加细察的表现；将"冷冷"理解为外界环境的温度，"清清"理解为内心的感受，"凄凄"是感受逐步凝聚于心，而"惨惨"是心渐渐不能承受，最后以"戚戚"倾泻情绪。

　　虽然只是管窥蠡测，但这个例子让学生对鉴赏过程就是"体贴入微"，靠近词人才能与之悲喜与共，有了比较深切的感受。

---

① 傅庚生.中国文学欣赏举隅［M］.北京：北京出版社，2006.

（4）情境还原，尝试复述、介绍、引用作品内容

在以上三个步骤以后，让学生回到自己找到的"感触最深处"，首先落实对短评"叙"的部分的指导。如果不直接引用，"叙"似乎也可以通过将诗歌的句意翻译出来达成，但在尝试过程中，学生却发现诗歌赏析的"叙"是需要加上想象，形成图景的。

在学习第二单元《芣苢》的时候，教师就面临过学生因无法构筑画面而对诗歌内容草草概括的情况。笔者建议学生设想：如果你要拍一个纪录短片来记录人们采芣苢的场景，你会拍出什么画面呢？在这一提示下，学生想到了采集的地点，采集时的天气，采集者的性别、人数、装饰等等，逐步接近了方玉润在《诗经原始》中对《芣苢》场景的描摹。

再比如学生读《永遇乐·京口北固亭怀古》中"烽火扬州路"一句，其实对辛弃疾的这段回忆也没有深切的认识。笔者提供了《宋史·辛弃疾传》中"径趋金营，安国方与金将酣饮，即众中缚之以归，金将追之不及。献俘行在，斩安国于市"等信息，近似洪迈《稼轩记》中"赤手领五十骑，缚取于五万众中，如挟狡兔。束马衔枚，间关西走淮，至通昼夜不粒食"的画面，才可能出现在学生的笔下。

诚如教材单元学习任务中所说的，"叙"要精当，"叙"要为"议"提供支撑或依据。因此，指导学生在适当复述、介绍或引用作品内容的同时突出与所议相关的重点，也是需要注意的。

**3. 在任务的关键点需提供支架**

在短评中，"议"是核心，也是难点，从学习角度看就是学生完成任务的关键点。在关键点上，教师需要提供支架，帮助学生完成任务。在范飚主编的必修教材配套练习册中，提供了"为什么是这样？这样好不好"这一思维路径的支架。而在论述观点方面，我们可以提供一些前人的评价，或供学生印正自己的观点，或供学生反思自己的观点。在论述内容方面，我们还可以提供一些比较文本，让学生将比较阅读的体验融入短评。

比如为评价《琵琶行》的学生提供杜甫的《江南逢李龟年》这一比较范文，并提供《唐宋诗醇》中"言情在笔墨之外，悄然数语，可抵白氏一篇《琵琶行》矣"的评价，就有学生发现：《琵琶行》写被贬江州时碰到曾经名属教坊第一部的琵琶女，《江南逢李龟年》写流落江南时碰到曾经出入宫廷豪门的乐师，无论是诗人还是乐人，都处于天涯沦落的境况，在取材上颇为相似。但是《琵琶行》是长篇七言古诗，用赋的手法多角度详尽地呈现琵琶女的记忆和过去，以及诗人自己当下的境况；而《江南逢李龟年》是绝句，诗人用极为精练的笔墨，通过今昔对比，通过"落花时节"满目凄凉的环境烘托，没有对两人相逢的情状做任何描述，写出了沦落之感。而且白居易被贬是个体的人生失意，而杜甫的飘零是国事凋零、时代沧桑的结果，内涵更为深厚。

　　笔者在批阅中提醒"言情在笔墨之外"是中国传统诗歌审美温柔敦厚、温婉含蓄的体现，学生就进一步提出：白居易的文字细致周详，但是放置于中国传统审美的体系中就显得烦冗拖沓，是否可以删去比如白居易自叙贬谪状况的一段这样的设想。

　　在阅读、梳理、鉴赏、表达、交流、再修改这样一步步的践行中，笔者执教的两个班级 80 位同学都完成了 800 字的短评，读来颇有可喜之处。当然也可以看到一些问题：

　　（1）对语言的推敲能力较弱。南帆在《文学理论十讲》中说，中国古代批评家对于文学形式的深入研究主要集中于诗词的语言锤炼，他们对于语言表现功能高度关注和精微辨识。[①] 但这种推敲的能力在学生中还是比较缺乏的，学生更多会被一些更为表象的比如修辞手法、结构特点所吸引，语感不够敏锐。

　　（2）容易得出仓促的结论，论述跳跃。比如，有学生分析琵琶女的悲剧主要是因为她自己不知珍惜青春，肆意享乐，随后直接跳到白居易与之命运相似，那么白居易也是不值得同情的结论。这显然是缺乏逻辑支撑的。

　　（3）在语言表述上还比较粗糙，距离诗词评论家的语言表述还有距离。

　　（4）尚不能将"言""象""意"即语言、世界、主体之间的关系整合思考，缺乏抽象提炼，难以从感性认识上升为理性。

　　当然，这也是下一阶段的古诗词学习中需要继续去精进完善的地方。

　　任务群学习已经轰轰烈烈地铺开，我们常常谈到任务带来的好处，比如激发兴趣、形成驱动力，但任务是功利的。何源老师在《高中语文课程"任务群化"商榷》一文中也提到，任务驱动下的多文本阅读可能造成影响阅读兴趣、形成功利化的阅读取向、片面发展异态阅读能力、导致粗阅读和浅阅读等问题。[②] 笔者认为，在任务本身合理的前提下，真正保障学生去认真完成任务的还是他们的兴趣和能力。喻之于怀是鉴赏，达之于言是表达，但表达又深化了鉴赏，两者交融推进，让学生在过程中感受到古人生命的诗意、个体生命的成长，这才是任务的意义。

## 四、借助思维坐标，促进写作深度学习

　　写作是运用语言文字建构意义的高级思维活动。指导学生高效开展有深度的思维学习，则是写作教学成功的重要标志。而思维所具有的内隐性特征，决定了有效的写作思维教学方式必须采取合宜的策略。

　　写作学习过程始终伴随思维活动，提升学生思维能力是写作教学成功的标志。教师可利用思维可视化工具提升学生思维水平，更需要培养学生依据写作

---

① 南帆 . 文艺理论十讲［M］. 福州：福建教育出版社，2018.

② 何源 . 高中语文课程"任务群化"商榷［J］. 语文学习，2018（4）.

任务创设思维坐标的能力。如可以依据事物或思考的复杂程度分别构建一维、二维乃至三维、四维坐标系,如此可以有效落实"教是为了不教"的教学原则。

### 1. 写作深度学习需要可视化工具

"写作过程能够帮助你把零乱的思想条理化,使你的想法经过提炼而清晰起来,并且进一步发展你的思想。"[①]这就是说,写作通常不是先想好一切再把自己思考的内容誊抄下来,而是边写作,边思考,在写作中不断思考。写作在本质上是一个写作者思想逐渐成形的过程——"当学生写作时,实际上进入了一个批判、分析和反思的往复循环过程中。"[②]

由此可见,写作教学需要引导学生学会有效整理自己的思维,不断使之清晰有条理。学生在学习写作过程中,固然也在不断分析思考,但是这些思考通常还处于不自觉的状态,大多只是在下意识地运用思维。

当下颇受关注的"任务写作"与"问题解决""项目化学习"等教学范式,都有其独特的教学价值,但是有一利则有一弊,这些方式强调学生的"做中学",固然可以增加学生的体验和实践能力,但也存在一些不足。例如,其思考过程往往不可见,多半依赖学生自身的悟性。而思维可视化学习则可以把"看不见的"思维过程和思维方法清晰地呈现出来,更便于将教学从以往的"暗中摸索"转变为"明里探讨"。

教师不能坐等学生思维发展成熟之后才开始写作教学,因为写作与思维并不是两辆并驾齐驱的车,而是一枚硬币的两面——思维促进写作,写作发展思维。

前文翟梦晗老师运用"金字塔原理"指导学生分析事物的因果关系就是一个很好的样例。此外,许多思维导图也是思维可视化教学的重要教学内容。这类依据特定思维工具开展写作教学的尝试很有意义。据此,笔者遂提出如下设想:引导学生建构思维坐标系并据此整理自己的思维,可能是写作思维教学方面的一个有益尝试。

### 2. 借用思维可视化工具

一直以来,研究者开发了许多颇为有效的思维工具。例如,剑桥大学的爱德华·德·波诺博士以"水平思维"为核心思想开发"德波诺思维训练体系";心理学家及教育技术学家诺瓦克提出了概念图技术,日本管理大师石川馨先生发明了鱼骨图(或"因果图")等,这些思维工具均可作为写作思维教学的基本内容。但是,上述思维工具总体上是写作教师对其他领域思维工具的移植或借用,纯粹依据写作学习目标而开发的思维工具尚不多见。既然写作主要是

---

① [美]威廉·W·韦斯特.提高写作技能[M].章熊,章学淳,译.福州:福建教育出版社,1984: 2.

② 王荣生,宋冬生,主编.语文学科知识与教学能力[M].北京:高等教育出版社,2011: 76.

思维活动，那么依据写作思维特征创设适合学生学习的思维工具就显得十分必要。

波里特（Bereiter）等人研究发现：写作新手（儿童）与写作专家（成人）在写作中所采取的策略非常不同。新手常采用"知识叙述"策略——直接将自己积累的经验知识提取出来，然后直接转移到自己所写的文章中；专家或成人则多采用"知识转译"策略——根据写作目标任务与要求，对自己所积累的经验知识加以调整、修改。[①] 可见新手水平的"知识叙述"式写作基本特点就是缺少思维的加工，当下许多学生机械模仿范文，以及诸多的"套作""仿作"现象均属于此类水平。而能够运用"知识转译"策略的学生的思维水平显然处于更高层级，其标志就是写作者能够对所写内容做相对复杂的思维加工。

学生的思维加工能力需要教师具体明确的教学指导。事实表明，一旦学生掌握了恰当的写作思维工具，其写作水平将会大大提升。有例为证：

数年前，复旦大学自主招生面试，曾有考官要求学生回答这样一道题目：请你就桌上的这瓶矿泉水为话题，连续不断地说上五分钟。面对这样的考题，那些在千分考中获得不错成绩的学生不禁傻了眼，很多考生在结结巴巴地说了一分钟之后便彻底词穷，完全不知如何应对。如何看待这一现象？以往写作教师总是简单地将此归结于学生没有生活积累，或归因于学生的思维混乱，但是当这些参加复旦自主招生考试的学霸、学神们面对作文题也同样束手无策时，我们意识到事情也许并不那么简单。相信参加复旦自主招生复试的这些学生，其生活积累与知识积累一定不会缺乏，他们的逻辑思维能力也不会太差。那么，为什么他们此时的写作遭遇了滑铁卢呢？显然是他们还没有获得根据特定写作任务调用、组织自己知识经验的能力，换言之，是他们缺少"知识转译"策略。

根据这样的思考，笔者在写作教学中增加了"魔方六面体"相关知识，借助魔方六面体框架的视觉效果，指导学生从"描述、比较、联想、分析、运用、论辩"这六个方面针对一个话题分别展开思考，帮助学生从不同角度和侧面去认识、探索和发掘，开阔思路，调用自己的所有经验创造很多有用的写作内容。[②] 这6个面的排列大致按照从易到难、从直观到抽象的顺序，非常有利于学生的写作学习。

例如，在"描述"事物时，如果从大小、长短、体积、颜色、形状、质感、味道等不同角度展开，就可以开发出非常丰富的写作内容。经过几次教学，学生迅速掌握了这一方法，从而做到面对任何一个话题都可以不断调用自己的知识经验。请看学生从"描述"角度所写的矿泉水瓶的一段文字：

---

① 朱晓斌. 写作教学心理学［M］. 杭州：浙江大学出版社，2007：26-29.

② 祁寿华. 西方写作理论、教学与实践［M］. 上海：上海外语教育出版社，2000：118-121.

这瓶矿泉水，水质透明、晶莹，亮晶晶的，折射着上方的灯光，闪烁着像钻石般的色泽。这瓶水如此纯净，不染一丝尘埃，仿佛水晶一样，宁静而温润。轻轻啜吸一口，会感受到一丝甘甜，甘甜中又似乎浸润一丝芬芳，似乎原野的芳草沁入了泉眼，把鲜花的清香融入这瓶水中。这丝甜味，若有若无，可以萦绕在你的舌尖，弥散于你的口腔。此时你似乎可以感受到大自然的清凉和美好。盛装矿泉水的塑料小瓶，朴素而精致，宛如工艺品。瓶身是圆润的圆柱体，以便增加到最大的容积。瓶身上半部柔和地收缩为瓶口，线条自然流畅。纯净透明的瓶身，上顶一只小小的玲珑瓶盖，宛如舞女头上精致的小帽，活泼而俏皮。

这一次写作"滑铁卢"事件，还使笔者进一步深思：生活中，学生可能会面临许多千奇百怪的写作任务，而无论教师提供多少种思维工具，都不可能足够应对这些写作任务。因此，最好的写作教学策略不在于教师教给学生多少种管用的"招数"，而是能够教会学生自创"招数"，也就是说，一旦学生能够根据具体写作任务创设合宜的思维框架，那么各种问题就能够迎刃而解。这不就是"教是为了不教"这一原则，在写作教学中的具体体现吗？

于是，我开始思考如何引导学生自创个人的思维框架。

**3. 自创思维坐标系**

从数学或物理视角看，在茫茫空间中，要想确定一个特定质点所处的位置、运动的快慢及方向，是很困难的。为此，必须要为这个点选择一个参照系，按规定方法选取有次序的一组数据构建一个"坐标系"。

例如，在广袤的地球上，要确定一个人、一辆车的具体位置，无异于大海捞针。但当人们在地球表面画出若干纬线、若干经线后，就可以轻而易举地实现精准定位。推而广之，我们分析事物也需为该事物确定一个坐标系：或从时间、地域维度去理解一个人，或从国别、文化角度看待某件事，这就是将人物、事物放置在特定坐标中加以理解。

正如没有坐标就无法定位一个质点一样，没有参照系人们就难以准确理解某一事物、某种现象。在写作学习中，教师必须培养出学生这样一种能力：快速为一个观点、一种现象、一个事物构建坐标系，以便精准理解分析之。

以往学生在学习写作、分析问题时，由于缺少构建思维坐标的能力，他们对问题的思考或失之零碎，限于一隅；或失之散乱，芜杂无序。而培养学生构建思维坐标系具有如下两大作用：一是有助于打开思路；二是有利于理清思路。并且，构建思维坐标系在相当程度上还重构了写作教学内容与教学方法，它融合了以往写作教学的多种经验成果。思维坐标系的具体构建策略如下。

其一，简要分析某一事物、观点或现象，可建构一维坐标。

这个一维坐标的基本标志就是将这一事物的正反两个端点整合起来加以考虑，构建一个思维"连续统"。以往写作教师经常使用的"反弹琵琶""逆向思维", 其实就是运用这一坐标系的产物。将这个一维坐标的两个端点进行一番辩证统整之后, 还会形成极具辩证思维特色的"对立统一"观点, 例如老子《道德经》中的名言"曲则全, 枉则直; 洼则盈, 敝则新; 少则得, 多则惑……"本质上就是由两个端点构成的一个既矛盾又统一的观点。

例如, 笔者在教学中运用构建的一维坐标引导学生思考"勇敢"这一概念。为了准确、深入地理解何为"勇敢", 我们运用一维坐标进行定位——将"勇敢"与其对立面"畏惧"结合起来加以思考, 于是就产生了这样的思维成果: 勇敢不是无所畏惧, 而是真切地感受到恐惧, 却能够在恐惧中鼓起勇气面对危险。

一维坐标的构建使学生的思维有了写作话题之外的另一个思考方向, 拓展了思维空间, 学生的思考因此变得更加深刻了。

其二, 面对相对复杂的事物, 可设置二维坐标。

也就是说, 在一维坐标的基础上, 再引入另外一个参照系, 从而形成两个不同维度、具有四个端点的坐标系。如此, 学生对问题的思考将会更加系统、全面、深刻。

例如, 1955 年, 美国心理学家约瑟夫·卢夫特(Joseph Luft)和哈里·英汉姆(Harry Ingham)所提出的分析人际关系和传播的"约哈里之窗"(Johari Window), 就是一个典型的分析问题的二维坐标系。其基本特点就是: 首先确定"人"与"事"两个维度, 在"人"的维度中确定"自我—他人"两个端点, 在"事"的维度中确定"已知—未知"两个端点, 由此构建一个"人"与"事"相互交叉的二维坐标系。根据这个理论, 人的内心世界被分为四个区域: 开放区、盲目区、隐秘区、未知区。其中, 开放区代表所有自己知道、他人也知道的信息; 盲目区代表他人知道而自己不知道的信息; 隐秘区代表自己知道而他人不知道的信息; 未知区指的是自己不知道, 他人也不知道的信息。

这个二维坐标系简明清晰地阐释了人与人之间、人与事之间复杂的关系, 具有极强的阐释力。现在, "约哈里之窗"已经成了一个广泛使用的管理模型, 用来分析以及训练个人发展的自我意识, 增强信息沟通、人际关系、团队发展、组织动力以及组织间关系, 具有极强的解释力。由此看来, 仅仅立足于"人"与"事"这两个点, 再将每个点的两个端点组合起来, 就足以构建一个富有解释力的理论框架。这就是思维坐标系的巨大效益。

总之, 二维坐标具有引导学生打开思路、全面深入分析问题的巨大价值。

其三, 分析更加复杂的事物, 可构建三维乃至四维坐标系。

此时的思维是一种典型的立体化思维。有一篇奇文《屁股与尊严》[①], 就是典型的三维坐标系的写作范例。对于地铁上抢座位这一司空见惯的现象, 作者构建了一个三维坐标加以分析, 从三个维度不断地加以追问, 作者的分析因此显得

---

① 吴洪森. 屁股与尊严——父女俩在地铁上的对话[J]. 读书文摘, 2007(10).

不断深入, 层次清晰, 章法井然。

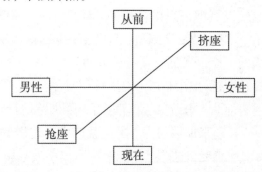

· 维度一: 时间维度——以前人们乘车不抢座位, 反而让座位; 如今人们不但抢座位, 还会"挤座位"。

· 维度二: 性别维度——男人抢座位, 女性相对矜持, 一般不抢; 但是从前不抢座位的女人, 如今也开始"抢座位"了。(暗含时间维度)

· 维度三: 方式维度——抢座位已经很糟糕, 还有人不顾尊严地"挤座位", 有朝一日女人也会像今天的男人一样"挤座位"吗? (暗含时间维度)

综上所述, 我以为: 学生写作素养形成的标志, 就是能够依据具体的写作任务构建合宜的思维坐标系; 教师写作教学成功的标志, 则是能够培养学生适时构建思维坐标的能力。

## 五、高考语境中的思辨写作

思辨写作, 已成为当前写作教学的热点。在全国各省市高考中, 思辨写作绝不会缺席。兹以 2020 年高考作文题(全国卷及上海卷)为例, 略加阐释。

### 1. 思辨写作与语境写作的辉映

2020 年全国高考(Ⅲ卷)作文题是一道难得的好题。这道题同时考察了学生的两大能力: 逻辑思辨能力与书面交际能力。作文题如下:

人们用眼睛看他人、看世界, 却无法直接看到完整的自己。所以, 在人生的旅程中, 我们需要寻找各种"镜子"、不断绘制"自画像"来审视自我, 尝试回答"我是怎样的人""我想过怎样的生活""我能做些什么""如何生活得更有意义"等重要的问题。

毕业前, 学校请你给即将入学的高一新生写一封信, 主题是"如何为自己画好像", 与他们分享自己的感悟与思考。

要求: 结合材料, 选好角度, 确定立意, 自拟标题; 不要套作, 不得抄袭; 不得泄露个人信息; 不少于 800 字。

这道作文题特别注重思辨, 将"如何认识自我"这一颇具哲学思辨色彩的话题作为写作内容。为降低难度, 命题人又从两个方面提供了支架: 认识自我的路径——寻找镜子、绘制"自画像"; 认识自我的内涵——"我是谁? 我能做什么? 想过怎样生活"。考生从这两方面思考, 就可以有效进行写作构思了。例如, 所谓寻找"镜子"，就是"以人为镜"，就如古人所言"见贤思齐，见不贤而内自省"，这实质就是让自己与这面镜子对照，更好地认识自己。当回答出"我是谁"类问题之后，我们对自我的认识就更加深刻了。看似玄妙高深的思辨话题，一旦有效利用试题材料中的支架，思考起来也能颇具章法。思维层级甚高，写作难度不大，这样的试题是令人满意的。

这道作文题还有一个值得称道之处：如此宏大的话题，却能够与学生的实际生活有机结合在一起。这道题聚焦于特定的写作情境，体现了写作"经世致用"之功效。试题材料首先设置了一个特定的情境：毕业前为高一新生写信，就"如何给自己画像"这一主题分享自己的感悟与思考。需要考虑特定的写作目的——分享本人"为自己画像"的体验；要考虑具体的写作对象——高一新同学；要恰当运用指定的文体——书信。如此，这篇文章就不能自说自话，要符合书信格式，要运用学兄学姐口吻，要明确进入高中"为自己画像"的意义和方法。这一情境的意义在于，写作不再是作者的独自面壁苦思，不再满足于自圆其说，而需要"为时而作""为事而作"。

思辨与语境交相辉映。故此，我要说，这一写作试题具有指标性意义。

**2. 思辨之道与思辨之术**

2020 年上海市高考作文题延续了往年注重思维的特点，试题致力于考查学生的思维品质，折射出关注人生、思考人生的思辨之光。请看 2020 年上海高考作文题：

世上许多重要的转折是在意想不到时发生的，这是否意味着人对事物发展进程无能为力？请写一篇文章，谈谈你对这个问题的认识和思考。

要写好这类注重思辨的作文题，需做好如下几件事：观点分析、概念分析、思考内容的组织。

先做观点分析。试题材料陈述了一个观点：许多重要转折总是发生于意外，然后针对这一现象，提出了一个问题：转折既然常在意外，我们面对转折究竟有无办法？

对此，首先需要对这一观点加以抽象提炼，转化为一个具有高度概括特征的观点：面对出乎意料的重大转折，人的主观能动性究竟有多大？

经过这样的转换，就可做进一步思考：面对突如其来的转折，人们不是束手无策，而是可以积极有为的。应该说，确定这样的思考方向，就足以确保自己的作文不至于跑题偏题了。

再看概念分析。在此基础上，还需要使思考更深入，更全面，更有说服力。此时，就需要对一些概念做具体分析。

例如，"转折"一词，就包含了构思写作的方向与内容。请看："转折"就是事件在发展过程中的转变、变化。并且"重大转折"往往具有突发性、偶然性，常常在不经意间，事物的方向、性质突然发生了变化，事起于仓促之间，往往令人猝不及防，此时最容易产生"束手无策"之感。

再如，"突然、意外"等概念也包含丰富的写作内容：由于"突然变化"，人们以往所拥有的一切优势都不复存在，所有人都面临一个全新局面，大家都在同一条起跑线上，这时谁能够审时度势，谁能够因势利导，谁就占据了先机。因此，除非巨大的毁灭性转折，面对突然而来的转折，人们反而会面对许多新的机会、新的可能，也许能创造出新的天地。

最后，对分析做条理化整理。也就是对上述分析按照一定逻辑加以组织，使文章形成一个有机整体。例如，面对突如其来的转折，我们可以将它分为三个阶段：转折发生前，转折发生时，转折发生后。在这三个阶段，我们难道都是无能为力的吗？其实，事前往往有蛛丝马迹，因此，可以未雨绸缪，防患于未然；事发时，可以当机立断，因势利导；事发后，可以亡羊补牢，吸取教训。

# 第七章　如何设计写作学习支架

　　支架是一个越来越热的术语。有研究者曾统计 2001—2016 年十六年间某刊所发数千篇写作论文后发现,"支架"作为关键词在写作研究论文中共使用 164 次。其中,2001—2010 年十年间使用次数为仅为 4 次,2011 年之后使用次数骤升为 160 次。①

　　写作支架,已成为写作教学研究的热词。

## 一、支架:为深度学习提供支援

　　写作支架的实质就是为学生的写作学习提供援助。写作支架类型丰富,依据不同标准可分为主次支架、过程支架和功能支架。设计、运用写作支架需依据如下策略:了解学生写作学情,确定关键学习元素,依据学情与学习元素设置相应支架。

### 1. 什么是写作支架

　　支架是一个比喻性概念,源于研究者对家长帮助孩子表达自我的相关研究。研究者发现,许多家长在指导孩子学习说话时都能够无师自通,非常有效地加以指导。例如,家长善于创设良好的对话氛围鼓励孩子说话表达;在孩子表达困难时,家长往往能够提供多种手段(例如通过表情、实物、例句等)帮助孩子表达。在家长帮助下,孩子都能够在 1—2 年内形成基本的口语表达能力。

　　研究者发现,这些家长在指导孩子学习表达时有一个共同特点:为孩子学说话提供各类有效的支持。这些支持略高于孩子的现有表达水平,有助于孩子达到更高的水平。研究者将家长提供的这些支持命名为"支架",受此启发,教学研究者开发出一系列支架工具运用于教学中,取得了较为理想的效果。

　　写作支架日益受到重视,与人们对写作教学规律认识的逐渐深入密不可分。

---

① 王希文.近十六年中学写作教学热点研究——基于《中学语文教学》教师论文的内容分析 [D].北京师范大学,2018.

美国教学论专家罗伯特·加涅对于教学有一个著名的定义：教学是一组精心设计的用以支撑学生内部学习的外部活动。在这个定义中，教学是外在的活动，教学以促进学生内部学习为旨归。提供支架，能够有效促进学生的内部学习。写作能力是学生在写作实践中习得的，而非通过教师讲授获得。教师能够做的，是为学生的写作学习提供学习元素，设计必要的写作活动，然后搭设支架帮助学生开展写作学习。写作教学是否有效，不看教学内容是否丰富，也不看教学活动是否完整流畅，关键指标是看是否促成学生的内部学习。

在促进学生内部学习过程中，写作支架发挥着不可替代的作用。

**2. 写作支架的主要类型**

依据不同标准，写作支架可分为如下三类。

（1）主次支架

根据设置支架的不同目的，写作支架可分为"主支架"和"辅助支架"两类。主支架旨在帮助学生掌握主要学习内容；辅助支架旨在帮助学生克服写作学习过程中所遭遇的次要困难。为便于操作，本文侧重依据主支架、辅助支架这一分类标准讨论写作支架的设计与运用问题。

写作学习过程中的每一个环节，学生都会遇到各种困难。教师需要不断为学生提供必要的援助。其中，为达成主要教学目标而设置的支架就是主支架，其他次要援助则为辅助支架。主支架与辅助支架是动态的，根据学生写作水平的发展而不断变化。

（2）过程支架

写作是一个复杂过程，不同写作过程需要不同支架提供支援。在这个意义上，写作支架可分为如下三类：构思支架、表达支架、评价支架。

构思支架主要运用于写作构思阶段，帮助学生根据写作目的或要求，确定写作类型，搜集、开发写作内容。例如，学生构思时思路难以展开，教师就可提供"魔方六面体"、思维导图等工具作为支架及时提供帮助。

表达支架主要运用于写作过程的撰写阶段。表达支架能够帮助学生转化写作材料并形成写作文本（如写作提纲、文档模板等）；帮助学生将所获得信息加以结构化，使之更加清晰易理解。国外有"SCAMPER 模板"支架，该支架围绕写作主题，通过替换、联系、改写、修正、变换用途、排除、重组等方式，对写作材料进行多维度、多层面的转化处理。帮助学生将所构思的内容转化为文本的支架也都属于表达支架，如写作提示模板、故事模板、文档陈述模板等。

评价支架主要用于写作后期的习作修改阶段，可以为学生自我反思、自改互改习作提供支援。常见评价支架有写作评价量表等。

（3）功能支架

根据支架的不同功能，写作支架可分为概念支架、程序支架、策略支架、元认知支架等类型，简释如下：

概念支架：帮助学生掌握相关写作原理、写作知识，如定义、样例等。

程序支架：围绕既定写作学习任务，帮助学生开展写作活动，如写作流程等。

策略支架：为帮助学生完成某一任务，提供多样化的方法指导，如建议、思维导图等。

元认知支架：帮助学生管理思维和学习过程，对习作进行自我反思，如范文、量表等。

### 3. 写作支架设置策略

写作支架旨在帮助学生克服写作困难，完成写作学习任务，达成教学目标。

写作支架设计的核心策略是研究写作学情。学生无法凭现有能力完成特定写作任务，教师需要了解学生现有写作水平，了解学生在写作过程中的困难，在此基础上，才能提供学习支援。

具体而言，设置写作支架需要注意运用如下策略：

（1）分析学生完成特定写作任务过程中的困难，确定其中的主要困难作为学习目标。

（2）依据学习目标，确定必要的知识内容作为写作学习元素。

（3）设计主支架，帮助学生内化当下教学的学习元素。

（4）设计辅助支架，帮助学生克服写作学习过程中遭遇的次要困难。

## 二、写作支架的运用

为便于读者理解写作支架的运用策略，特选两个不同类型的课例予以阐释。

### 1. 因果分析支架

【写作学情：简单归因】

议论文写作离不开"因果分析"。学生写作中经常出现"简单归因"的思维幼稚病——分析问题无视事物错综复杂关系，将某一因素简单地归结为导致结果的唯一原因。

【教学目标：合理归因】

针对上述学情，确立指导学生学会"合理归因"的学习目标。

【教学元素：归因分析方法】

为达成这一目标，必须提供有效的学习元素——合理分析原因的有效方法。此时，心理学家韦纳的归因分析框架就可以用来指导学生学习合理归因。

· 从内外部维度分析，可将原因分为内因与外因。

· 从稳定性维度分析，可将原因分为稳定与不稳定。

· 从可控性维度分析，可将原因分为可控与不可控。

【教学支架：鱼骨图】

本课例中，教师借用思维可视化工具"鱼骨图"作为支架，能够有效帮助学生掌握学习元素——"归因模式"。问题是，教师已经讲授了归因分析方法等知识,设置"鱼骨图"作为支架必要性何在呢?

显然,简单地讲授一番归因分析知识,学生还是难以内化知识,无法在写作中加以运用。以往写作教学之所以低效或无效,多半是因为教师只是提供一堆知识就以为万事大吉。写作教学不是简单的教师传递、学生接受知识的关系。为帮助学生有效掌握相关学习元素,教师就要提供支架帮助学生内化所学知识。

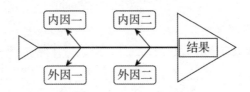

但是,在运用鱼骨图的过程中,学生首先会遭遇如何使用鱼骨图的困难。此时,教师可通过自己的示范,指导学生从内因、外因维度加以分析(如上图),此时教师这个鱼骨图使用示范就构成了一个"范例支架"。接着,教师就可以指导学生不断运用鱼骨图从多个维度分析各类事件的因果关系,直到学生彻底掌握"归因模式"。

请看,同样一个鱼骨图,在教学之初,通过教师的示范,可以让学生学会运用鱼骨图,此时它是辅助性的示范支架。而在整个教学过程中,鱼骨图发挥的主要作用是帮助学生掌握"归因模式"这一核心学习元素,可视为主支架。

由此看来,支架设计的基本策略有三个:支架有助于达成目标;支架本身易于操作;支架设置以简为宜,如无必要,勿设支架。

**2. 创意写作支架**

前文我们简要阐发了写作支架设置的基本策略。读者可能还会有如下疑问:在动态的课堂教学情境中,究竟应该如何设计、运用写作支架呢?兹以一个创意写作课例加以阐释。

创意写作向来被视为空灵缥缈,难教、难学。但是,运用了合宜的支架,创意写作教学就可能不再神秘、不再困难。

环节一:纸牌屋游戏。

上课前,老师给学生发放一包彩色卡片,要求学生花一分钟时间用这些卡片搭建房屋。大家兴味盎然地搭起来。随后,老师让学生报告结果:有的房屋精巧别致,非常漂亮;有的平淡无奇,如同火柴盒;有的歪歪倒倒,甚至有的房屋根本就没成形……

老师问学生,这个游戏和写作有什么关系?经过讨论,大家达成共识:写作当然需要材料(卡片),但决定写作水平的不是材料,而是组织材料的能力。写作教学就是要教大家如何组织运用现有的材料。

老师接着说,大家都读过不少故事,现在请大家说出一个自己喜欢的故事。学生列举了《安徒生童话》中"美人鱼""小锡兵"等故事,以及福尔摩斯、"007"

的故事，还有动画故事"猫和老鼠""喜羊羊""光头强""哪吒""孙悟空"等等。

这些故事有哪些要素呢？教师引导学生归纳出故事的六要素：人物、地点、目的、障碍、手段、结局。然后，教师布置写作任务：运用故事六要素，写一个创意故事。

环节二：拟写框架，分析学情。

教师之前预估了学情，虽然提供了故事六要素的知识，但学生对这些知识是陌生的，更不必说有效运用了。考虑到六要素内容过多，因此教学中还对六要素做了适当的简化处理。

师：一个故事首先是一个过程。这个过程包含两个基本要素：人物、事件。现在请大家按照"（谁）做了（什么事）"来写一个故事框架句。

生：怎么写都可以吗？

师：对，你怎么想就怎么写，只要包含上面两个元素就可以了。

生1：老李帮助小李做作业。

生2：妈妈送我上学。

生3：小王坚持锻炼身体。

……

这是学生在写作初期呈现出的真实的写作状态，这就是实际的学情。教师发现，学生对学习元素"人物"采取了简单化、符号化的处理方式。针对这一学情，教师决定将"人物"作为核心学习元素，于是便有如下教学片段。

师：同学们写了不少故事框架句。但是，有的框架句能够让后续故事顺利发展，有的框架句则使我们很难继续写下去。好的框架句有什么特点呢？就是人物有特征，而不是一个简单的姓名或身份。刚才大家的练习有个不足：把人物符号化了。例如，简单地命名为小王、小明或妈妈。请注意，要想写好一个故事，一定要确定好写一个人物的特点，这个特点决定了在这个人物身上将会发生什么故事。请大家比较下面一个故事的框架句（投影）：一个人喜欢穿新衣服；一个国王喜欢穿新衣。后者一看就知道，这是一个著名的童话故事。请分析，句中"一个人"和"一个国王"这两个人物对后面的故事写作会有什么影响呢？

生：如果是"一个人"，写作时就无法确定究竟应该写什么人。

生："一个人"太宽泛，应该具体化一点。

生："一个国王"这个人物定下来后，后面的故事都必须和国家、宫廷、大臣发生关联。

生："一个国王"和后面的"喜欢穿新衣"还造成一种奇怪的关系，让人们一看就会好奇。"一个人喜欢穿新衣"就平淡多了。

师：很好。要写好一个故事，必须确定一个特定的人物，这个人物必须有特别的身份和鲜明的特征。这个人物能够为故事确定一个特别的视角，设置一个特别的情境，后面整个故事的发生环境、发展逻辑都将依据这个人物而确定。我们还能举几个自己熟悉的故事中的人物吗？

生：阿凡提幽默机智，富有正义感。

生：济公破衣烂衫，行为疯癫，扶困济贫。

生：福尔摩斯神探心细如发，见微知著，思维缜密，善于推断。

生：前两年热播的电影《我不是药神》的主人公是一个失意又失婚的保健品店老板。

生：动画片《哪吒》主人公是一个"混世魔王"。

师：是啊，人物一旦确定，故事情节基本就确定了，故事的推进必然会带上这一人物的基本特征。我们刚才列举的这些故事，都和故事主角的特征有着密切的关联。请大家记下这句话：故事是由人物身份和特征生发出来的。现在，请大家修改刚才所写的三个故事框架句。

修改结果如下：

文盲爷爷帮助小李做作业。

继母送继子上学。

久坐轮椅的小王坚持锻炼身体。

环节三：设置支架，故事接龙。

师：我们刚才已经勾勒出一个故事的大致框架，一个特定的"人物""做什么事"，对故事主人公的身份、特征也做了必要的限定。这只是一个故事提纲。一个好故事还需要具体细致的内容。"做事"这一框架可以具体化为如下几个问题：在什么地方？为了什么目的？遇到什么困难？采用什么手段？最后结局如何？请看下表（投影）。请大家以上面第一个框架句为例，对所写事件进一步具体化，用故事接龙的方式开始创意写作。

**故事要素细化表**

| 人物 | 地点 | 目的 | 障碍 | 手段 | 结局 |
|---|---|---|---|---|---|
| 文盲爷爷（豆腐店老板） | 豆腐作坊 | 关心孙子 | 孙子的作文没新意 爷爷没文化 | 扬长避短 豆腐制作的启示 | 写出好文章 |

（学生对第一个故事框架加以具体化后，老师请大家交流并推选出本次最佳构思者。）

学生汇报要点如下：

生：我们几人承担明确故事主人公身份的任务。从最初的"老李"变成"文盲爷爷"，对人物身份做了两次丰富：一是文盲，二是爷爷。后面的故事要结合

"文盲"的特点来写，还要写"祖孙之间"的故事。然后，我们进一步突出人物的职业特点——豆腐店老板，这个职业当然会和后面的故事发生关联。所以，故事主人公身份特征一旦确定，要写的故事就呼之欲出了。

生：我们几人负责确定"地点"和"目的"等要素。豆腐店老板和孙子之间的故事，大概率会发生在豆腐作坊里，豆腐作坊是读者不太熟悉的一种环境，写出来相信读者会感兴趣的。

师：故事的内容越来越具体了。他们考虑到环境对故事写作的特别价值，非常好。

生：我们小组负责研究"目的"和"障碍"。我们认为，如果故事只写这位爷爷在生活上关心孙子，给孙子提供较好的物质条件和学习环境，就没有什么意思，也没有故事味道，因为这是一般长辈都可能做到的。这位爷爷虽然不识字，但从情理上看，他必定对孙子的学习特别关心，他会尽最大努力帮助孙子。这些帮助还要设法和前面预设的"文盲"、豆腐店老板的身份发生关联，埋下伏笔。所以，我们设计了这样一个情节：孙子做作业遇到困难，束手无策，文盲爷爷居然帮助他顺利完成作业。这样的故事才有起伏，有意思。

师：请注意，这几位同学所说的非常重要！有一位戏剧家说过这样的话：一出好戏，如果开幕时墙上挂着一把枪，最后这把枪就一定会出现在剧情中。创意故事写作也是如此。前面所预设的主人公的特征和身份，都应该在后面的故事中得到体现。请继续。

生：接着我们设计"障碍"。我们设计了两个障碍。第一个是孙子的障碍。孙子小李写作文遇到麻烦——老师周末布置了作文，要求不落俗套，写得深刻，然而小李绞尽脑汁仍然一筹莫展，坐在桌前唉声叹气。第二个障碍就是爷爷的障碍。爷爷很想帮助孙子，但自己是个文盲，如何能够帮助他解决困难呢？所以也愁眉紧锁。

师：下面有请第三组同学接龙。

生：我们组主要任务是设计"手段"。我们认为，孙子的障碍只是为了陪衬文盲爷爷的障碍。爷爷不识字，如何帮助孙子写好作文？解决障碍的手段越巧妙，故事就越有味道。开始我们想了许多对策，但是发现都不够合理。有的不符合文盲特点，有的又不符合豆腐店老板的身份。后来，老师给我们提了个醒——豆腐店老板虽然不识字，但有人生经验，这些经验就可以帮助孙子写作文。我们于是想到，李大爷最有经验的就是豆腐制作了，这个经验如果转化为对人生的思考，不就可以帮助孙子写出一篇好文章了吗？比如，做豆腐的过程——泡黄豆、磨豆浆、点卤水、压豆腐，完全可以类比为不同的人生历程，可以启发我们写出很有新意的文章。

课后，学生依据上述指导开展创意写作，现择其中佳作之一以飨读者。

## 豆腐哲学

吱吱呀呀，爷爷正推着石磨，碾压着浸泡了一夜的黄豆。石磨口，乳白色浆液汩汩流出。

往常，石磨有节奏的声音，在小李耳中宛如一首动听的歌谣。今天，他却愁眉紧锁，唉声叹气了。这石磨声，也成了噪音，让他心烦意乱。面前摊着作文本，大半天只写了一个标题——人生启示录，这道作文题已经折磨小李大半天了。

爷爷看出孙子心情不好，为此停下石磨，喊小李出来散散心。

"爷爷，我正忙着呢，没工夫散心。"

"好孩子，好事不在忙中求，性急喝不得热豆浆。"爷爷宽慰小李。

"爷爷，你不懂。我在想人生呢！老师布置了一个怪作文题，人生启示录。我想破了脑壳，也没啥启示。"小李诉苦道。

"莫急，莫急！"爷爷一心想帮孙子散散心，"做事就像做豆腐，你就着急不得。黄豆要泡一夜才好，只泡半天，磨浆的时候就不出浆。"

小李听不进去："哎呀，爷爷，你说得倒容易。我能不急吗？写不出文章，我周一拿什么交作业？"

"卤水点豆腐，一物降一物。总会有办法的。"爷爷安慰小孙子。

小李苦笑道："您真是三句话不离老本行啊！"

"爷爷是文盲，啥也不懂，只好借豆腐和你讲道理咯。"爷爷笑道。

"等等，等等！"小李忽然灵光一闪，"借豆腐讲道理？太好了！太好了！"小李忽然手舞足蹈起来。

爷爷连忙摸摸小李的额头："乖孙子，没生病吧？"

"我很好，爷爷。"小李平静下来，"爷爷，您和我聊聊做豆腐的道理吧！"

看到自己能帮孙子解脱烦恼，爷爷很高兴，悠悠地说道："你看，磨好豆浆后要煮豆浆，这时要注意火候，火小，豆浆煮不透；火大，豆浆煮糊了。凡事都有个度嘛！你再看，点卤也很重要。别小看这点卤水，一锅浆能不能成豆腐，全看它了。这就是个稀罕物，就像神仙的法术……"

"人生也需要催化剂。"小李若有所思。

"啥剂？"爷爷接着说自己的，"好东西也有个度，卤水这东西，少了，豆腐不成型；多了，发苦不能吃。你再看压豆腐，总要用大石头压豆腐才好成型呐。人呐，挑着重担走得快，能吃得苦头才成才……"

爷爷侃侃而谈，孙子频频点头。一番闲聊之后，爷爷回到石磨旁，继续推磨；孙子走到桌前，写下"豆腐哲学"四字，开始奋笔疾书。

伴随着吱吱呀呀的石磨声，小李思如泉涌，一如石磨中汩汩流出的洁白浆液。

石磨如歌。

上述课例，从写作教学角度来看，有三个方面值得关注。

其一，创设写作学习氛围。

写作是一种能力，需要学生在实践中体验。本课例第一环节中，让学生搭纸牌屋、让学生交流自己喜欢的故事，这些其实都属于热身活动，目的在于增加学生的体验。直到教师提出"故事六要素"之后，教学才真正开始。

其二，确定写作学习元素。

指导学生学习创意写作，只让学生读几篇故事是不够的。以往凭借几篇范文就让学生进行写作，其结果就是让学生依据原有经验自我揣摩写作窍门。将写作学习成效寄希望于学生个人的悟性，不是高效的教学。合宜的教学当为学习者提供明确的写作知识，借助这些知识，写作学习就从"暗中摸索"进入到"明里研讨"的境界。故事六要素，就是本课的学习元素。

其三，多种支架促进写作学习。

形成写作能力，不能没有知识，但写作知识学习的关键不在"知"而在"会"。本课例中，教师设计支架让学生"运用"六要素的方式特别值得研究。如下几类支架取得了很好的效果。

支架一：故事框架支架。

为了帮助学生学习运用"故事六要素"（不是识记"六要素"），教师提供了一个表述故事梗概的句子——（谁）做了（什么事），作为支架。这个支架将人物和事件两个要素有机整合起来，让学生便捷地运用故事要素开始创意写作。

从教学作用来看，这个支架旨在帮助学生掌握学习元素，属于主支架；从过程角度看，属于构思支架；从功能角度看，属于程序支架，为学生创意写作提供方法支援。

支架二：故事要素细化表。

教学环节三所运用的这一支架，是对故事框架支架的进一步具体化，也属于主支架，帮助学生内化"故事六要素"。之所以分成两个阶段，主要是为了拆解复杂的学习内容，使学习内容形成坡度，便于学生学习。

如果说第一支架侧重帮助学生学习"人物"元素，第二支架则主要帮助学生学习"事件"所包含的"地点、目的、障碍、对策、结局"等知识。依据学生写作学情，把支架做适度分解，这是设置支架的一个重要原则。

支架三：手段设计方法。

在故事接龙时，第三组学生设计解决障碍的"手段"时遇到了困难，无法设计出比较巧妙的"手段"。此时教师建议学生：利用爷爷的经验帮助孙子写作文。此时，教师的建议就属于一个写作支架。

从教学作用看，该支架属于"辅助支架"，解决了写作学习中遇到的次要问题。从过程角度看，这属于构思支架。从功能角度看，为学生构思提供相关建议，属于策略支架。设置写作支架，要依据实际需要设置不同类型的支架。综合运用各类支架，可能使教学效果最优化。

写作支架可用于写作学习各环节。有了支架，写作过程指导便得以实现。有了支架，教师就能逢山开路、遇水搭桥，可以随时为学生的写作学习提供有效支援。

### 三、范文支架面面观

范文，按照最通俗的解释，就是给学生写作学习做示范的文章。范文的基本作用，按照通俗的理解就是所谓"依着葫芦好画瓢"，为学生写作学习提供基本的范式。

范文在写作教学中作用不小，但是范文的运用却问题多多。

#### 1. 范文使用的主要领域

不少人喜欢引用鲁迅的名言"凡是已有定评的大作家，他的作品，全部就说明着'应该怎样写'"（鲁迅《且介亭杂文二集·不应该那么写》），以此强调范文对写作学习的重要作用。但往往忽略鲁迅先生随后的一句话："只是读者很不容易看出，也就不能领悟。"既然作品中蕴含的智慧一般人难以看出，语文教师应该怎么办？

范文对提升写作水平究竟能起到什么作用？

潘新和教授对此曾有精彩比喻：阅读文章如同品味美食，撰写文章类似于烹制美食。让学生看一通范文就要学生写作类似文章，就如同让学生吃一桌美食后就要求学生同样烹制出来。在潘教授看来，范文的作用是有限的。

当然，有人吃了一道好菜就能够自己做出来，这是烹调大师或是极具悟性之人，多数人是做不到的。因为"品味"美食与"制作"美食，其过程与方法是完全不同的。品味美食，只需关注"终端结果"，能够感受到美食的色香味即可；制作美食，则需研究美食产生的过程——从最初构想，到食材选择、配置、加工，其间还有刀工、火候、调味，直到最后装盘。

通过阅读范文，能使学生获得必要的写作能力吗？一般而言，大致会有以下几种情况。

其一，学生极具悟性，阅读范文之后，就能领悟范文中的写作诀窍，就能够有效迁移到自己的写作中来。有这样的学生吗？有，但很少。莫言等作家就是如此：他们自己读书，自己领悟，文章写得比老师还要好。事实上，中学写作课堂教学主要不是为这类学生服务的。对于这类学生，教师为他们提供好文章，为他们创设必要的写作环境即可。

其二，学生阅读范文后，对范文也有所感觉，但所知不深，所得不多，往往一知半解甚至还会曲解、误解；或只关注枝节、习得皮毛，小学而大遗。这类学生最多，是写作课堂教学中最需要帮助的大多数。教师需要特别研究这样一类学生。此时教师运用范文，就必须"打开范文"，让学生看到最应该看到的知识，才能真正发挥范文的作用。

其三，学生始终在范文之外，无心阅读，排斥阅读。此时，无论教师提供什么范文，无论对范文如何加工，对他们都不起作用。此时的问题已经超出范文使用的畛域，教师所面对的是学生的态度问题，教师此时需发挥"感召""唤醒"的作用。

以往范文教学难以奏效、为人诟病的主要原因有二：一是未能"对症"，把第二类学生当作第一类学生来教，简单让学生"品味"范文之后就要求学生"烹制"佳作；二是常常"越界"，没有意识到范文通常只对第二类学生有效，不断向第一、第三类学生大谈写作方法。

范文教学的主要疆域在第二类学生。

**2. 范文运用的基本原则**

对于范文的使用，本文提出如下三大原则：靶向性、明晰化、可操作。

（1）靶向性

所谓靶向性，就是使用范文的指向必须明确。一篇范文就是一个全息的综合体——构思立意、遣词造句、布局谋篇，写作过程中的各类知识能力几乎无所不包。正因为如此，当学生面对一篇囫囵的范文时，往往会有"老虎吞天"无从下口的感觉。为此，教师需要对范文进行加工，需要确定范文学习的"目标"。理论上，一篇范文可以确定多个不同的"靶向"；实际教学中，最好确定一个具体的"目标"。所谓弱水三千，只取一瓢饮。

如何确定这个"靶"呢？一要研究学生存在的问题，二要研究范文自身特征。综合考量之后，最终明确范文中契合学生需要的那个"靶点"。靶向明确，范文教学就有了目标，写作学习就有了方向。

（2）明晰化

"明晰化"就是指要在范文中提炼出明确的写作知识。教师必须从浑然一体的范文中提取出可以明确表述的知识，提取能够让学生学习、思考并运用的写作知识。否则，学生就容易陷入不知其妙而机械模仿范文的误区，甚至闹出笑话。章熊先生曾现身说法[①]：早年曾要求学生模仿范文中的精彩的比喻句写作，结果学生作文却出现这样令人啼笑皆非的比喻句："章老师讲课，唾沫好像火星，飞到学生嘴里，进入学生心里……"章熊先生因此意识到，单纯模仿范文没有意义，必须教会学生领会范文中所包含的关键知识——为什么此时要运用这样的比喻？这样的比喻能产生怎样的效果？

可见，如果没有提取明确的知识，一味要求学生简单仿写，学生就只能凭借自己的个人领悟自行"模仿"，其结果不过就是"形似"而已。

（3）可操作

写作能力是一种实践能力，实践能力必须在活动中加以培养。"做中学"是

---

① 章熊.我的语文教学思想历程[J].课程·教材·教法，2011（10）.

写作教学的基本要义。写作教学的关键，主要不是理解写作知识，而是运用写作知识。

那么，教师应该在范文中提取哪些知识呢？

一篇范文中包含了许多知识，有关于"是什么""为什么"的静态陈述性知识，也有"如何做"的动态程序性知识。教师从范文中提取的主要应该是可操作的程序性知识——学生学了就能够运用，就能够改变写作行为、提升写作能力的知识。

笔者曾听过这样一堂写作课。执教老师有感于学生描写景物空泛单薄，希望学生获得具体丰富地描写景物的能力，于是以郁达夫的《江南的冬景》一文为范文供学生揣摩研习。教师也从范文中提取了一些知识，但效果却不理想。原因就是这些知识不具备操作性。例如，教师将"用虚实结合的手法描写景物"作为本次写作学习的目标，应该说是合宜的。但是，教师从范文中所炼制的知识却是"什么是实写，什么是虚写，虚实结合写景物有何好处"之类的陈述性知识。而对于"如何进行虚实结合"这一最关键的程序性知识却语焉不详，虚晃一枪——请大家认真阅读郁达夫的文章，寄希望于学生能够自行领悟。效果如何，可想而知。

事实上，当前写作教学中充斥着大量提要求之类的原则性知识：写作要具体，语言要生动，选择要精当，立意要深刻……却总是无法提供实现这些要求的可操作的策略知识。

善用范文的一大标志，就是能够从中提取出程序性、策略性知识。

**3. 范文运用的主要策略**

范文的价值，只有在运用中才能发挥。运用范文，需要合宜的策略。依据我们对一些写作课例的研究，特提出如下三大使用策略：拆解、组合、微型化。

（1）拆解

使用范文进行写作教学，需要对范文加以拆解。所谓"拆解"，就是将一篇浑然一体的范文拆解为写作学习所需要的知识"零部件"。

著名的《美国语文》一书在提炼写作知识方面堪称典范。[①]

学生阅读《富兰克林自传》一书之后，教师如何将此书作为范文指导学生学习写作？应该说学生可以从这本自传中学习很多知识，但是教材编者从范文中确定了一个明确的"目标靶"——自传写作需要体现某种因果关系。

任何人都可以写自传。你有大量的材料可供选择，包括：你的活动、友谊、家庭和学校里的事件，还有成功与失败。从你的生活中选择一次重要的经历，写一篇关于这次经历的自传式叙述，写明为什么这个时刻值得纪念，你从中学到了什么。

接着，编者从范文中"拆解"了一个微型例句作为本次写作学习的知识零件：

---

① 马浩岚，编译. 美国语文［M］. 北京：中国妇女出版社，2009：82.

一旦"果决"成为习惯，我就能在获得下面的美德的努力过程中更加坚决。"节俭"和"勤劳"将使我从残留的债务中解脱出来，变得富裕和独立，这会使"真诚"和"公正"的实现变得更加容易，诸如此类。

在此基础上，教师指导学生"注意富兰克林是怎样有意识地预期每种美德将会取得的效果"，最终希望学生能够在叙述文中"清楚地表现一次经历在你的生活中产生的效果"。

对范文加以拆解，是有效发挥范文效益的基本路径。囫囵的文章难以有效指导学生学习写作，教师必须研究范文特质，依据学生的需求，从范文中拆解出最需要的知识。因为"拆解"之故，写作知识得以从范文背景中凸显出来，学生就可以清晰明确地学习这一知识。

评价范文是否有效指导写作学习，有两个重要的标志：一看教师是否从范文中拆解出微型化知识；二看所拆解的知识是否为学生写作学习所必需。

（2）组合

要充分发挥范文作用，还需要对已经"拆解"过的范文加以"组合"。

所谓"组合"，就是将多篇范文或范文部件依据教学需要组合为写作学习的"集束样例"，以发挥集群效益。

写作学习有一个特征：一方面学生学习写作时不宜同时接受过多、过于复杂的写作知识，否则将导致知识过载，造成"认识负荷"，使得有效的写作学习难以发生；另一方面，认知心理学研究发现，通过提高样例的变异性，可促进学习图式的获取，通过增加样例的数量，可促进规则自动化。[1]

根据研究，至少需要同时提供三篇能够明显体现特定写作手法或者规则的范文，才能起到积极的示范作用和强化记忆的作用。[2] 这意味着习得一项写作能力，需要聚焦特定的微型知识；而要使得这一知识内化为学生的能力，又需要通过若干类似的而又有所区别的范文零部件从不同侧面加以强化，正如同数学教学中运用一组"变式习题"来巩固学生学习一样。

刘海涛教授有一个案例很能说明"组合"的价值。[3] 研究发现，比喻式描述是文学写作力较强者的一种特定的语言智慧和技能。在指导学生学习"比喻式描述"时，教师首先给学生呈现如下一则范文样例：

苏铁植物在夕阳的照耀下，如同大自然架起了燃烧的熔炉，如此壮丽、辉煌。

教师从中提取了这样一个明确知识：一个典型的"比喻式描述"可以拆分为三个语言模块，由"实写模块"（S）、"虚写模块"（B）、"实写模块"（S）构成。上句中"夕阳照耀苏铁"就是"实写"，"如同大自然架起熔炉"则是"虚写"，"壮

---

① 朱晓斌.写作教学心理学［M］.杭州：浙江大学出版社，2007：63.

② 刘静.教材中写作教学范文系统的不足与对策［J］.文学教育，2013（11）.

③ 刘海涛.比喻式叙述与耦合韵律句［J］.语文世界，2009（6）.

丽、辉煌"又是"实写"。三个模块构成 SBS 比喻式描写结构。但是,教师对范文的使用没有就此结束,而是运用了"组合样例"的方式,让学生体会比喻式描述的各种变式。如可以用 SB 结构描述:夕阳下的苏铁壮丽辉煌,如同大自然架起的燃烧的熔炉;也可运用 BS 结构描述:宛如大自然架起了燃烧的熔炉,苏铁在夕阳照耀下如此壮丽辉煌。

结构不同,所表达的意蕴自然有所不同。学生通过比较体会这样的变式组合,便容易较为深入地习得比喻式描述的能力。由语句构成的范文样例可以如此组合,若干完整的篇章同样也可以加以组合。

（3）微型化

使用范文进行写作教学,需要从范文中萃取知识。在萃取知识的过程中,还需要对这些知识做微型化处理。从理论上说,一篇范文可以炼制出诸多的写作知识。因为一个文本其实就是一个全息语篇,包含了丰富的写作知识,从"字词句篇"到"语修逻文"的知识无所不包,从遣词造句到布局谋篇的知识,一篇文章均能涵盖。

从课堂教学实效性看,如此众多知识无法在有限的课堂中学习。在母语写作学习情境中,学生写作能力的缺失不是全局性缺失,而是局部知识缺失。只要确定学生缺失的那个知识点,就可以满足学生的学习需求。由于写作能力需要反复实践才能习得,知识一旦太多太过宏大,学习负荷必然增加,最后导致学生只能简单理解、识记写作知识,而无法有效运用知识和内化知识。微型知识则能够聚焦到一点,确保学生对最重要的知识开展深度学习,获得能力,形成素养。

例如,朱自清名篇《春》开篇第一句——"盼望着,盼望着,东风来了,春天的脚步近了",就可以提取许多知识:语句重复手法,拟人手法,短句的运用,"着""了"不同时态组合的效应……此时,教师就要依据实际需要,从中确定一个微型知识作为教学内容。

有教师针对学生写作经常出现中心散漫芜杂这一问题所提供的知识,就极具微型化特征。[1]

"一字立骨法"——在构思文章时,选择一个和中心思想紧密相关的关键字或句连接文章所有的材料,从而形成文章的骨架。具体可分为"以事物本质为特征"为"立骨"之字、"以事物表现为特征"为"立骨"之字、"以事物某种共同点为特征"为"立骨"之字。

"一句经纬法"——以诗歌、炼句经纬全篇,以人物话语经纬全篇,以概括性句子经纬全篇。

看来,在教学内容正确的前提下,教的内容越少,学生可能反而学得更多、更深、更有效。这就是课堂教学的辩证法。

---

[1] 诸灵康. 初中作文学本（九年级分册）[M]. 上海:上海教育出版社,2012:61-62.

范文有用，但需善用。如何有效使用范文，依然是写作教学研究的一个重要课题。

### 四、表现性评价支架

教育领域正处于"评价驱动教育"重大变革阶段，"促进学习的评价"已成为当前教育教学改革的热点，把评价融入写作教学过程，有助于提升写作教学的针对性与有效性。

但是，当前写作教学评价现状不容乐观。教师对习作评价认识不到位、运用不得力，评价基本上还停留于对学生的写作成果判定等级的层次上。如何充分发挥多种评价方式的不同作用？如何利用评价提高写作教学效益，促进学生的写作深度学习？这些问题需要我们认真思考。

长期以来，写作教学呈现"哑铃"型样态：教师写前指导多，写后讲评多；而在写作过程中，教师所提供的写作学习支援却非常稀薄。笔者认为，合宜的写作教学形态应该呈"橄榄"型：突出写作过程中的写作指导，尤其要将"写后评价"前置到写作过程中，让评价成为促进写作深度学习的重要因素。

广受诟病的"一里广、一寸深"式的浅层学习在写作学习中普遍存在，有深度的写作学习势在必行。"浅层学习是对零散的、无关联的内容进行机械记忆，学习内容脱离生活实际，与学生经验缺乏关联，学不致用。深度学习则是对学习内容加以积极主动的理解、批判、反思和应用。"[1] 深度学习具有如下特征：在认识层面，能够对所学知识进行深度加工；在行为层面，能够学以致用；在情感层面，能够积极主动地开展学习。

在此，我们将讨论这样一个关键性问题：如何借助评价促进写作深度学习？

**1. 写作能力的培育需要深度学习**

写作课堂上，浅表化、被动式的学习屡见不鲜。仅以"自选角度、自定立意"为例。对于这类字眼，教师反复讲，学生不断写，但什么是"角度"？如何"自选"？什么是"立意"？如何"自定"？对于这些问题，大家似乎始终模模糊糊，并不曾清晰地理解这些概念，更不必说形成相应的能力。例如，具深度学习特征的写作教学，需将教学目标聚焦为"内容丰富"。这是本次教学的核心学习元素。为帮助学生理解"内容丰富"之内涵，老师不断引导学生对这一学习元素做深度加工：先界定概念定义，再用多声部合唱、复瓣之花等比喻帮助理解，然后引入例文让学生分析讨论，最后学生对于"内容丰富"有了真切的理解，并能够学以致用。

写作具有强烈的实践特征。培养写作能力，需要有深度的学习，而深度学习的前提是理解性学习。教师必须帮助学生对所学知识做深层次的"加工"（即

---

① 刘月霞, 郭华, 主编. 深度学习：走向核心素养[M]. 北京：教育科学出版社, 2018: 16.

解释、思辨、推理、应用）。其间，评价（尤其是表现性评价）发挥着举足轻重的作用。

**2. 表现性评价促进写作深度学习**

有效的写作教学需要三类评价：在写作教学之前，需要诊断性评价，以便了解学生学情，从而设计写作教学；在写作教学过程中，需要形成性评价，以便了解学习过程，调整教学方案；在写作教学之后，需要总结性评价，以便检验学习结果，评定学习成效。本课例之亮点在于恰当运用了表现性评价促进了学生的写作深度学习。

对于"表现性评价"，目前学界达成的基本共识是：通过完成一些真实的任务，诱导出学生的真实表现，以此评价学生掌握和运用知识和能力的评价方法。[①]

可见，表现性评价具有如下三要素：设计并实施特定任务，学生完成该任务表现出真实情况，教师据此评价学生。教学中，教师不妨设计这样一个表现性评价任务：评一评这篇文章在"内容单薄"方面存在的问题。显然，要完成这样的任务，必须理解什么是"内容单薄"。这一任务就属于"表现性评价"任务，学生是否能够完成这一任务，可以探测出学生在相关写作知识理解层面上的实际状况。这一表现性评价任务，有效地诊断出学生当下的写作学情，为后续写作教学打下了基础。随后，教师还可以结合例文加以评价，这一评价，一方面促进了学生对"内容丰富"知识的理解，一方面也检测出学生的学习成果。

由此看来，表现性评价在写作教学中具有重要的价值。首先，能够对学生的学习成果做直接测量与评估；其次，其本身又是有效的深度学习活动。例如，学生面对《第一次真好》这篇文章，就需要运用所学知识解决问题、完成任务，教师检测的过程就是学生深度学习的过程，是学生主动建构学习的过程。这种一身兼两职的任务型评价，在实际教学过程中可以有效检测并促进学生的写作学习。

评价是写作教学必不可少的环节，应贯穿于写作学习全程。我们所主张的"橄榄型"写作教学样态，其基本含义就是：增加"表现性评价"元素，强化写作过程指导。

**3. 实施表现性评价的三大策略**

写作课堂教学应当尽量运用表现性评价，运用表现性评价有如下基本策略。

（1）策略一：围绕目标设计表现性评价任务

泰勒认为，评价须建立在清晰陈述目标的基础上，教师必须依据目标来评价教学效果，促进目标的实现。表现性评价必须指向写作学习目标。教师应该关注学生是否学会，而不能只考虑自己有没有教到。目标，决定了教师的教学，也决定了对教学效果的评价。

课例中的教学目标是"使文章内容丰富"。围绕这一教学目标，老师设计了

---

① 王荣生，宋冬生，主编.语文学科知识与教学能力［M］.北京：高等教育出版社，2011：333.

三个表现性评价任务：① 分析习作与例文；② 比较上述两篇文章在内容丰富方面的区别；③ 依据所学知识修改习作。当逐一完成上述任务时，学生的深度学习开始发生，教师则可以依据学生完成任务的程度评价学生的学习效果，然后调整或实施教学行为。

表现性评价以写作教学目标为导引，往往能够发挥极其重要的作用：既便于"教"，也便于"学"，还便于"评"。集多重因素于一身的表现性评价，因此成为写作过程指导中的"中流砥柱"。

理想的写作教学形态呈现"橄榄型"样态，其间关键性的内容应该是"表现性评价"。换言之，"表现性评价"应该是写作教学内容的核心学习元素。

（2）策略二：深度加工学习元素

写作学习需要较多的加工。表现性评价能够有效促进学生对学习元素的深度加工。正如美国学者埃里克·简森所言，（学生）在学习新知识之后，加工使之反省、研究、评价和创造意义，许多观念得以内化；（教师）"无法承担在课堂上不提供加工时间的后果……您可以教得很快，不过学生只会忘得很快"。[①]深度学习具有高阶认识特点，其基本特征是：充分理解学习内容并能够迁移，能够做到举一反三地运用知识，能够进行分析、评价与创造。

深度学习视域下，如何评价学生是否形成相应的写作能力？大致有如下两个标准：其一，看学生是否理解教师所教的写作学习元素；其二，看学生是否能够运用相关知识解决特定的写作问题。

与深度学习匹配的表现性评价应该是让学生完成需要高阶思维才能解决的问题、任务或项目。在讲述"文章内容丰富"这一核心学习元素时，教师除了界定其概念内涵，还可以列举"多声部合唱"与"复瓣花朵"之类比喻帮助学生理解，可以将这些比喻设计成一组表现性评价任务，要求学生在完成这些评价任务过程中阐释自己对"文章内容丰富"这一知识的理解。如此，一方面检测了学生的理解程度，一方面也启动了学生对知识的内涵理解的深度加工。

有效的写作教学需要设计足够数量的表现性评价任务，需要教师将评价活动植入学生的经验世界，将学生认知与生活世界联系起来，以此促进学生的写作深度学习。

（3）策略三：通过多元主体实施表现性评价

以往写作教学评价，多以教师为评价主体，而教师的评价又主要集中在以下两个方面：对学生习作精批细改，对学生习作裁定等级、评判优劣。这类发生在学习终端、主要针对既成事实所做的教学评价，存在着如下不足：一方面，对于促进学生的写作学习（尤其是深度写作学习）收效甚微；另一方面，使得教师承

---

① 埃里克·简森，等.深度学习的7种有力策略[M].温暖，译.上海：华东师范大学出版社，2010：118.

受巨大的工作量，作文批改往往成为教师难以承受的艰巨任务。

如果实施了具有多元化评价主体的表现性评价，庶几可以相当程度上化解上述问题。

写作评价一旦具有多元评价主体，就构成了一个具有多重视角的写作学习现场。在这一现场中，学生自我评价、互相评价，师生共同评价，家长参与评价，构成了一个由多个评价主体共同构成的网状系统。在这个系统中，学生作为评价主体，对自己的习作进行自我评价，这是写作学习者的应有之义。学生之间的互相交流，各种不同的习作经验与理解互相交融、碰撞，而家长参与评价，则提供了一个全新的评价参照系统。如此，多主体评价就可以有效促进写作深度学习。

但是，多元评价主体作用的充分发挥，还需要教师设计合宜的表现性评价任务。教师通过建立习作自评、互评制度，通过提供必要的评价工具，引导学生反思本人习作，批改同学习作，在自评互评学习活动中有效提升写作水平。

在这方面，国外写作教学有许多经验可供借鉴。20世纪80年代初期，美国中小学教师急需一种比标准化测验更为有效的方法，用以评价学生的写作表现。研究者总结了优秀作品的若干共同特点，成为"6 + 1特质"写作评价标准的基本框架。这一框架指导教师从如下7个维度评价学生的习作：想法、组织、语气、选词、句子流畅性、惯例和呈现。该评价标准体系能够清楚地展示如何评价写作，以及教师如何对学生写作技能的发展进行监控。美国教师借助这一框架开展如下两种活动进行多元主体的表现性评价：其一，举办"6 + 1特质周"活动，在这一周的写作教学中，学生根据不同写作特质分为七组，以小组为单位向低年级学生讲解写作知识，分享写作经验；其二，开展"作家之夜"活动，学生可以邀请父母、社区成员、学校管理者等人参加该活动，活动结束后，教师与学生可针对此次活动举行总结会议，交流活动经验。①

总之，写作评价的目的是促进学生的写作学习，写作评价过程也必须贯穿于写作学习全程。教育部最新颁布的"语文教师培训课程指导标准"对写作评价做了如下规定：教给学生修改策略，指导学生对习作加以修改，提供评价量表和样例，组织学生互相评习作，交流写作学习经验；针对写作任务的学习元素评价习作，围绕写作学习的成效和共性问题进行习作讲评。②据此对照可知，表现性写作评价在相当程度上符合上述标准。

表现性写作评价，应成为写作教学的重要内容。

———————————

① 蔡敏，张小亭.美国"6 + 1特质"写作评价标准及启示[J].教育测量与评价，2014（7）.

② 中华人民共和国教育部.中小学幼儿园教师培训课程指导标准（义务教育语文学科教学）[S].北京：高等教育出版社，2019：104.

# 语文

# 深度学习

## 阅读教学卷

主　编：邓　彤

编　委（按音序排列）：

蔡忠平　苍　郁　段乐春　高翀骅　胡文耕

林　超　潘文冬　徐　慧　杨亦文　张　莹

上海教育出版社
SHANGHAI EDUCATIONAL
PUBLISHING HOUSE

图书在版编目（CIP）数据

语文深度学习 / 邓彤编著. —上海：上海教育出版社，2021.12（2022.8重印）
ISBN 978-7-5720-1245-7

Ⅰ.①语… Ⅱ.①邓… Ⅲ.①中学语文课 – 教学研究 Ⅳ.①G633.302

中国版本图书馆CIP数据核字(2021)第242547号

策　　划　李光卫
责任编辑　顾　翊　李良子
封面设计　陈　芸

语文深度学习
邓　彤　编著

出版发行　上海教育出版社有限公司
官　　网　www.seph.com.cn
地　　址　上海市闵行区号景路159弄C座
邮　　编　201101
印　　刷　启东市人民印刷有限公司
开　　本　787×1092　1/16　印张18　插页4
字　　数　352千字
版　　次　2022年1月第1版
印　　次　2022年8月第2次印刷
书　　号　ISBN 978-7-5720-1245-7/G·0977
定　　价　49.80元（全二册）

如发现质量问题，读者可向本社调换　电话：021-64373213

# 序　言

自 2019 年起，本书主编作为黄浦区语文名师工作室主持人之一，领衔主持了上海市第四期"双名工程""攻关计划"语文教学研究基地。

三年来，我与市、区两级 30 余位学员一起，开展了一项我以为意义重大的项目研究——基于中学语文统编教材，设计学习活动、促进深度学习的实践研究。三年期间，全体同仁认真研究深度学习理论，反复研究经典课例，不断切磋研讨课堂教学艺术，收获了非常可观的成果：学员出版相关专著 5 部，公开发表论文 30 余篇，主持区级以上课题 20 余项。如今，我们又推出了这套聚焦深度学习的专著——《语文深度学习（阅读教学卷 & 写作教学卷）》。

"深度学习"是一个热词。但是，"教"与"学"必须有深度却是一个基本常识。

1956 年布鲁姆《教育目标分类学》即提出"学习有深浅层次之别"，将知道、领会层次的学习确定为浅层学习，而将思辨、创造、问题解决等高阶思维活动归于深层学习。1976 年，美国学者玛顿在《论学习的本质区别：结果和过程》一文中提出表层学习和深度学习的概念。

从现代学习科学立场上看"深度学习"，目前大致形成了这样的共识：深度学习追求知识的理解并且探寻知识的逻辑意义，是一种主动的、高投入的、涉及高阶思维并且学习结果迁移度高的学习状态。

从教学层面看"深度学习"，当以美国研究者埃里克·詹森的研究最具操作性。他认为深度学习来自加工、思考或反省学习内容，并总结出能够促进深度学习的七大策略：设计标准与课程、预评估、营造积极的学习文化、预备与激活先期知识、获取新知识、深度加工知识、评价学生的学习。[①] 在中国，黎加厚、郭元祥、田慧生、郭华等学者均对"深度学习"开展了相关研究，揭示了深度学习在知识迁移中的决策与问题解决作用。

综合国内外学者的研究成果，我们认识到"深度学习"通常具有如下特征。

其一是理解性学习，即能够对新知识加以批判分析并与已有知识相融合，对所学知识获得深刻全面的理解；其二是具有迁移运用特点，即能够将知识迁移到新的情境中加以运用，能够做出决策并指向问题解决；其三是具有整合性特征，强调知识的整合、情感态度的整合以及浅层学习与深度学习的整合。具体到语

---

① [美]詹森，等.深度学习的 7 种有力策略[M].温暖，译.上海：华东师范大学出版社，2010.

文学习领域，"深度学习"可以进一步分解为创造性深度学习与批判性深度学习两大维度。

如何在语文教学中利用上述研究成果？如何在语文课堂教学中开展深度学习研究？我们的构想是：设计阅读与写作两大领域的"学习活动"，以此促进学生的"深度学习"。

我们的研究框架是建立在前人丰富的研究成果之上的。20 世纪 60 年代以来，研究者开始重视"活动"在学习过程中的作用。皮亚杰认为活动是知识的来源，是认识产生的基础。列昂捷夫揭示了"活动"在"主—客体"之间所起的中介作用：在主体学习特定的知识、技能和策略等客体对象过程中，"活动"起到了极为重要的"中介"作用。学习科学研究表明[①]，具有实践性的学习（如"基于项目的学习"）一般都以"活动"为基本学习的方式，其典型特征在于使学习者通过"应用知识"来"学习知识"。最好的应用知识的途径，就是设计与专家研究活动类似的任务情境使学生参与其中。

具体到语文学科领域的教与学研究层面，学界目前已达成如下共识。

1. 语文学习属于实践活动。

王荣生认为语文实践有三种类型：带有自然学习性质的听说读写实践，潜藏着特定语文教学内容的实践活动，语识转化为语感的语文实践活动。王荣生强调语文课程更应强调后两类"语文实践"。[②]

2. "活动"是语文学习的基本形式，开展活动是语文学习的主要方式，有效的语文学习通过"活动"实现。

研究者发现学习与教学的一个重要悖论：只有学习者自己才能够炼制与自身相容的意义体系，但是学习者凭借自身的知识能力学习又极为困难。此时，教师的设计至关重要。教师可以精心设计一个富有意义的学习活动，以激发学习者的学习愿望，让学习者在一定的境脉中开展学习活动，达成预期教学目标。[③]

李海林将语文学习分为"认知类"和"体验类"两大类别。他认为"活动"是语文课程与教学的基本内容。"认知类"学习的对象是知识概念，"体验类"学习的对象则主要是"活动"。[④]

3. 语文学习的基本内容是活动，语文核心素养的培育以"言语实践活动"为根本路径。

新课标提出"核心素养"这一概念，标志着语文教学由"知识本位"向"核心

---

① [美]R. 基思·索耶. 剑桥学习科学手册[C]. 徐晓东，等译. 北京：教育科学出版社，2010：377-378.

② 王荣生. 解读"语文实践"[J]. 课程·教材·教法，2006（4）：33-39.

③ 高文，等. 学习科学的关键词[M]. 上海：华东师范大学出版社，2009：196.

④ 王荣，李海林. "搞活动"是语文课堂的基本教学形态[J]. 中学语文教学，2009（5）：18.

素养"转型。语文核心素养是学生在语言运用情境中表现出来的言语经验和言语品质,是学生语言知识和能力、思维方式和品质、情感态度和价值观的综合体现。培育核心素养的关键是"言语实践活动",包括诵读与鉴赏、表达与交流、分析与探究三大类型,渗透于学习活动与学习任务之中,是语文学习的根本路径,更是形成核心素养的最终渠道。①

三年来,团队全体同仁经过仔细研究,已经清醒地认识到:学习活动是学生学习的主要途径,学生在活动中将获得多方面经验、实现知识的多种建构;学科核心素养的培育,端赖合宜的语文学习活动所实现的深度学习。我们以统编教材的全面使用为契机,从阅读与写作两大领域分别开展研究,收获了许多成果,本书就是我们三年来汗水与智慧的结晶。

我们对语文深度学习的研究才刚刚起步,许多研究还非常粗糙,错误之处也在所难免。但三年的研究使我们坚信:深度学习是一座富矿,研究语文深度学习必将使语文教学获益良多。

本书得以出版,首先要感谢市基地及区语文工作室全体学员的辛勤付出。此外,还要感谢上海教育出版社李光卫先生为本书出版所付出的心血,感谢黄浦区教育学院领导与同事多方面的大力支持,感谢上海市教委、黄浦区教育局领导所提供的平台与经费支持。

是为序。

邓 彤

2021 年 8 月 23 日

---

① 余文森.从三维目标走向核心素养[J].华东师范大学学报(教育科学版),2016(1):11–13.

# 目　录
## CONTENTS

# 第一章　走向深度学习的阅读教学

## 第一节　深度教学目标如何设定 [①]

语文深度教学首先需要确定合宜的教学目标。上海市教育科学研究院的顾泠沅先生曾经援引国际上对影响学业要素的研究，经过元分析和数以千万计有效教学及课堂指导成果的综合分析，得出了影响学生学业成就最重要的三个因素：学生的学习动机和对自己的挑战性期望；合适的学习时间和有效的学习机会；教师的针对性教学。

有效学习往往是个人化的、有针对性的。所以教师的教学要关注两个词，一个是"个人化"，一个是"针对性"。我们的教学，如果要根据每个人不同的学习需求来设计，针对每个人突出的问题和特殊的需求来开展，"关注每个孩子的个体需要"，就必须要遵循"以学定教"这一原则。

"以学定教"就是在教学设计时依据学生的学情（基础、需要等）和学习规律等来确定教学方案；教学实施时根据学生的疑惑点、兴趣点，适时制订并调整教学目标、内容、方法和节奏；通过老师、学生的多向互动来实现教学目标。可以预见，未来的课堂教学，无论是在教育观念上，还是在教学结构上，都将朝着以学生的学习为中心这一核心发生转型。

那么，如何让学生积极地学、主动地学，真正成为课堂教学的主人呢？笔者认为，基于学情设定科学、集中、明确、可测的教学目标，是让学生成为课堂主人的有效途径和根本保证，是以学定教的前提。

---

① 本节由上海市松江区古松学校潘文冬撰写。

## 一、教学目标的界定与作用

何谓"教学目标"？教学目标是预期的学习结果，也是预期的学习活动要达到的标准，更是课程目标的进一步细化和具体化。它对教学过程具有指导和定向作用，同时为教学评价提供标准和依据。

语文教学目标，是语文教学工作的出发点和落脚点，是语文教学达到一定水平、具有一定质量和效益的前提和保证，它指导和制约着语文教师和学生在整个语文教学过程中教、学的各种活动。语文教学内容的确定、教学过程的安排、教学方法和学习方式的选用、教学媒体的运用以及教学结果的测量和评价等，都要服从和服务于语文教学目标。具体而言，教学目标主要有以下几个方面的作用。

1. 确定教学内容。合理而明确的语文教学目标控制着教学内容的确定，包括语文教学内容的分量的多少、难度的大小以及思维坡度的高低等。一篇课文的教学根据学情需要确定几个知识点和训练点，哪些知识该多讲、深讲，哪些知识该少讲、略讲等，都要围绕教学目标来确定。这样的教学才能做到有的放矢，真正体现学生的主体地位。

2. 制约教学过程安排。包括教学过程阶段的安排，时间的长短等。一篇课文究竟该上几个教时，哪些地方需要多花时间，哪些地方需要少花时间，均受基于学情的教学目标制约。一般而言，基本技能目标的达成，需要一定的时间让学生反复练习；高级技能的获得需要进行变式练习，也必须有一定的时间保证；知识学习的目标则往往可以在短时间内达成。

3. 指导学生学习。学生的语文学习活动一般是一种目标指导的活动。首先，明确而清晰的教学目标能引起学生对教学内容的注意，使他们把精力集中到达成目标上来。其次，学生选用什么样的学习方法也是受教学目标制约的。譬如背诵课文，学生往往运用记诵的方法；拓展知识面，学生往往选择参观访谈、课外阅读或网上收集材料等方法。最后，学生对学习结果的自我测量和评价也是参照教学目标进行的。

4. 指导教学结果的测量和评价。一节课、一篇课文或一个单元的教学结束后，通常要对教学效果进行测量和评价，测量评价有许多标准，但最可靠和最客观的标准是是否达到教学目标。一方面，教学结果的测量要依据教学目标进行，这样的测量才有效。倘若一节语文课的教学目标是侧重朗读技能训练，而测量的重点却是阅读理解能力，那么这种测量就是无效的测量。另一方面，对语文课的评价也应围绕教学目标展开。

## 二、教学目标失效现状

在现实的语文教学中，还存在教学目标失效的现象。主要表现如下。

其一，目标设定盲目、随意。如八年级上册《黄生借书说》，有的老师将教学目标设定为：通过阅读，让学生了解什么是好书，如何对待书。我们知道，《黄生借书说》是作者袁枚就青年黄允修向作者借书一事发表议论，提出"书非借不能读"的观点，勉励青年人努力为自己创造学习条件，奋发向学。根据课程标准的要求，学生应能用普通话正确、流利地朗读课文，并能背诵一些基本课文，初步具备欣赏文学作品的能力。再参考本单元继续进行诵读练习以增强语感的要求，我认为应该确定以下教学目标：

① 反复朗读课文，疏通文义，积累"祖父、无论、业、诸"等常见的文言词语，提高阅读文言文的能力。

② 在疏通文义的基础上，理清作者思路，学习作者对比说理的方法。

③ 正确认识"书非借不能读也"的观点，认识有书须认真读的道理。

由于教学目标的设定清晰，学生的学习也收到了预期的效果。因此，教师设定教学目标，首先要考虑学生的学情和学习需求，而不是个人的理解与喜好。

又如八年级上册的《二十年后》，有的教师仅根据学生的讨论就将教学目标设定为：主观评论小说结局合不合理。这样做失之偏颇。欧·亨利以擅长结尾而闻名遐迩，往往以出人意料的结尾收煞全篇，美国文学界称之为"欧·亨利式的结尾"。他善于设计戏剧性的情节，埋下伏笔，做好铺垫，最后在结尾处突然让人物的心理情境发生出人意料的变化，或使主人公命运陡然逆转，或使读者感到豁然开朗、柳暗花明，既在意料之外，又在情理之中。但是文章教学不能仅仅局限在这一点，还必须考虑到语文教学的核心价值，即培养学生的语文学习能力和语文素养。因此，我认为本课的教学目标应该预设为：

① 学习小说的巧妙构思，欣赏欧·亨利式的结尾。

② 学习小说通过人物外貌、神态、语言描写塑造人物形象的方法。

③ 理解作者对小人物的同情。

这样的设计不局限于结尾的合适与否，不至于丢失语文的核心价值。

其二，目标设定笼统、单一。从课堂教学活动来看，教学目标是对学生学习活动结果的规定，是对活动内容和形式所提出的具体要求。因此，在教学目标中，应该明确规定学生语文学习活动的内容、形式和数量，使师生能够有的放矢地展开教学活动。有些语文教学目标对学生学习活动的要求规定得十分空洞、笼统，如："树立正确的人生观和世界观""具有健康高尚的情感和情操""掌握……知识""认识……道理""进一步学习……""继续学习……"等。这些要求弹性很大，学生对究竟应该学习哪些知识、经受哪些训练以及学到哪一步才算"认识"、学习多少知识才算合格等是茫然不知的。

此外，比较常见的问题还有与教育目标等混为一谈，如把培养学生的爱国情感，培养学生热爱生活、关心他人的品质等作为教学目标。

其三，教学目标设定含混、模糊。教学目标是预期学生的学习结果，而不是教师自身的行为。但大多数课堂教学目标往往从教师的角度出发，教学过程演化成教师机械地执行教学目标的过程。因此教师在表述时往往出现以下句式：

"激发学生……的情感""创设……的氛围""培养学生的审美情趣""培养学生的想象能力""引导学生从不同角度审题""培养学生具有浓厚的写作兴趣"等。这些措辞都是对"教"的规定，反映教师"教"的主观愿望和结果，是用来引导教师教什么和怎样教的。这种目标定位，不仅导致陈述的教学目标与自身的本质相背离，而且易使人产生模糊的认识。

其四，缺乏核心价值，目标错位。在语文教学"三维"目标中，知识与能力始终是第一位的，提高语文素养首先要提高语文能力，这是语文教学的核心价值。语文课流失了语文味，语文课程也就消亡了。比如，有的教师将八年级上册冰心的《笑》的目标设定为：通过阅读体验活动，培养学生与人为善的生活态度。这就忽视了语文的能力方面的素养。《笑》发表于1921年，作者以自己记忆里的几个生活片断中的"笑"串联全文，辅以清丽秀美的自然风光，不但体现出作者对人生理想境界——"融化在爱的调和里"的追求，更以清新流丽、典雅凝练的语言给人以美的享受。这篇现代散文史上"最初的美文"，在语言上充分地体现了"冰心体"的语言特点。对刚上八年级的同学来说，要鉴赏文章的语言可能有一定难度，教师更应该注重从学生的基础和现有能力出发，有意识地引导学生找一找文中用得生动的词语，通过反复的朗读让学生体会到冰心散文语言的独特之处；指导学生抓住关键的句子，反复品读，感悟"笑"的内涵，把培养学生的语言感受力和欣赏能力作为教学的突破口。因此，可将本课的教学目标设定为：

① 品味三幅"笑"的画面，理解"笑"的内涵，进而理解冰心"爱的哲学"。

② 反复朗读课文，体会作者的巧妙构思，分析欣赏冰心清美的景物描写，感受典雅凝练的"冰心体"散文语言特点。

这样的教学目标注重培养学生的语言感受能力和表达能力，而不是着重讨论如何对待人生，更不会上成哲学课或政治课。

其五，机械割裂"三维"，目标失当。"三维"目标之间的关系，不是并列关系，也非交叉关系。它们是一体"三维"的，任何一维必然会与另外两维有关系。知识与能力目标往往是显性的，但同时又附着于"过程方法"和"情感、态度、价值观"；后二维则往往是隐性的。"三维"目标以知识与能力目标为核心，其他两维可以由它负载。运用知识解决问题（能力）寓于具体过程中，具体过程中又需要方法的指导与帮助，而这一过程中总是有态度、情感相随始终。

### 三、深度阅读教学目标设定的策略

根据近几年的教学实践经验和专家的实践总结，我认为，针对上述问题，应该从以下几个方面进行不懈的努力和探索。

#### （一）体现语文核心价值

在一篇课文存在许多教学价值点的情况下，教学设计不仅应该关注文本的核心价值，更要抓住"语文核心价值"。重点挖掘课文隐含的语文学习价值，重点训练学生对语言的感受能力和表达能力，据此设计教学思路，开展教学活动。适当弱化文本中可能隐含的其他教育价值，比如科学普及价值、社会生活认知价值等，尽量把"语文课"上成真正的"语文"课。文本中最突出的表达特点，无疑就是这篇文章作为语文教材的"核心价值"。

例如《向中国人脱帽》一文，是一篇文学性很强的特写，短小精悍，运用了丰富的表现手法生动地描写了现实生活中一幕真实的场景——"我"（一名留法学生）和一位法国教授之间的一番扣人心弦的唇枪舌剑。如果仅仅停留在理解文章中作者所表现出的爱国情感这个层面去设定教学目标，就失之偏颇。比如将重点定位在如何爱国，如何维护国家的尊严，就可能在一定程度上淡化"语文味"。因此，可将本文的教学目标设定为：

① 通过圈画和品读，感知文章运用多种描写方法刻画人物的写作手法，体会意味深长的结尾，具有初步赏析能力。

② 感受作者于关键时刻理直气壮维护祖国尊严的爱国精神，从而激发爱国责任感。

又如《诉衷情》这节课有两个教学目标：

① 在反复诵读中体会陆游壮志难酬的爱国情怀。

② 通过朗读训练，学习在品析关键词的基础上把握词作主旨的方法。

仔细分析这两个目标，里面其实包含了三个维度："反复诵读""在品析关键词的基础上把握词作主旨的方法"是方法性、过程性的目标；"体会陆游壮志难酬的爱国情怀"是情感态度、价值观目标；而在诵读知识指导下的训练则体现了知识能力的目标。

从教学目标看，这节课的教学任务非常明确，就是"读好"。这一教学任务的确定与前文所阐述教学目标确立的基础一样，就是要体现语文的核心价值，体现出"语文味"来，当然这样的设计是基于两个条件的。一是文本的性质。《诉衷情》是陆游的一首词，属于"小令"，长于抒情。而这首词的确蕴含丰富而复杂的感情。词在古代是要配乐吟唱的，最具情韵。因此，要理解词，感受词作中的情感，最好的办法莫过于诵读了。二是基于学情。本节课的授课对象是八年级的学生，对于古诗词的鉴赏还远达不到运用一定的文学批评理论、方法进行理性客观的分析与评价的程度，其学习古诗词的主要目的是感受、积累。而感受和积累古诗词的基本方法无疑是诵读。所以，本节课将教学任务定位于"读好"是非常准确、恰当的。

这两个目标的设置是建立在对文本性质准确研读和对学生年段、认知水平准确把握的基础上的。文本的性质是抒情的诗作，学生的年段是八年级，能够体会作者在诗词中抒发的情感，并能借助声音（即诵读）来表现。设定的两个教学目标相互关联，三维一体，设置恰当。

总而言之，要明确语文课不应该"教课文"，而应该是用课文来"教语文"，弄清楚"教材内容（有什么来教）"与"课程内容（教什么）"的关系。语文课程的价值更应该体现在丰富学生的语言积累、教会学生读书的方法以及提高语文能力等方面。因为随着时间的推移，教材内容可能遗忘，语文知识、语言材料、语文学习方法以及在学习过程中形成的语文能力则会沉淀下来，这才是语文课的价值所在。

**（二）注重三维一体原则**

以《大树和我们的生活》教学目标为例：

① 引导学生通过圈画品读，感受体悟大树的精神品质，领会大树给予我们的生活的启示。

② 通过朗读品味，初步感受周涛散文大气深邃、诗意激扬的特点。

在此教学目标中，既培养体现知识与能力的语文感悟力和欣赏力，又有体现过程与方法的圈画品读与朗读品味的设计，还有对体现情感、态度、价值观的"感悟大树的精神，领会大树给予我们的生活的启示"的重视。教学目标三维一体，"你中有我，我中有你"，有助于实现学生心灵与文本之间真诚的对话。

另如《四块玉·别情》的教学目标：

① 通过对作品中层层设障的手法的品味，感受人物的依依别情。

② 反复诵读，感受元曲"通俗、自由、生动"的语言风格，感受作品以景衬情、化情入景的情味，提升对元曲作品的审美能力。

此目标的设计既重视知识与能力的培养（如感受元曲"通俗、自由、生动"的语言风格），也注重过程与方法的引导（如注重反复诵读、品味，培养审美能力），也能体现情感、态度、价值观（如感受人物的依依别情和以景衬情、化情入景的情味），这样的教学目标设计合理有效，在实际教学中可以帮助学生认识人物形象，感受元曲的神韵，体会曲中蕴含的思想感情。

**（三）关注学生的需求**

首先要明确学生的学习起点，知道学生是否已经具备与所要学习的内容相关的知识与技能储备，对学习内容的兴趣如何；进而了解学生的学习需要；最终确定合适的起点，使课堂教学活动始于学生的"现有发展区"。具体而言，就是要根据学生现有的水平与教师期望的目标水平之间存在的差距来确定教学起点与教学终点，设计合适的教学目标。这直接关系到教学的有效性。

例如，在教学《血染的丰碑》一文时，笔者先明确这是一篇历史题材的文章，也是一篇史料与文学结合的情节生动的散文，以记叙为主，辅以议论和抒情的表达。对八年级学生来说，文章中心显而易见，没必要过多地学习表达方式和讨论中心思想，因此不宜将此设为教学起点。课堂上应以人物描写、场面描写的作用分析为重点，以理解本文的创作意图为难点，进行探究、感悟学习，让学生在自主探究合作的学习环境中成长，在有效需求下去探索。因此，本文的教学目标应该设定为：

① 学习通过人物刻画和场面描写来突出主题的表达手法。

② 理解本文历史真实性和文学性相结合的特点，崇尚将士们英勇不屈的抗敌精神。

当然，具体教学实践中还应该考虑到学生的个体差异，根据不同学生不同的学习基础确定相应的达成目标。总的来说，要知道学生的已知、未知、能知、想知以及怎么知。

**（四）教学目标的设定步骤**

首先，需要理解课程目标的层次及相关要求。课文教学目标是总目标的最具体的体现，是最小的分解目标。课文目标也应该形成一个有层次性、连续性的循序渐进的系列。确定课文目标，在从课文实际出发的同时，还要把课文放到整个单元、全册以及整套书的大系统中考虑，以确保课文目标的层次性和连续性。一般来说，一个单元的各篇课文目标，都不同程度地体现单元目标，或者全部体现，或者体现其中的某一方面。

其次，要紧扣单元目标，落实课时目标。要基于课文，紧扣单元，合理分解。例如，八年级下册的"慎思明辨"单元目标可做如下界定。

总目标：理清文章的论证思路，把握相关文体知识。

《不求甚解》：层进式结构、举例论证、对比论证。

《对人类社会公理的敬畏》：层进式结构、并列结构。

《事物的正确答案不止一个》：论点把握、举例论证、递进式结构。

最后，语言表达精确，准确陈述教学目标。根据不同目标类型选择相应的陈述方式。

1. 知识与能力——结果性目标

可以这样陈述：积累字词、了解人物生平、理解含义、整体把握文章……

2. 过程与方法——体验性目标（表现性目标）

可以这样陈述：运用……的方法，通过……的方法。

3. 情感态度、价值观

可以这样陈述：学习……，感受……，领悟……

## 四、制订深度阅读教学目标的意义

学习深度不是一味求深，越深越好，而是需要依据学生学习实际来确定。合宜的深度，本质上是以学定教的结果。制订合适的教学目标，与"学生为主体，教师为主导"的教学理念是一致的，意义重要，影响深远。

**（一）使学生需求的重要性得以体现**

学的好坏是衡量教的质量的重要指标。现阶段评价视角的转变必然促使教师从学的角度设计教学目标，从而使学生的需求得到重视和满足，真正落实为了每一个学生的发展的理念。

## （二）有效改进教学

从以学定教的角度进行教学目标的设计，进而开展教学活动，可以从学的视角对课堂教学进行有效诊断，从而帮助教师准确地找到问题，进一步改进教学。

## （三）提高教师素养

以学定教，要求教师课前充分了解学生的个性、兴趣、学习基础等，从学生的角度设计教学目标，梳理教学环节；课后进行学生调查，反思自己的教学行为，采纳学生的意见改进教学行为等。这些都有助于教师深刻理解课堂教学的本质，重构教学活动中的师生关系，同时提升教师专业素养。

# 第二节　研究学情，打造深度课堂 [①]

依据课程标准，结合学生的实际，顺利和高效地完成一堂课的教学目标，是每一位教师的追求。可是在现实中，常常会遇到这样的困境：教师将一个精心设计的问题提出来，课堂瞬间变得一片寂静……这种沉默常在预设之外，在日常教学中却不时出现，阻碍着课堂上教学目标的实现。教师课后常常窝着一肚子气：这种现象预设时怎么就没有想到？学生怎么会这样？另一个班的学生为何就一下子说出来了？笔者试图对课堂中这种"沉默"现象做深入分析，为师生营造出一个"智慧"的课堂。当然，学生课堂上的"沉默"现象并非都是糟糕的，学生思考也确实需要沉默一段时间。本文所讨论的"沉默"并非指这种情况，而是指学生在课堂上思维无法推进、停留于表面的思维停滞。

## 一、"沉默"现象的成因

简单地把课堂之上的"沉默"行为归咎于学生学习兴趣不高或者学习态度不佳，不免过于浅薄和表面化。探讨"沉默"现象的成因应从教师构建课堂的过程说起。

## （一）学情判断的困境

学情的判断一直是一个很难把握的环节。不要说同一个地区，就是同一个学校同一个班级，学生"不喜欢的""读不懂的""读不好的"等情况并不完全一样。[②] 如果教师在预设时，无法把握好大部分学生的困惑之处，无法感知到学生的兴趣点，无法确定好学生的需求，那么问题就随之而来。所以，当

---

① 本节由华东师大松江实验初中林超撰写。

② 黄厚江. 还课堂语文本色［M］. 北京：教育科学出版社，2012.

无法准确判断某个班级的学情时，教师贸然提出一个问题，往往就会出现"沉默"现象。

**（二）对文本独特价值解读的缺失**

单元教学时，若仅仅根据文体或者题材设计一些相似的问题，同类型的问题出现过多，学生的学习热情就会下降许多。初二第二学期语文教材中有个"人物春秋"单元，其中的人物个个优秀。在教学《夏衍的魅力》时，学生热情十足，点评人物性格，分析文中语句，积极性很高。可是教学《钱钟书先生》时，还运用相似的方法思考与提问，课堂就渐渐出现"沉默"现象。在课后的反思中，笔者意识到，备课时如果单单关注文章共性的问题，缺少对于文本独特价值的把握，那么学生只会说他们一眼就能理解的东西，课堂就会渐渐失去探索的趣味，"沉默"现象必然出现。

相同的情况更容易出现在一些诗词或者古文的教学中。在教学苏轼《江城子》的下阕时，笔者起初考虑到，下阕字词较难解释，而且含有不少典故，于是选择了一条较为保守和妥当的品读方法，那就是通过解释、理解典故来了解苏轼的志向。这样一来，品读上阕时的那种活跃没有了，取而代之是较为死板的翻译和对典故的理解，学生的"沉默"现象立刻出现。老师所讲的东西一下子多了，学生自我生成的感悟一下子少了。

古诗文因为字词理解上有一定的障碍，如果教师缺少对于文本独特价值的挖掘，课堂就容易千篇一律。学生的学习兴趣无从挖掘，这种"沉默"现象就必然出现。

**（三）课堂活动的单一**

课堂活动的单一在作文课上表现得尤为明显。以笔者曾带过一届学生为例。在写作教学方面，笔者感受较深的有这几点：首先是随着年龄的增长，学生之间写作能力的高低日渐悬殊；其次是那些写作能力中等及以下的学生对于写作的兴趣日渐降低；最后是这四年来学生写作的形式较为单一，所以一到作文课上就形成了鲜明的对照，一部分作文能力强的学生兴高采烈，而另一部分"门外汉"则安静得仿佛不存在一样，在听过简单的指导和讨论之后，就默默拿起作文纸写起来。

这种现象一直让笔者纠结。作为语文教师，有义务去播撒写作的乐趣给更多的学生，也有义务让更多的学生去提高个人的写作能力。写作应该是一个多样化的存在，如果学生在初中阶段只进行单一的写作训练，就会伤害他们对于写作的兴趣，于是"沉默"就开始笼罩课堂。

**（四）师生缺少有效的沟通**

课堂之上，师生间有时虽然在对话，但是却无法明白各自的用意。教师在想："你怎么就是讲不明白呢？"学生在想："老师到底让我说什么呢？"学生的回答不在教师的预设之内，也没有成熟的思考；而教师则缺少必要的引导、补充，未能帮助学生打开思路，师生的对话就会进入僵局。如果此时教师缺少灵活机动、因势利导的能力，学生就无所适从，"沉默"现象必然形成。

综上所述，导致学生"沉默"现象发生的因素，实际贯穿于教师教学过程中的各个环节。说明教师在学情判断、课堂活动设计、文本的解读和师生沟通等环节，都一定程度上忽视了学生的学习经历。

通过分析"沉默"现象的各种成因，我们可以发现，这种种成因背后，暗藏着教师对学生学习经历的某种忽视。学情判断的困境体现了教师对学生学习起点判断的茫然；对文本独特价值认识的缺失反映出教师并未给学生找到合适的教学内容；活动的单一说明教师对于学生学习方式的忽略；缺少有效沟通则可以看出教师对学生思维不够关注。

但是，从另一个角度来看，"沉默"现象的价值也在于此。它仿佛一个警铃般提醒着教师，学生在学习经历中的某些方面出现了问题。先前所提到的成因就成为我们需要思考的方面和亟须改善的地方。所以，这种"沉默"现象价值在于它一定程度上提醒着教师：是否准确把握了班级学情？是否关注了学生的需求？是否读出了文本的独特之处？是否要着手丰富课堂活动？是否真正倾听了学生的疑问？

## 二、针对"沉默"现象的应对策略

针对这种"沉默"现象，教师需要做出必要的调整。

### （一）善于取舍，贴合整体学情

笔者曾执教过一节预初年级作文指导课"如何使人物对话更精彩"。整个教学过程看似十分顺畅，但在课后的反馈与总结中，有个地方引起了笔者的反思。那是教学设计的第四个环节：通过与前文比较，让学生意识到人物对话的使用应该基于作文之中具体的语言环境。其中选用了课文《羚羊木雕》中的一段文字：

不知什么时候，奶奶站在门口。她一定想说什么，可是，她没有说。……我知道事情已经无可挽回了，眼泪顺着我的脸颊流下来。屋子里静极了。奶奶突然说："算了吧，这样多不好。"

以下是这个环节的课堂实录：

师：我们来看一下，同样是来自这篇课文，这段文字有什么不同？

生1：内容不同了。

师：还有吗，从人物对话的角度来看呢？

生2：人物对话好像变少了，沉默的多了。

师：为什么少了呢？

生2：（沉默）……

（班级一片寂静许久……）

之前积极的思考和有质量的回答在第四环节戛然而止。为什么会这样呢？

是问题设置出现了问题，还是学生在临近下课时出现精神的涣散，抑或是时间的安排出现问题？此时听课教研员的一句话点醒了我："你这节课教的还是预初的孩子，你要想想深入到这个环节是否有必要？"这时我才意识到，我在教学设计的时候忽略了班级的基本学情。预初学生刚刚进入到初中学习，对于人物对话的写作还没有较好地学习过，在这种情况下，要让学生去思考如何恰当使用对话，真的是要求过高了。再者，这个班的学生学习基础并不是很好，语言描写也是刚刚接触到的新知识点，所以第四环节的预设对于这些学生是有些难度的。在反复斟酌之后，笔者在另一个班教学时，把第四环节直接删除，在学生体会出一定描写人物对话的方法后，让学生联系自己的生活，开始篇章的训练。第四环节涉及的内容则放在七年级后再引出。果真，在另一个班级的教学中，学生不仅充分体验到了描写人物对话的方法，而且也有了充足的课堂练笔时间。所以，当"沉默"现象出现之后，教师应从学生的实际能力和教学目标等方面考虑，衡量学生的实际需求，做出合理判断，学会适当的取舍，必要时要忍痛割爱，坚决改变。

**（二）善于比较，发现文本个性**

如果相似的文章都上得千篇一律，那么用不了多久，学生就会对语文课失去新鲜感。久而久之，语文课就变得死气沉沉，学生和教师都失去探究与思考的乐趣。因此，语文教师必须在文本分析时，努力读出每一篇文章的独特个性。文章的个性，正是语文课的魅力所在。

笔者在教学《巢谷传》时，学生被其中繁复的地名所困扰，又没有相对应的地理知识，理解起来相当困难，课堂上"沉默"现象再次出现。

课后教学反思时，转头一想，这些地名不就是在展示其中人物辗转颠沛的人生吗？本单元的其他课文都没有类似的描述。于是在另一班级，笔者设计了一个引导学生快速地寻找地名，勾画辗转路线的环节。学生结合提示的地图，经过一番梳理之后，巢谷、苏辙、苏轼人生地图就跃然纸上：

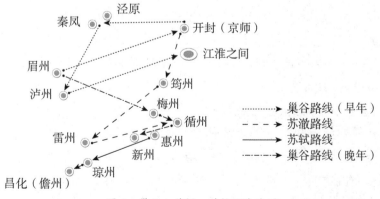

图1　巢谷、苏辙、苏轼人生地图

图片与文字的结合，让学生真切地感受到巢谷的重情义、高志节，更让人体会到人生颠沛之中那种难得的相遇与相敬。上一个班级中出现的思维停滞现象消失了。

发现了一篇文章的独特个性会让人有种怦然心动之感，同样的感受也会感染到每一位听课的学生。久而久之，教师的对于文本独特性的追求也会转化为学生对于文本独特性的思考。那么，文言文课上"沉默"也将随着思考而一去不复返。

### （三）善于改变，丰富课堂活动

当又一次面对预初新生的时候，笔者决心要改变写作课上的"沉默"，做更多的写作尝试和与写作相关的活动，让学生能够品尝到更多写作的乐趣。这些尝试看来似乎有点五花八门，但无论对于学生还是年轻教师都是全新的改变。

改变之一，将课本剧引入写作课。课本剧创作的初衷是丰富课堂活动，提高趣味性。但随着课本剧的推行，发现有些孩子对自己写剧本、参与表演有很浓的兴趣。笔者考虑到这是一种很好的语言描写练习，于是就开始鼓励学生分小组创作。

课本剧的第一次尝试是《两小儿辩日》。笔者首先让学生试着把此文改成课本剧，希望学生尝试一下小剧本创作，包括课堂创作、表演与修改。预初学生很喜欢这种方式。没过多久，在上完《从百草园到三味书屋》之后，一个学生竟然拿来一篇小剧本问笔者可不可以来演。稍加修改之后，一部美女蛇的故事登上了班级的舞台。此后，班级按照课文的具体篇目，自发组成了几个小剧组，每隔一段时间上演课本剧，极大地提高了学生的创作兴趣。

改变之二，将诗歌及朗诵引入写作课。学生的诗歌写作是从仿写开始的。《天上的街市》的第二节、《留住童年》成了学生诗歌的起步。为了提高他们运用书面语言和美化语言的能力，笔者开始推行每周一首原创小诗活动，让学生在写作课前朗诵一下自己的诗歌。久而久之，学生诗歌的质量渐渐提高，一些有悟性有情怀的孩子冒了出来。他们或纯真，或有趣的诗歌让教师感动不已。

这些努力丰富了学生的写作文体，更丰富了写作课的课堂活动。随之而来的是学生对写作课的兴趣大增，写作能力有了较大的进步。更重要的是，学生对于写作不再排斥，而是乐于去写。

### （四）善于倾听，抓住学生困惑

缺少有效的沟通往往是因为教师更为关注自己的预设，却忽视了学生的思考与质疑。要提高师生间沟通的质量，老师更要学会倾听，发现学生的未知。

学习《沉船之前》时，学生的一段质疑引起了"沉默"：

这种情况，我们碰到肯定是乱作一团。可是这三帮人很奇怪，特别是那个奇怪的老爵士，明明是可以走的，却不肯走，为了什么呢？要绅士，不要命，真奇怪！哎，这个世界上怎么会有这样的人？

学生的想法有其合理的地方。难道音乐家对于音乐的热爱、古咸爵士对于荣誉的守护、船长对于责任的坚守就能使他们在死亡面前如此从容？一番讨论之后，学生对于这些人物有了更深的认识：英雄人物之所以超越常人，正是由于他们面对死亡时维护了生命的尊严。

同样，在学习《巢谷传》进入尾声时，学生的一个提问也让班级陷入"沉默"：

我觉得文章结尾那句："谷，始名穀，及见之循州，改名谷云。"没什么写的必要，和前文好像没什么关系。作者究竟为什么要写呢？

在"沉默"片刻之后，笔者鼓励学生展开辩论：这段文字究竟要还是不要？在激烈的论说过程中，学生意识到，苏辙作此文目的之一是"异日以授之（巢谷之子）"，而作者担心巢谷晚年改名容易给巢谷之子造成误会。这样联系前后文，更让学生体会到苏辙心思的周到与浓浓的感激之情。

课堂上一次次偶然的"沉默"也许都蕴藏着学生智慧的引线，教师不能轻易放过任何蛛丝马迹，要善于倾听，抓住学生真正的困惑。笔者认为，要改变学生课堂上消极的"沉默"现象，首先应改变的是教师教学活动中的"沉默"与不作为。其次，教师要善于捕捉学生学习经历中的困境，从学情判断开始，合理取舍教学内容，探索文本独特价值。最后，在教学实施时，要勇于突破原有模式，用心感受学生学习之中的困惑。

### 三、有待深入研究和改进之处

笔者看到了问题，分析了问题产生的原因，并认为还有许多值得深入研究和改进的地方。首先是"沉默"现象定义的局限与模糊。结合日常的教学的具体情况，课堂上学生的"沉默"现象并非完全是负面的。对于教学来说，有些沉默的时刻相比于热闹课堂甚至更有帮助，因为学生的沉默可能是沉浸在课堂思维之中。此处所讨论的"沉默"现象相对比较狭义，只是针对学生思维的停顿和懈怠所造成的消极的"沉默"。本文的目的并非要杜绝课堂上的沉默，而是要让学生的思维更为活跃和积极，使得智慧的火花不断迸发。

再者，对"沉默"现象的成因认识也尚不全面。此处仅就笔者最近所关注的几个方面展开讨论。学生的学习经历是一个漫长的过程，本节所述只是一些小小的努力与尝试，根据课堂上的情况简略分析，远远不能概括全貌。同样，基于这些成因所构建出来的应对措施也显得有点"雕虫小技"，缺少严密的系统性和足够的理论支撑，有待于进一步探索研究。

# 第三节　设计深度学习性问题[①]

问题教学是由苏联教育专家米·依·马赫穆托夫首先倡导的，主张根据"学习性问题"系统创建"问题情境"，组织学生为解决问题而运用正确的科学结论开展探索活动，并强调"在实践中检验假想"。"它所发展的是学生的智力和情感，是创造性思维，是发展性教学的高级类型"。它充分体现"育人导向""问题导向"和"实践取向"，是学生"基于学科又超越学科"、基于"学习问题"的"跨学科综合性学习和联系社会生活实际"的深度学习。现以统编版语文七年级上册第六单元为例，探究基于问题教学的单元教学设计。

## 一、围绕"单元主题"，创设情境体验

问题教学是一种情境教学。李吉林认为"情境教学是通过创设优化情境，激起儿童热烈的情绪，把情感活动与认知活动结合起来的一种教学模式"。情境是问题教学的背景性工具，它要求具有"真实性"。研究表明，在真实情境中发生的学习最有效，而且学生可以把学到的知识运用到现实社会中去。正如布朗、柯林斯与杜吉德所提出的"情境学习模型"，问题教学的"真实情境"可分为物理情境与认知情境两类。物理情境是指在实际的生活环境中学习，认知情境是指模拟专家从事专业活动时的研究过程。不管何种情境，都要具有实践性，学习者可以藉此开发学习制品，开展自主探究或合作学习，而非单纯的"角色扮演"。

相较于理科模型设计、自然观察、科学实验来说，语文的问题教学往往要立足生活，围绕学科大概念或单元主题提取生活元素、创设认知情境，引导学生像专家那样思考。如七年级上册第六单元主题内容是"想象之翼"，要求"学习快速阅读，展开联想和想象，深入理解文章"。根据"想象文学"这一单元主题，整合七篇课文与《西游记》整本书阅读、组建文学部落综合性活动、"十年后的我"想象作文等教学资源，提炼"想象文学与现实""想象文学与未来""想象文学与过去""跨越时空想象""想象文学'变'与'不变'""组建'想象'文学部落""想象文学写作"等七大教学点，组织学生分别以代理律师、诗歌"调音师"、"智多星"、调查员、编辑、导演、职业规划师等不同身份开展"我为安徒生辩护"、为《天上的街市》配乐、为女娲出谋划策、调查雕像价格与流言真相、编辑《西游记》等"奇幻文学"丛书、导演《皇帝的新装》五幕剧、规划十年后"我"的生活

---

① 本节由上海金山区世界外国语学校杨亦文撰写。

等教学活动，创设"想象文学"情境体验。如下表所示。

表1

| "想象文学"情境体验 | | | |
|---|---|---|---|
| 教学点 | 教学资源 | 学习角色 | 活动点 |
| 想象文学与现实 | 《皇帝的新装》 | 代理律师 | 为安徒生辩护 |
| 想象文学与未来 | 《天上的街市》 | "调音师" | 为《天上的街市》配乐 |
| 想象文学与过去 | 《女娲造人》 | "智多星" | 为女娲出谋划策 |
| 跨越时空想象 | 寓言四则 | 调查员 | 调查雕像价格与流言真相 |
| 想象文学"变"与"不变" | 想象文学群书阅读 | 编辑 | 编辑《西游记》等"奇幻文学"丛书 |
| 组建"想象"文学部落 | 《皇帝的新装》课本剧 | 导演 | 导演《皇帝的新装》五幕剧 |
| 想象文学写作 | 创意作文《十年后的我》 | 职业规划师 | 规划十年后"我"的生活 |

"深度学习倡导选择学科的核心内容进行整体分析并开展学习。学科核心内容一般指本学科稳定的、经典的、体现学科核心价值并承载学科思想方法的内容，一般不是单一的知识点，而是知识的集群，通常以单元的形式出现。"基于问题教学的单元教学设计需要围绕"单元主题"整合教学资源进行整体分析，提炼教学点，构建知识集群，在此基础之上创设"真实情境"。组织学生模拟学习角色，即以特定人物身份模拟专家针对"活动点"进行深度学习，而非仅仅扮演角色开展活动。

## 二、开展问题驱动，倡导多元评价

问题驱动，布兰斯福特形象地喻之为"抛锚"。好的驱动问题往往能激发学生的好奇心，有利于学生对学习对象进行深度加工，在认知维度、人际交往维度和个人内在维度等三个维度提高深度学习能力。开展问题驱动，要避免解决问题过程中出现的随意与零散，应围绕教学点找准问题点，紧扣教学目标中的知识点和能力点设置问题链，开展任务驱动。如下表所示。

表2

| "想象文学"情境体验 | | | |
|---|---|---|---|
| 教学点 | 问题点 | 知识点 | 能力点 |
| 想象文学与现实 | 想象文学的三类主题（是什么） | 想象反映社会现实 | 快速阅读 |
| 想象文学与未来 | | 联想和想象 | 停连、重音、语气、节奏 |
| 想象文学与过去 | | 神话人物形象 | 想象合情合理 |
| 跨越时空想象 | 想象文学的读写路径（怎么样） | 夸张、细节描写 | 多角度理解，发散性思维 |
| 想象文学"变"与"不变" | | "奇幻文学"反复结构设计 | 精读和跳读 |
| 组建"想象"文学部落 | | 课本剧创作 | 小组合作与综合性学习 |
| 想象文学写作 | 想象文学的意义（为什么） | 立足现实想象 | 联想和想象 |

所谓"问题链"，是教师为了实现一定的教学目标，根据学生的已有知识或经验，针对学生学习过程中将要产生或可能产生的困惑，将教材知识转换为层次鲜明、具有系统性的一连串的教学问题；是一组有中心、有序列、相对独立而又相互关联的问题。它是问题教学的核心环节，如"想象文学与现实"中的"我为安徒生辩护"活动设计，可围绕"两部作品是否构成实质性相似"这一核心问题，分解问题，设计问题链，配套任务设计。

表3

| "我为安徒生辩护"问题链 | | |
|---|---|---|
| 序号 | 问题分解 | 任务驱动 |
| 1 | 两部作品写了什么？ | 整体观感，按照"新装"线索梳理两部作品故事情节。 |
| 2 | 两部作品相似处有多少？ | 抽象分离，归纳两部作品情节相同或相似部分。 |
| 3 | 两部作品是否构成"实质性相似"？ | 针对"相似内容"，从情节设置、语言表达、人物形象三方面深入比较，找出差异，撰写答辩状。 |
| 4 | 如何说服堂胡安·马努埃尔及其代理律师承认安徒生并未侵权？ | 庭审答辩，并与原告展开辩论。 |
| 5 | 如何保护自身知识产权？ | 联系创作实际，制作"知识产权保护法"宣传手册。 |

问题教学的评价体系不同于以往的学科评价，它是基于核心素养、态度表现、思维能力与解决问题意识的综合性评价、立体性评价、激励性评价与持续性评价。

20世纪90年代，世界各国的教育实践逐渐从"知识中心"转向"思考力中心"。2000年英国教育部正式把思维教育纳入国家课程。进入21世纪，培养学生的思维能力在世界范围内得到越来越广泛的重视，并被作为21世纪核心技能的重要组成部分。我国的基础教育新课程标准越来越强调学生思维能力的培养，各个学科的新课程标准都从不同的角度提出要培养学生的思维能力和创造能力。最新发布的《中国学生发展核心素养》也对学生的理性思维、批判性思维提出了新的要求。从本质上讲，所有内容的学习都涉及思维，问题教学的思维评价重在自我管理与发展的意识、运用知识解决问题的意识、批判性思维与创新思维等方面。

问题教学评价主张尊重学生智能结构的差异与多元。因为跨学科教学要贴近学生的生活经验，了解学生的个体差异，在教学活动中发展学生的多元智力。在教学过程中，由于学生具有智能结构上的差异，可能导致他们在教学活动中难以完全达到教学的要求。对于这种状况，教师应该给予学生充分的尊重和信任，帮助学生树立自信心，发挥其智能结构中的优势，弥补不足之处，最终促进学生更全面、更健康地成长。因此，在核心素养、思维能力与解决问题意识等方面的评价之外，学习者的"态度表现""情感意志"成为问题教学评价体系中不可或缺的元素，同时以此评价来推进素质教育与深度学习。

### 三、"搭梯设架"辅助，教师"边缘参与"

在问题教学中，教师不再是知识的传递者和讲解者，教师的主要作用不再是解答学生提出的所有问题。教师，从传统讲台的"主导者"地位走下来，变成了与学生一起解决问题的"合作者"。教师是学生学习的引领者、促进者、监督者和帮助者。尽管教师创设情境体验、设置驱动问题时，已经过滤了实际解决专业问题所遇到的种种复杂因素，但问题教学往往涉及大概念、跨学科，需要打破学科界限，打破语文知识的完整性。它并不像书本知识那样意义分明、逻辑严明、组织良好，它面对的是高级知识学习的内容，即结构不良领域的知识、有关知识应用的知识。因此，问题教学必须给学生提供足够的参考书、电教设备以及实践基地，需要教师在学习资源、技术运用、时间管理、学习策略乃至团队管理等方面不断"搭梯设架"相辅助。这在策略性知识方面尤为突出。

如"我为安徒生辩护"任务学习。在学习资源方面，教师可以提供"答辩状"公文撰写模板，提供参考文献，如堂胡安·马努埃尔《卢卡诺伯爵》（北岳文艺出版社，2015年）、曹楷《荒诞下的深刻，夸张下的合理，想象下的真实——〈皇帝的新装〉解读》（《读写月报》2017年10月）、彭伟《〈皇帝的新装〉哲理内涵探究》（《中学语文教学》2014年5月）、窦桂梅《回到教育本身——整合思维下的〈皇帝的新装〉》（《人民教育》2014年2月）等。在技术运用方面，教师可以指导学生检索中国知网、课本剧音频制作、访谈会视频录播等。在时间管理方面，教师可以指导学生采用"故事板""项目进度表"等规划问题解决的进度与流程。在学习策略方面，教师可以提示学生依据"新装"线索梳理作品情节，速读文章，比较差异；指导学生围绕"童心""真相""未来"等关键词深入理解课文；讲解"答辩状"撰写格式。在团队管理方面，教师可以指导学生分组分工、制定团队合约、小组讨论流程。

此外，问题教学不仅要求教师引导整体问题的规划、实施与评价，还要根据学生不同的需要、兴趣和能力做到"量体裁衣"，提供差异化、个性化、多元化辅导。教师在问题教学中将扮演各种不同的角色，最为重要的是给学生提供适当的支撑。所谓"支撑"是指学习者处于维果茨基所说的"最近发展区"的最佳挑战水平上时，给予适当的支持，此即"合法性边缘参与"。

在实际教学过程中，问题教学还有必要监控学生的思维活动。可以通过设计一些"反馈问题"预测和预防错误答案，及时获取信息，适时平衡导学性活动与经验性活动。

问题教学，是指以问题为中心，把教学内容化作问题，以教师为引导、学生为中心的教学方式。往往通过小组教学引导学生解决问题，从而掌握知识、形成能力、提升核心素养。基于问题教学的单元教学设计由于学习内容存在主题难易、跨学科教学等诸多差异，学习周期短则一周，长则数月。情境化、主题式、开放性、探究型是其显著的特征，充分体现以建构主义、实用主义、情境学习、问题学习、体验学习为导向的教学设计思想。

# 第四节　研究语言品味路径与策略 [①]

语言品味，即通过对语言进行揣摩、辨析、反复思考来体会作者所传达的情感和信息，加深对文章的理解，增强语感，提高阅读能力。品味文章的语言，必须要学习体会优秀文章准确、流畅、精练的语言表达，同时还要明确，不同的文体具有不同的特点。

## 一、对语言品味的理解与认识

正如刘勰在《文心雕龙》里所说："夫缀文者情动而辞发，观文者披文以入情，沿波讨源，虽幽必显。"多年来受应试教育和人文教育的影响，教师在文本语言的品味上常常会有些偏差，在文本的语言导向和文学导向上把握不当，因

---

① 本节由上海市天山第二中学蔡忠平撰写。

此在相当程度上影响了语文教育的效益。课程标准中涉及语言品味的主要有以下三点。

课程目标与内容："品味作品中富于表现力的语言。"

教学建议："要让学生在朗读中通过品味语言，体会作者及作品中的情感态度。"

评价建议："文学作品阅读的评价，着重考查学生感受形象、体验情感、品味语言的水平。"

课程标准突出强调了三点：一是语言是动态的，要在文本中把握语言的意义；二是语言是有规范的，作者是运用一定手法加以表现的；三是语言是有魅力的，内在的表现力是要"感受、体验的"。

### （一）重视动态的语言实践过程

语言能力是在实践的过程中形成的，语言训练是形成学生语言能力的主要途径之一。1963 年的《全日制中学语文教学大纲（草案）》明确指出"中学语文教学的目的，是教学生能够正确地理解和运用祖国的语言文字，使他们具有现代语文的阅读能力和写作能力"，特别强调了"一般不要把语文课讲成政治课，也不要把语文课讲成文学课"。2000 年的《九年义务教育全日制初级中学语文教学大纲（试用修订版）》更加明确，要"学习欣赏文学作品，感受作品中的形象，欣赏优美、精彩的语言"。语言是语文教学的本源，语文教学脱离了语言，就如同无本之木，无源之水。因此在阅读教学中要特别强调对语言的品味，语言品味做到位了，才能让学生感知到语言文字背后的价值取向和人文精神，从而体验到作者所要表达的思想感情。语言品味要做到"动态"，就必须给学生以沉浸、体验、感悟、思辨的过程，让学生进入文本，在阅读过程中有所触动，形成一个大体的感觉，并依据自己的生活积累、知识积累和思想认识水平，从具体的语言中体会到文本的内涵，或产生共鸣，或产生疑惑，最终明白一些道理，形成自己的见解。

### （二）品味文章语言的写作手法

法国著名作家福楼拜曾对他的学生莫泊桑说："不论一个作家所要描写的东西是什么，只有一个词可供他使用，用一个动词要使对象生动，一个形容词使对象的性质鲜明。因此就得去寻找，直到找到了这个词，这个动词和形容词，而决不要满足于'差不多'，决不要利用蒙混手法，即使是高明的蒙混手法。"中华民族的语言文字是丰富多彩的，往往同一个内容可以用不同的语言形式表达。同时，文章的词语使用也是"用意十分，下语三分"。学生要通过有限的语言去体验作者"十分"甚至更多的用心，就需要学会品味语言修辞手法的运用等技巧。在写作中，作者或运用形象的比喻，或运用强烈的对比，或运用生动的拟人等各种修辞手法，力求让文章生动、有美感；同时又通过各种表达方式、结构手法让文章能够前后呼应、浑然一体。这样，语言就在整体结构中灵活起来，达到深刻表现文章中心的目的。因此，在品味语言的过程中，要注重写作手法的分析，揭示语言的内涵，让学生有效理解文章的主旨。

**（三）感受作家作品的语言表现力**

宋代朱熹说："读书譬如饮食，从容咀嚼，其味必长；大嚼大咀，终不知味也。"语言文字的品味，要"从容咀嚼"，细细品味。课程标准强调要"感受、体验优秀作品的语言魅力"，特别是关注"语言表现力"。所谓语言表现力，应该体现在两个方面：一是思想内容的深刻性，就是文句情感真挚、哲理丰富、韵味悠长、见解独到，深入事物本质；二是语言形式的形象性，就是能通过生动的语句表现人物的言行、思想和事物的状态、性质等，角度恰当，有声有形有精神。由此可见，教学中要从内容和形式两个角度关注语言的表现力，推敲语句内部结构，理解句子的意思特别是准确运用一些修饰、限制性词语的语句，注意关键性词语运用十分传神的语句和词语排列顺序有些异常的语句等，同时结合具体语境，体会其含义与感情如何受写作背景和思想内容的制约。有些句子往往具有言外之意，这时不仅要理解句子的字面意思，还要根据前后文来理解语言背后的东西，结合文章的时代背景、主旨等，咀嚼出其中的韵味。

## 二、语言品味的知识与能力

著名作家老舍对语言的理解很透彻，他说："要把语言写好，不只是'说什么'的问题，而也是'怎么说'的问题。创作是个人的工作，'怎么说'就表现了个人的风格与语言创造力。我这么说，说的与众不同，特别好，就表现了我的独特风格与语言创造力。艺术作品都是这样。十个画家给我画像，画出来的都是我，但又各有不同。每一个里都有画家自己的风格与创造。他们各个人从各个不同的风格与创造把我表现出来。写文章也如此，尽管是写同一题材，可也十个人写十个样。从语言上，我们可以看出来作家们的不同的性格，一看就知道是谁写的。"从他这段话里，我们可以看出，理解语言，重要的是"说什么"和"怎么说"两个方面；其中"怎么说"又包括"独特风格与语言创造力"。所以，品味语言可以从理解语言含义（"说什么"）、把握语言特点（"语言创造力"）、欣赏语言艺术（"独特风格"）三个层面入手。

**（一）理解语言含义**

任何一篇文章的阅读与思考都离不开对语言的正确理解。高尔基就曾说过："语言是文学的第一要素。"汪曾祺在《中国文学的语言问题》一文中说："语言的美，不在语言本身，不在字面上所表现的意思，而在语言暗示出多少东西，传达了多大的信息，即让读者感觉、'想见'的情景有多广阔。"作者在写作时总是想将意思完整清晰地传递给读者，但读者在理解时往往会在不经意间有忽略，未必能有效理解。这时，我们就要抓住一些关键字词，学会用一些简单有效的方法去深入分析，加以理解。以说明文为例。如有关副词能否删去的阅读题，解答一般为三个步骤：① 不能删；② 联系上下文解释词语的含义，如表程度、限制、时间、范围等，相关词语有"比较""几乎""相当""大约""可能""左右"等；③ 如果删去意思就不同了（或不符合实际、与事实不符、过于绝对），体现说明文语言的科学性、生动性、准确性。

### （二）把握语言特点

学习语言的目的在于运用。因此，对于优秀文学作品的语言表现要注重把握不同的语言特点，提高语言的分析能力。把握语言的特点，首先要理解词语的基本义，有些陌生的词要通过词典了解到底是什么意思。其次要分析词语的语境义，结合语言的外部环境（社会背景、文化背景、人际关系等）和内部环境（文章主旨、上下段落、上下句等），把词语置于历史和现实的环境中加以理解。再者要联系文章主旨、上下段落、上下句等内部语境，把握作者在文中所要传递的意思，如《在马克思墓前的讲话》第一段末句中"睡着"一词，前面有修饰语"永远"，上句有"停止思想"，据此可以准确地界定"睡着"在这里是"逝世"而不是平常所说的睡眠之意。

### （三）欣赏语言艺术

"文学语言有自身独特的表达手段和表达方法，能做到普通语言所达不到的艺术效果。文学存在着不同的文体形式，不同的文体形式的语言也具有不同的特征。"记叙性文章通常以生动形象的语言叙述事物的发展过程并借此体现人物经历、描写人物形象，其语言不仅生动形象，还有丰富的情感，富有表现力。说明性文章的目的是解说事物、阐明道理以传授知识，所以要抓住其语言准确、简洁和平实的特点去理解文章中表示时间、空间、数量、范围、程度、特征、性质等词语的表达效果。议论性文章则意在分析或评论，表达自己的观点、立场、看法或主张，所以文章必须立场鲜明，有明确的情感倾向，同时还兼具表达的准确、严密、简洁，有极强的概括性。

## 三、语言品味的策略

阅读文章要重视语言教学，教会学生细心揣摩和辨析文章关键词语、句子，领会其内涵和表达作用，加深对语言运用的理解。对于不同文体的文章，教师要善于根据不同文体的语言特点，有针对性地进行指导。

### （一）品评关键字词，体会表现效果

要在广泛积累字词的基础上，准确理解字词语意，同时加强语感训练，并凭借字词储备完成语意的迁移，对作者意图表达的信息做出迅速准确的判断。联系前后文，在具有连贯性的前后内容中找答案，准确地寻找中心词、关键词以及相关词，同时兼顾有明确议论、抒情、描写色彩的词句，体会作者表达的情感倾向。在判断的同时，还应理解和把握词语在相应语言环境中具有的比喻义、引申义、双关义。可以直接从阅读和理解的角度去体会，也可以对相关的

字词进行替换或删减，然后比较分析，理解其产生的不同表达效果。但无论采用何种方式，最后都应明确点出这样的表达是怎样为文章的中心服务、为文章增色的。

示例①：教学《夹竹桃》一课，老师可以抓住"在和煦的春风里，在盛夏的暴雨里，也看不出有什么特别衰败的时候，无日不迎风吐艳"一句中的"迎风吐艳"一词，引导学生探讨此词在传递情感上的作用。通过教师有意识地引导，通过认真地品味鉴赏，学生感受到：夹竹桃开得旺盛，源于季先生对夹竹桃韧性的赞美之情。

**（二）赏析重要语句，感受语言表达**

点评或赏析句子或语段可以从语言的表现力及表现形式等方面着手，可以点评或赏析语言的修辞手法、表现手法（渲染、烘托、铺垫、情景交融等）、文体的语言特点（娓娓道来的记叙、栩栩如生的描写、雄辩严谨的议论）等。

一要熟悉各类修辞的定义并能熟练使用和辨析。必须结合相关定义语句完整分析（比喻、拟人："生动形象地写出……事物的……特点"；排比："增强文章气势，增加感染力、说服力"；夸张："突出事物特征，揭示本质，给读者以鲜明而强烈的印象"；反问："增强语气，强调了……"）。

二要熟悉基本句式和长短句、整散句等各类句式表达的特点和赏析。句式不同，表达的效果就不同。疑问句造成悬念，反问句加强语气，整散句可以从灵活多变、富有表现力等方面去品味，长短句则可以从情感表达方面去分析。

三要结合这些句子在文章中的位置，从文章的结构、中心等方面来分析它们在文章表情达意上的作用。

示例②：如朱自清的著名散文《春》里有这样的句子："像牛毛，像花针，像细丝，密密地斜织着，人家屋顶上全笼着一层薄烟。树叶儿却绿得发亮，小草儿也青得逼你的眼。""像牛毛，像花针，像细丝"，写春雨的纤细、密集、闪亮，"斜织着"明写春雨暗写春风，借雨写风，风雨戏谑生趣，让春雨如图画般展现在人们眼前，活灵活现。再写春雨中的其他景物，叶儿青，草儿绿，它们仿佛在用自己的色彩向人世间炫耀着自己的欢快和喜悦。读至此，让人联想到前文里鸟儿的"卖弄"，也会联想到徐志摩《再别康桥》里的诗句"软泥上的青荇，油油地在水底招摇"……神妙的语句，让人感叹汉语言表意之丰富之细腻。比喻、拟人、排比三种修辞方法的使用，不仅让描写更生动、传神，为我们展现了一个优美的意境，更让我们透过纸背看到一位热爱生命、乐观幸福的作者，连同他的笔似乎都充满了春之来临的喜悦和生命的力量。如果学生通过这段文字能品味出这样的意境、这样的心境、这样的表达效果，想必整篇文章都会在他心里生动起来，他的感悟也许就会瞬间活跃起来、深刻起来。有些言传不得而心领神会的阅读感受必然会一天天丰厚起他的个性修养，特别是人文方面的精神品质。

### （三）评析文章整体，体味语言魅力

对文章的词、句进行理解、分析，其最终目的在于把握文章的整体内容、语言特点甚至情感色彩，是由内至外、由浅及深的情感体验。因此，品味文章的语言，要做到主观理解和客观分析、整体把握和局部细节分析、语言形式和思想内容相结合，让学生养成全面、整体分析语言的习惯。教学时要注重将具体语言放在特定的语言环境中进行品味，把文章语言的特色形式和作者的写作目的、文章内容甚至作者个人的遭遇、性格、心理特征等因素一并考虑，兼顾文章特定的社会背景和人文环境。因为脱离了这些背景的分析，往往是很难准确理解作者的真实意图的。

示例 ③：鲁迅的《祝福》写短工讲祥林嫂之死时，有这样一段对话描写：

"'什么时候死的？'·'什么时候？——昨天夜里，或者就是今天罢。——我说不清。'·'怎么死的？'·'怎么死的？——还不是穷死的？'他淡然地回答，仍然没有抬头向我看，出去了。"

这一段对话，看似平常，其实很有韵味。短工回答"我"时，开头重复一句对方的话，表现出他对祥林嫂之死的冷漠。而"说不清"和三个破折号所隐含的话语思考过程等都反映了对祥林嫂的毫不关心，即便死了也觉得无所谓的态度。另外也是对"我"所提问题的蔑视：这样的问题还用得着问吗？由此反衬出祥林嫂在鲁镇人们心目中无足轻重的地位。从这一段既没有深刻的议论，也没有深情的抒情语言中，我们可以看出当时鲁镇的社会风气、祥林嫂的寂寞穷苦、人与人之间的冷漠无情等。而如果只是过分地分析段落大意、总结中心思想等，那就忽视了文章最美的部分——语言的品味了。

# 第五节　设计活动，品味"前景化"语言 ①

"前景化"是穆卡罗夫斯基提出来的理论。穆氏认为文学语言的特性在于"前景化"，即作者出于美学目的，对标准语言有意识地歪曲或偏离。在标准语言中，人们对表达手段已经习以为常，仅关注所表达的内容。而在文学语言中，通过对标准语言的偏离，作者又重新将读者的注意力吸引到语言表达上。章熊同志曾指出："准确地说，语文课所涉及的，不是'语言'，而是'语言的运用'。"

现代文体学理论告诉我们，文学性语言运用一定的策略将语言"前景化"突出，达到陌生化效果，引起审美关注。文本细读就是用敏锐的双眼捕捉作品中"前景化"的语言，并从"前景化"的语言出发，抵达文本的思想情感内核。

王荣生教授在《文言文教学教什么》一书中举了生动的例子：

---

① 本节由上海市吴泾中学刘东贺撰写。

比如说有张幻灯片，它本来全部都是蓝底白字，我们看不出来哪个地方突出，现在中间一段用了黄颜色，黄颜色部分就变成了"前景"，其他的颜色就变成了背景。同样的道理，"春风又到江南岸"不突出，"春风又绿江南岸"这个"绿"字马上就被凸显出来了。作者用前景化语言的目的，就是让我们把注意力集中到语言表达上。

在课堂"活动"中品味作品"前景化"的语言，笔者简称为"前景化"教学，即运用一定的策略将文本语言"前景化"突出，通过绘声绘色的活动设计将学生卷入学习之中，使得学生的认知障碍与认知冲突置于"前景"之中，达到陌生化效果，引起审美关注。

## 一、为何设计课堂活动

《"搞活动"是语文课堂的基本教学形态》（王荣、李海林）一文指出，教的目标主要不在"懂"而在"会"，"教"的内容也就不应该是"认知"，而应该是"体验"。

如何"体验"？首先得有"经验"。萧乾在《书评面面观》中提及"阅读是一种经验的汇兑""一个字在经验库里也许能兑现出十年的悲喜来"。所以，"一个忠实的读者若想充分把捉作品的价值，就必须先重复原著者创作时心理的过程。"然而，学生受制于自身的学习经验（包括生活经验、语文经验），理解能力需要提升，感受有待丰富。这"需要提升""有待丰富"的落差，就是学生原有水平需要提升的地方，亦即学生理解和欣赏的盲点，也是进入执教者视野的"学生真正需要的东西"。

课堂教学的主体是学生，成功的关键在于学生"实际学到了什么"。要把握好这一教学原则，就需要准确了解学情，并在课堂教学中以学生已有的知识经验为依托，科学合理地过渡到教学目标的实际生成中去。我们不妨设计一些课堂活动，根据学情合理生成课堂教学内容，让语文课堂真正成为学生的课堂。

## 二、如何设计课堂活动

设计课堂活动，需把握一个前提、两个抓手、三个基本点、四条路径。

一个前提：准确了解学情，从学生的理解和认识实际切入，"以学定教、因学施教""学生不喜欢的，使他喜欢；学生读不懂的，使他读懂；学生读不好的，使他读好"。这是开展任何有效课堂教学活动的前提。

两个抓手：

1. "咬文"：从整体入手。

2. "嚼字"：找准关键点。

三个基本点：要点、着力点和重点。

1. 要点：集中体现在"秩序、联络、统一"处、"章法考究处、炼字炼句处"的"所言志、所载道"。文学理论家强调"文学是一种特殊的语言组织"。叶圣陶、夏丏尊的《文心》有一章《文章的组织》云：

组织文章的原则只有三项，便是"秩序、联络、统一"。把所有的材料排列成适宜的次第，这是"秩序"；从头至尾顺当地连续下去，没有勉强接榫的处所，这是"联络"；通体维持着一致的意见、同样的情调，这是"统一"。

要关注这些关键处及"章法考究处、炼字炼句处"背后所体现的"所言志、所载道"。

2. 着力点：引导和帮助学生通过"秩序、联络、统一"处、"章法考究处、炼字炼句处"具体地把握作者的"所言志、所载道"。

3. 重点：引导和帮助学生读出字里行间的文化意味。

四条路径：

1. 从学生的生活经验入手，步步深入、层层引导，让学生在活动中唤起人生经验与语文经验，在活动中消除与课文的隔膜感，培养亲近感。

2. 从学生的语文经验入手，以学生已有知识为基础形成迁移，通过活动消化所要学习掌握的新知识。基于学情，在活动中适时激活、调用学生原有的文言储备，是达成学习目标的有效路径。

3. 从"声"的角度入手，强化"诵读"。诵读，是心、眼、口、耳并用的一种学习方法，它可以让读者在感知言语声音形态的同时，实现对文本的感悟理解。诵读的要义，是"得他滋味"（朱熹语）。诵读重在"味"、重在"玩"，"须是沉潜讽咏，玩味义理，咀嚼滋味，方有所益"。经典文段都要诵读，有的要逐字逐句诵读。学生读、老师读，经过分析指导玩味后再读，读出声调、读出重音、读出情感、读出理解，自然就能读出主旨，进而实现因声求气，因气悟文。

4. 从"形"的角度入手，从字形的角度来揣摩字句，细细品读、切磋琢磨文本关键处、关键字。比如关注汉字的繁体字形、汉字的演化过程等，再结合语境加以品味分析，关注前后句的关联，上下句贯通，引导学生养成良好的"语境"意识。以此带领学生深入文本。"打开文本"，也是"打开"作者内心世界的过程，学生由此获得对作者细腻而丰富的内心情怀的深切体会。这不是简单的词句含义的理解，而是将"文言"的理解同"文学"欣赏内在地融合为一体。

课堂"活动"的每一步设计与推进，都应以学生的主动体验来建构。

# 第六节　依托标点设计活动，促进深度阅读 [①]

阅读教学中，教师适度引导学生重视标点符号，并通过品读标点符号来读懂文本意蕴，既能让学生感受到运用标点符号表意之妙，还能体悟文本用语的丰厚意蕴，更能够丰富学生的语文学习经历。本文以初中语文教材为例，阐明了教师

---

① 本节由上海市嘉定区戬浜学校蒋玉坤撰写。

引导学生"品读标点符号，读懂文本意蕴"的三种基本方法。

在当前阅读教学中，一些教师不太重视标点符号的品读，这在一定程度上会影响学生对文本意蕴的理解。朱自清在《写作杂谈·标点符号》中表示："标点符号表明词句的性质，帮助达意的明确和表情的恰切，作用跟文字一样，绝不是附加在文字上，可有可无的玩意儿。"可见，标点符号虽是辅助信息，但却能帮助文本确切地表情达意。适度品读标点符号的表意之妙，不仅有助于引导学生读懂文本意蕴，还能丰富学生的语文学习经历。

那么，教师如何通过品读标点符号来引导学生读懂文本丰厚的意蕴呢？下面结合本人在语文教学实践中的实践总结，浅谈三种品读标点符号的基本方法，以期抛砖引玉。

## 一、品读标点的语气节奏，朗读出文本的活力

叶圣陶先生在《中学国文学习法》中说："阅读总得'读'。"读，方能体会文章的音韵之美，文字之精，情感之切，意蕴之深。引导学生把握好标点的语气节奏去朗读，正确读出不同的语气、情感，这不仅有助于感受文本的活力，更能帮助学生理解文本内容，读懂文本意蕴，把握文本主旨。在阅读教学中教师可用以下三种品读方法。

### （一）删减对比法

删去原有标点符号与原句比较朗读，感受其不同。如，拉长，而且加颤音的：

行好的——老爷——太（哎）太——有那剩饭——剩菜——赏我点儿吃吧。（《老北京的小胡同》）

这句夜乞者的话怎么读？此句连用了五个破折号，把这些破折号删掉读，效果怎样？没有了破折号的文字就失去了乞丐要饭的特质，缺少了乞求而可怜的语气，不会引人怜悯和同情。加上破折号读，学生就会把尾音拉长，语气放缓，再配上颤音，地道的乞丐要饭的语气就呼之欲出了。瞧，老北京小胡同里连乞丐的乞讨声都京味儿十足！作者回忆起胡同里的风物人情，又怎能不怀念呢？看似微不足道的乞讨声，却在破折号中凝聚着深深的情意，那是作者对北京胡同的怀念之情，也是对北京胡同文化的思念之情，对中华传统文化的眷念之情。文本的活力就在这些嘈杂的声音里呈现并弥散开来。

### （二）添加替换法

用添加或者替换原句某处标点的方法与原句进行对比朗读，感受其差异。如：

愈捶愈烈！痛苦和欢乐，生活和梦幻，摆脱和追求，都在这舞姿和鼓点中，交织！旋转！凝聚！奔突！辐射！翻飞！升华！（《安塞腰鼓》）

七个独词用了七个叹号，七个叹号排列整齐，如一排腰鼓，砰然作响，令人震撼。教师教学时可换成句号作对比，这样学生就意识到句号的语气平淡，没有激情，而叹号在朗读时节奏短促，语气强而有力，七个叹号连用更是气势非凡！

"安塞腰鼓"的生命力量,陕北人民朴实、粗犷、豪放的性格,就尽显在七个充满活力的叹号之中了。

**(三)改编体验法**

改变原句标点、变换句式后再分别朗读体验,以感受其区别。

《口哨》中有一句话:"我长时间地躺着,我无可奈何地躺着,我终日孤独地躺着。"能否改成"我长时间地、无可奈何地、终日孤独地躺着"?通过体验朗读,学生很快判断出用逗号比用顿号好,三个短句也比一个长句好。原句用了三个分句,用了三个"我",句子短促,结构相似,前后关联紧密,就似文中"我"不停息的内心呼唤,将因长时间躺在病床上而郁积在心底深处的痛苦与孤寂一泻而出。而顿号虽有并列停顿之用,却在表情达意方面明显逊色。

根据标点符号的语气节奏去朗读,不仅要读出语气停顿和语气变化,还要读出文句意味或意蕴。这时,再来品读文本,文本的生命也就有了活力。试想文本中若没有这些恰当运用的标点,那朗读又何枝可依,文本独特的意蕴又何以凸显呢?

## 二、品读标点的想象空间,填补出文本的空白

刘熙载在《艺概》中说,"文有不言者"。文章除了直接用文字表达外,还可用"不言"传情达意。"不言",就是指作者有意或无意留下的、没有写明的、召唤读者想象的文本"空白"。在叙事类作品中,有时一个标点符号就蕴藏着较大的想象空间。阅读教学中,教师若能引导学生品读标点符号的想象空间,填补出文本的空白,不仅可以激活学生的思维,更有助于学生读懂文本意蕴。请看下面的教学片段。

"不,我不去!"我狠命地捶打这两条可恨的腿,喊着:"我活着有什么劲!"母亲扑过来抓住我的手,忍住哭声说:"咱娘俩在一块儿,好好儿活,好好儿活……"(《秋天的怀念》)

师:省略号省去了母亲未说完的话,母亲还想说什么?

生1:母亲想说——"我亲爱的孩子,你要勇敢!你要坚强!妈妈永远和你在一起!"

生2:母亲也想说——"儿子,加油啊!不管未来多苦,多难,都不要放弃活着的希望,妈是你永远的避风港,永远坚强的后盾!"

生3:母亲可能还想说——"儿子,你是哥哥,要照顾好自己和妹妹。你是男子汉,要照顾好这个家,妈最放心不下的就是你们俩。记住,人生纵然有太多不如意,但你俩一定要坚强,坚强地去生活……"

师:省略号不只省略了母亲的话,还有"我"没有来得及的回答。你们说,"我"听懂母亲说的"好好儿活"这句话了吗?

生1:听懂了。"我"不再暴怒无常了,"我"用自己的努力奋斗、用自己斐然

的成绩回报了母亲的期盼，让母亲得以安息，得以含笑九泉！

生2：不只"我"和妹妹听懂了母亲没有说完的话，在座的我们也都听懂了。人应该怎样面对人生中的坎坷与困境呢？我会选择面对。我也想选择像北海的菊花一样，不怕困难，不畏艰险，努力开出人生中最绚丽的花朵！

师：是啊，史铁生终于读懂了母亲"好好儿活"这句话的深刻含义。三十多年来，他用自己的文字诠释着对"好好儿活"这句话的理解，用自己的生花妙笔描绘出身残志坚的多彩人生，用自己在轮椅上的辉煌著述来怀念、回报母亲的如海深恩！母亲的这句"好好儿活"一直陪伴着他走完自己的人生。希望我们每个人也能"好好儿活"，在"好好儿活"中谱写出我们自己或淡雅，或高洁，或热烈的精彩人生！

看似简单的标点，却含有如此丰富的意蕴。省略号替代了母亲没有说完的话，也替代了"我"没来得及的回答。学生通过品读标点的想象空间填补了文本的"空白"，而这"填补"，正是学生对文本意蕴的深刻体悟。

### 三、品读标点的隐性含义，透视出文本的深意

歌德说："经验丰富的人读书用两只眼睛，一只眼睛看到纸面上的话，另一只眼睛看到纸的背面。"说的就是要把文本读透，透视出文本的深意。这就需要教师引导学生对文本进行意义的探询、理解与感悟。通过品读标点的"深长之意""弦外之音"等潜藏在文字背后的隐性含义，能够帮助学生透视出文本的真正内涵，读懂文本的丰厚意蕴。

#### （一）品读标点的深长之意

即抓住文本中隐藏有深刻含义的标点来品读。

如《祖父和我》中的第二段文字："我生的时候，祖父已经六十多岁了，我长到四五岁，祖父就快七十了。"学生看到此句大多会一带而过，教师要注意引导学生关注此处标点的深刻含义。这三个逗号读来语气淡淡的，有什么值得透视的"深长之意"？乍看像一道数学题，逗号隔开的是题干和结果，但仔细品读会发现，作者是在强调祖孙二人年龄的差距悬殊。可见，我和爷爷相聚的时日已不多了，这该是多么让人遗憾和悲伤的事。回忆我和爷爷一起生活的日子是多么自由快乐，温馨有趣；如今又该多么令人怀念和难忘！

再结合作者的背景经历来看，这段和祖父生活的日子乃是作者的坎坷人生中不可多得的温暖。这看似平淡的句子，看似无声无息的标点，暗藏着多少留恋、多少不舍、多少辛酸和多少无奈啊！

#### （二）品读标点隐含的"弦外之音"

即指抓住标点符号中所隐含的、没有明说的"言外之意"来品读。如《从百草园到三味书屋》写长妈妈讲美女蛇的故事，其中有一句是："他虽然照样办，却总是睡不着，——当然睡不着的。"读起来感觉有点多余，是不是因为长妈妈说话

啰唆？研究鲁迅的学者钱理群认为，这里，"——当然睡不着的"显然是复述者成年鲁迅突然出现，属于"话外音"。这在叙述节奏上会取得舒缓的效果，更增添几分幽默感。配上文字的破折号多了需要"破译"的隐含的"弦外之音"，需要教师引导学生仔细品味其深意，不可忽视。成年的"我"突然出现，是因为"我"至今对百草园都充满了无限的怀念。此时，"我"带着对"百草园是我的乐园"的追忆，仿佛又回到儿时，那种眷恋之情真是无以言表。理解到这儿，才算读懂文本的意蕴。

学生在教师的引领下，品读标点的隐性含义及其背后的"深意"，这是文本品读的基本功之一，也是阅读能力的重要体现。教师应充分重视学生这种品读能力的培养。

总之，阅读教学尤其是叙事类作品的阅读教学，重视标点符号的品读很有必要也很有意义。这正如郭沫若先生说："标点好像一个人的五官，不能因为它不是字就看得无足轻重。"我们应该在阅读教学中重视标点符号的品读，并在品读中切实读懂文本意蕴，以培养学生良好的语言文字品读能力，丰富学生的学习经历。

# 第七节 设计综合活动，促进深度阅读 [①]

随着初中语文统编版教材的全面使用，如何重建语文知识体系，突出德育为魂、能力为重、基础为先、创新为上；如何用好、教好新教材，全面提升学生的语文素养，实现立德树人的根本任务，成为了每一个新时代语文教师的必须面对的挑战。身为奋斗在一线多年的老教师，深切感受到只有与时俱进，不断为语文教学注入活力，力求创新，将语文课堂打造成满足学生求知渴望、培养能力、陶冶性情的乐园，才能激发学生的学习热情和主动性，真正实现语文核心素养的提升。

作为一门综合性学科，语文具有得天独厚的优势，与各门学科都有着千丝万缕的关系，与生活更是紧密相关。因此，语文教学不应该是封闭式的。所谓"他山之石，可以攻玉"，当我们建立起语文与其他领域的关联时，或许就能曲径通幽，收获意外的惊喜。近些年，为了打造富有活力的语文课堂，我一直在积极探索着，希望能创新语文的教学方式，引导学生去感受和认识语文的魅力，习得语文的精髓，从而爱上语文。在此，试将自己平时在教学中积累的活动设计相关经验总结如下，藉此作为引玉之砖。

---

① 本节由上海市盛桥中学陈莉撰写。

## 一、影视在语文写作教学中的运用

写作，是语文综合能力的体现，在语文教学中起着举足轻重的作用，也是块难啃的骨头。我们经常面临的问题是，学生或许有了好的素材和立意，却不知怎么去表达，语言平淡如水，结构平坦如川，最后只换来一声叹息，两行清泪。如何改变这一现状？其实写作与影视间有不少相通之处，不妨借鉴影视手段，不仅能让学生轻松写出一篇生动的作文，又能享受创造的快乐，何乐而不为呢？

### （一）"导演"与"作者"

影视的灵魂人物是导演，导演是电影艺术创作的组织者和领导者。在写作中，作者就是文章的"导演"，有权支配主角配角，完全把控人物命运，调动每一句台词、每一场布景、每一个道具，最终通过文字"放映"给读者看。有了这样的意识，学生会更注重文章的形象可感，将写作视为展现思维力、想象力的舞台，从而体验到创造的乐趣。

### （二）"剪辑"与"剪裁"

影视中的镜头"剪辑"和写作中的"剪裁"何其相似。很多学生在写作中，常常信马由缰，随心所欲，因为不懂"剪裁"，下笔千言却不知所云。学习影视中对于镜头的选择、取舍和组接，对写作素材进行相应处理，同样可使情节紧凑而不失跌宕，人物丰满而不显臃肿，这就是优秀的"导演"。

如，影视中一种常见剪辑手法叫"蒙太奇"。蒙太奇是指突破时空界限，将一组镜头进行巧妙地切换组合，使之成为一部前后连贯、首尾完整、主题统一的影片。电影《我和我的祖国》中，将几个看似不相干的人物、不相关的情节，围绕一个主题组织在一起，成功地塑造了一组群像，突出了影片的主题。

在写作中，也可借用蒙太奇手法，把时间或空间跨度大、线索或头绪纷繁的材料，有机地穿插组织起来，灵活地展示主题。如《爸爸的花儿落了》，当"我"在毕业典礼前低头看见自己衣襟上的夹竹桃，很自然地联想起早上妈妈给"我"戴花的情景，这两个镜头以"夹竹桃"为触发点，通过联想组合起来，可谓天衣无缝；"我"在医院聆听爸爸的叮嘱"你已经大了"，镜头又自然切换到了小时候迟到的记忆……正是这些"镜头"的有机组合、自如转换，才巧妙地将最丰富的内容和最真挚的情感浓缩在了一个有限的时空里。

### （三）"特写"与"细节"

影视镜头中常会用到"特写"，画面具有极其鲜明、强烈的视觉效果，起到明显的强调和突出作用，成为电影艺术独特的表现手段。如电影《骆驼祥子》中，表现祥子在雨中拉客时，祥子的手充斥了整个屏幕。那是一双青筋暴绽、骨节突出的手，有力地握着车把，整个画面持续了足有三、四秒，刺激着所有观众的视觉神经。观众看到了一个苦苦挣扎、不屈不挠用双手试图改变命运的祥子。在写作中，"特写"便是细节描写。如朱自清《背影》中"他用两手攀着上面，两脚再向上缩；他肥胖的身子向左微倾，显出努力的样子"这一"特写"使得多少人心有所动，潸然泪下。写作中"细节"同"特写"一样，在塑造人物形象、传达感情方面起着无可替代的作用。

**（四）"空镜头"与"环境描写"**

写作中的环境描写与影视中的"空镜头"有异曲同工之妙。

"空镜头"又称"景物镜头"，在影片中具有渲染意境、烘托气氛、引起联想等艺术效果。如《红高粱》中反复出现大片大片火红的高粱随风狂舞，摇曳多姿又生机勃勃。这些画面传达出了强大的民族生命力、奋斗不息的抗争精神和凝重的历史纵深感，使影片礼赞生命的主题得到升华。

空镜头在文学中的运用也有典范，如王维《使至塞上》中的"大漠孤烟直，长河落日圆"，意境雄浑。诗人把自己的孤寂情绪巧妙地融化在广阔的自然景象的描绘中，堪称是"千古壮观"的名句。在写作中，恰到好处的"空镜头"——环境描写，能起到渲染气氛、烘托人物、凸显主题的作用。支笔操控万物，闪念即可实现，不用苦等日落，不必痴守花开。

当然，在影视语言中，还有很多技巧和方法值得我们在写作中借鉴和运用，如"远景"较适合于场面的描写，"化入化出"可表现现实与梦幻、回忆、联想场面的衔接，"定格"能突出或渲染某一场面、某个细节等，这里就不一一赘述了。艺术本就是相通的，借鉴影视中所特有的视觉技巧来探究写作技巧，学生提高的不仅是写作能力，更是写作兴趣，乃至创作的兴趣。

## 二、段子在语文阅读教学中的运用

在网络上广泛流传的"段子"是通俗文化的一种，以主题丰富、内容精练通俗、语言风趣荒诞而深受网民喜爱。在开怀一笑的同时，大大缓解了社会压力，也无形中拉近了网络两端人与人之间的心理距离。平时用手机浏览各种信息时，不时有各种段子跃入眼帘，哈哈大笑之余，也不免产生了一种新奇的想法，是不是可以把段子引入语文课堂，来激活课堂活力呢？再细思，段子中确实蕴含着相当丰富的语文元素，如果教师能将这些鲜活的网络素材作为语文的教学资源来开发，不仅能让课堂活起来，更能寓教于乐。

**（一）以段子激发学习兴趣**

统编版八年级下册第二单元《阿西莫夫短文两篇》曾给我带来很大的困扰。科普文不仅蕴含丰富的科普知识，还涉及极强的逻辑推理，对于八年级学生来说，要读懂实属不易。想起曾经看过的一则段子，我不禁灵感勃发，将其作为导入。"假如潘金莲不开窗户，不会遇西门庆；不遇西门庆不会出轨；不出轨，武松不会逼上梁山；武松不上梁山，方腊不会被擒，可取得大宋江山；不会有靖康耻、金兵入关，不会有大清朝；不会闭关锁国，不会有鸦片战争八国联军。中国将是世界上唯一的超级大国。"荒诞不经的推理竟然演绎得丝丝入扣，正所谓"一本正经地胡说八道"。学生在大笑中心领神会，明白了逻辑推理是怎么回事，为接下来的教学开展做了极佳的铺垫。

教授《江城子·密州出猎》时，学生对词牌名和押韵一知半解，我又适时抛出了网络段子："老夫聊发少年狂，治肾亏，不含糖。锦帽貂裘，千骑用康王。为报倾城随太守，三百年，九芝堂……"这样一来，学生不仅理解了填词是怎么回事，押韵有何妙处，还拉近了与古诗文的距离，不再有望而生畏之感。

### （二）以段子呈现表现手法

铺垫、对比等语文表现手法更是在段子中俯拾皆是，被运用得炉火纯青。

今天有点发热，赶紧戴上口罩上医院。医生一通检查后，问："有没有理由死？"听到这个问题，我的脑袋嗡的一声一片空白！刹那间，人生过往，一幕幕涌上心头。人生价值、生命意义、亲戚朋友、世事牵挂、未了心愿等，一桩桩浮现在眼前！人生苦短，这就玩儿完了？那是绝对不可以的！想到这里，我强装镇定，稳了稳心态，擦了擦湿润的眼睛，坚定地回答："没有理由死！"医生看了我一眼，扶扶眼镜，在病例上写下：没有旅游史！

短短一篇网文，写因误听产生极大的反差。之所以能起到令人喷饭的效果，铺垫蓄势功不可没。

语文中的表现手法非常丰富，小到用词标点，大到谋篇布局，无一不彰显主旨意图，这也正是语文学习的难点痛点所在。巧妙利用段子中的各种"梗"，建立起与语文学习要素之间的联系，寓教于乐，是提高学生的语言解码能力的有效途径。

### （三）以段子阐释语言建构

语文是交际的工具。不同的交际领域和交际目的形成各种在运用语言材料和表现手段上具有不同特点的语言表达体系，简称语体。语言的建构和运用则体现了语体特征，我们通常所说的"语感"，其实就是语言建构的初步能力。

语文是一门语言的艺术。语文四大核心素养中，"语言的建构和运用"列在首位，就是由语文课程的特质决定的，可见其重要性。可是，对学生来说，这个概念未免抽象艰深，不妨借用段子来诠释：

无业游民张某，与外地务工人员刘某、李某在网吧结识，2017 年 9 月 4 日晚，张某约刘某、李某到自己的出租屋内喝酒。其间刘某感叹有钱人太多，张某随即表示"不如出去弄点钱"，刘某随即响应。于是三人来到了刘某的暂住地准备工具。解放路的监视探头显示，9 月 5 日凌晨 5 时 16 分许，他们的早餐摊支了起来……

显然，当语体风格和交际目的形成强烈冲突的时候，就产生了令人捧腹的效果，这个段子"只可意会不可言传"的"梗"便也可以通过语言学上的知识来加以解释了。

段子作为一种喜闻乐见的语言表现形式，"麻雀虽小，五脏俱全"，将"文字游戏"玩到了极致，为广大语文教师提供了无比丰富的教学资源。其实，除了段子，网络上的表情包、流行语等也都可以拿来作为语文的教学资源。活泼有趣的网络资源让课堂充满了欢乐，欢乐之余也让学生不知不觉走进语文、爱上语文，这就是课堂创新的力量、活力的体现。

### 三、综合活动在语文教学中的运用

语文课程标准要求学生"能自主组织文学活动，在办刊、演出、讨论等活动中，体验合作与成功的喜悦""能用文字、图表、图画、照片等展示学习成果"。作为一门综合性极强的学科，语文的听说读写能力缺一不可。如果还只是囿于传统课堂的知识传授，学生的思维创造力、想象力等综合素质势必得不到全面发展，这就要求教师为学生创造机会，搭建平台，开展丰富多彩的语文活动，践行"学以致用"，让学生在积极主动的参与过程中体验学习的乐趣和成就感，真正成为学习的主人。

在近些年的语文教学中，我尝试开展各种形式的语文活动，打破课堂和教材的局限，打破语文和生活的界限，带领学生步入更广阔的语文空间。事实证明，精心设计的语文活动是将知识转变为能力的助推器，不仅激发了学生学习语文的兴趣，更能调动学生探索知识的积极性和主动性。

#### （一）实现学科整合

在语文活动中，打破学科壁垒，将语文知识和其他学科有机整合，做到"语文即生活，生活即语文"，可使活动更有声有色、生动活泼，利于培养学生综合运用语文知识分析问题和解决问题的能力，促进语文素养的提升。

语文活动中最常用的是和信息技术的整合。在"'我和语文有个约会'诗歌朗诵比赛"中，学生结合诗歌主题，精心制作幻灯片，配上唯美的画面和背景音乐，营造了诗情画意的氛围。在这样有声有色的环境中，学生更容易受到情感的熏陶，体验诗歌的意境，取得了很好的效果。

学习了《只有一个地球》，学生对环保问题表现出了浓厚的兴趣，也对未来的地球环境深感忧心。抓住这一契机，我及时开展了"原创环保漫画"活动。学生兴致高涨，交流了想法和构思，并请有美术特长的同学设计了画面。果然，不少作品极富创意，张贴在校园宣传廊中激起了强烈的反响，也唤起了师生的环保意识。

学习了《苏州园林》，我让学生上网查找苏州园林中代表园林的相关资料，制作成知识卡片，举行"小小导游"的评比活动，不仅锻炼了学生的语言表达能力，也体现了学生政治、历史、建筑方面的综合素养。

#### （二）渗透学科育人

"立德树人"是教育的根本任务，语文作为德育主阵地，培养全面发展的人责无旁贷。将德育渗透进语文活动中，能起到"随风潜入夜，润物细无声"的效果。课本剧的排演，使学生在合作交流中懂得了什么叫互助，什么叫默契。"小小演说家""小小寓言家"等各种竞赛评比使学生主动参与到课前的准备工作中去，积极通过多种途径，如网络、书籍等，查找搜索各种资料，并乐于与同学分享劳动成果，从中获得满足感和喜悦感。学习了《生于忧患，死于安乐》后，"顺境成才与逆境成才"的辩论赛培养了学生的逻辑思维能力和思辨能力，同时让他们明白了无论处于顺境还是逆境，个人的主观意志都起着重要作用，树立了积极正确的人生观。"'宋词精粹'配乐诗画"将单一的文字转化为色彩丰富的画面，辅以或激昂或悲怆或悠扬的音乐，将学生带入到想象的空间，锻炼了形象思维能力，获得了美的享受，感受到了中国传统文化的魅力。

当然，需要补充的是，切不可过分重视活动而忽视了文本教学，否则一切都成了无本之木、无源之水。课堂教学仍旧是重中之重，一定要钻研教材，吃透教材，才能真正把握语文之精髓，而这些，也是开展各类语文活动的指导思想。只有形式和内容有机结合的活动，才是我们所要的语文活动。

"问渠那得清如许，为有源头活水来"。教育的活力从何而来？教育的活力来自创新。敢于创新，善于创新的教育教学才是与时俱进的，是富有生命力的，是符合学生发展需求的。创新的思维从哪里来？在于保持一颗好奇心，不断学习和交流；在于勇于走出教材、走出课堂尝试新领域；在于对身边的"非常"和"意外"保持新鲜感，更在于永葆一颗对学生、对教育事业的热爱之心。

愿我们的语文教师不断修炼深厚"内功"，打通课堂"任督二脉"，习得语文教学之"精髓"，带领学生一同叩开通往语文殿堂的大门。

# 第八节　线上语文深度学习策略 [①]

疫情之下，上海市的空中课堂开启了全新的在线教学。兹以《藏戏》一课在线教学为例，讨论发现学生浅层学习问题后的三次教学改进。

上海市的在线学习形式由两阶段组成，首先是学生统一观看市级空中课堂的视频课，其次是学校任课师指导学生梳理空中课堂的学习路径，使学生收获学习方法。云集了市级优质资源的空中课堂，教学目标适切，逻辑架构缜密，教学语言晓畅，作为学校任课师，每天都能享受高质量的空中课堂，学生想必也是收获满满。

## 一、一张思维导图引发的思考

《藏戏》是统编版语文教材六年级第二学期第一单元的一篇自读课文，是一篇知识性、人文性、趣味性都较强的民俗文化散文。课文围绕藏戏的主要特点，

① 本节由上海市罗南中学施丹撰写。

从藏戏的起源、面具、舞台形式、演出风格等方面进行介绍，表达对藏戏中蕴含的善与美的藏文化的认同和赞颂。

基于这一单元前两课教读课的学习，教师针对思维导图的绘制向学生做了详细的辅导。空中课堂《藏戏》结束后，布置学生完成《藏戏》的思维导图。但学生提交的思维导图中暴露的诸多问题使我始料未及。图1是六年级小贾同学第一次整理的《藏戏》课堂思维导图，在班级中具有一定的代表性。这张思维导图引起了我的警觉。

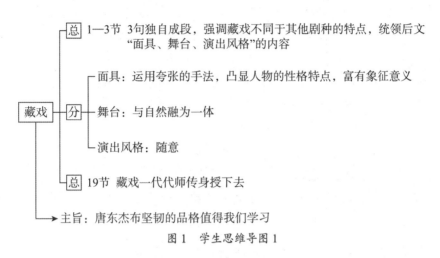

图 1　学生思维导图 1

**学生访谈一：隐藏在思维导图背后的浅层学习**

为了弄清楚学生在制作思维导图时真实的思维状态，我和小贾同学进行了交流。访谈后我将问题做了如下梳理：首先，简单地把思维导图认为是概括文章段落大意；其次，不能建立课堂的整体感，《藏戏》一课一开始就抛出了学习的最终目的地——"藏戏的特点及其蕴含的文化内涵"，访谈中却发现这一点根本未引起学生注意，错把"围绕哪几个方面介绍藏戏的特点"认为是学习的最终目的，其实这一问题只是去往"目的地"的一个"途经地"。

类似小贾同学这样的学习就是单一地、孤立地看问题，呈现碎片化的特点，处在浅层学习的低阶层面。

**访谈思考一：如何从"浅层学习"走向"深度学习"**

布鲁姆在《教育目标分类学》关于"认知领域目标"的探讨中，对认识目标的维度划分即包含着"学习有深浅层次之分"的思想。学习者的认知水平停留在知道或领会的层次即为浅层学习，涉及的是简单的提取、机械记忆符号表征或浅层了解逻辑背景等低阶思维活动。而大部分学生绘制的《藏戏》思维导图确实只停留在浅层学习阶段。

很显然，空中课堂严谨的教学问题链并未引起学生的关注。学生听课时只关注教师抛出的单个问题，并不能建立问题和问题之间的关联，无法形成对文本的整体理解。而联系意识、整体意识乃至迁移能力是深度学习的重要标志。

深度学习源于人工智能和脑科学的深度学习理论。我国学者黎加厚教授在《促进学生深度学习》一文中，率先介绍了国外关于深度学习的研究成果，同时探讨了深度学习的本质。他认为，深度学习是指在理解学习的基础上，学习者能够批判性地学习新的思想和事实，并将它们融入原有的认知结构中；能够在众多思想间进行联系；能够将已有的知识迁移到新的情境中，做出决策和解决问题的学习。

那么，如何借力空中课堂的优质资源，让学生实现从"浅层学习"到"深度学习"的飞跃？我尝试以学习任务单的形式搭建学习支架，助推学生向深度学习进发。

学习任务单，是指导学生完成学习任务的活动单。任务的完成者是学生，学生是任务实施的主体，由学生自己对任务实施所需要的条件、任务的目的、任务的完成方式做出进一步的思考和探索。学习任务单使每个学生和课堂都建立起了某种关联，课堂学习成为学生主动投入、主动参与的过程。

**教学改进一：核心问题，规划学习总目的**

目前在教学中习惯用"学习目标"的说法，学习目标其实就是学生学习要去的"目的地"，所以王荣生教授建议将"学习目标"改为"学习目的"。本文采用"学习目的"的说法。

当然，只有先确立了"目的地"才能考虑"怎样去"等更深入的问题。为了能真正听懂空中课堂课，首先得让学生知道本次学习要去的最终"目的地"（或表述为核心问题）。而这个最终"目的地"一般是在空中课堂伊始就呈现的。但是如果预先得不到学生足够重视的话，往往会被淹没在后续推进展开的"途经地"中。

鉴于《藏戏》一课的学习效果并不理想，借助空中课堂的回看功能，我尝试以学习任务单的形式进行改进性教学。

将课堂的最终学习目的直接设计在学习任务单上。空中课堂的推进节奏比较快，而学生写字的速度较慢，就将学习目的设计成填空题的形式，让学生将关键词填入即可，提醒学生关注本次学习的最终"目的地"。如表1。

表1 《藏戏》学习总目的

| 第3课《藏戏》学习任务单（一） |
| --- |
| 学习目的（总）：文章通过藏戏的特点反映了藏戏怎样的＿＿＿＿＿＿＿＿＿＿＿＿。 |

设计学习总目的学习任务单就是引导学生在学习之初就能建立解决问题的全局观、整体观，以期打开以理解为核心的深度学习的大门。

**学生访谈二：发现浅层学习的新问题**

经过引导，学生对学习的"总目的地"有了基本认识。但在布置修改之前的《藏戏》思维导图后又发现了新的问题。（图2）

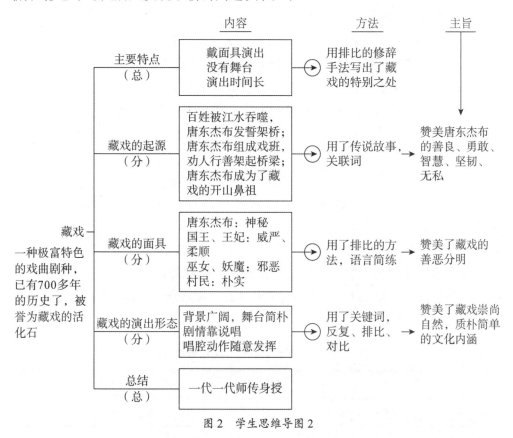

图2 学生思维导图2

在线访谈中发现有学生在归纳《藏戏》主旨时写了三层意思。我询问这三层意思间的关系，学生停顿片刻后，回答三者之间是递进关系。我接着追问，如果三者是递进关系的话，那最终要强调的是第三层意思。电话那头传来学生尴尬的笑声，他显然自己察觉到了问题。

首先，不理解文本材料之间的关联。比如，并不理解"藏戏的起源故事""藏戏的面具""藏戏的舞台形式、演出风格"这些材料之间的关联，当教师问他这些材料的关系时，他就只好瞎蒙一个"递进"。其次，从箭头指向的误用看，学生更注重记忆结论性的知识，并不重视得到的这个结论的方法。

**访谈思考二：明确"去哪里"，研究"怎么去"**

学习目的研究"去哪里"，学习过程是研究"怎么去"。为了更好地达到目的，学习过程需要有具体的学习任务与阶段性的任务检测。空中课堂为了到达最终学习"目的地"，都设计了若干"途经地"，再辅以若干学习活动任务及检测。

活动与体验是深度学习的核心特征。"活动"是指以学生为主体的主动活动；"体验"是指学生作为个体全身心投入时的内心体验。让学生真正经历学习活动的过程，获取充分的学习感受和体验，是学生实现深度学习的应然选择和必由之路。那么，在线教学中如何充分利用空中课堂精心设计学习活动，让学生真正经历知识的产生、发展和形成过程，促进学生深度学习呢？

**教学改进二：学习任务单，开发路径支架**

在进行《藏戏》的改进性教学时，我给学生提供如下四张学习任务单（表2至表5）。学生先自主完成单张学习任务单，再对四张学习任务单排序。每张学习任务单都包含文本内容、学习目的（分）、活动任务检测，学生借助任务单能更直观地理解活动任务和学习目的间的关系。要对四张学习任务单进行排序，学生就必须对自己的学习经历重新提炼、思考，理清"总目的地"和"途经地"之间的关系以及"途经地"之间的先后关系。完成四张学习任务单的排序可以帮助学生建立学习时前后联系的意识、建立学习文本的整体感。

学生在梳理四张学习任务单的先后关系时，根据空中课堂的授课顺序，很快就能判定出表4、表3、表2的先后顺序，梳理文本的结构思路。而文本内容详略安排的分析（表5）则放在最后。但不能止步于此，引导学生理解这样排序的原因才能迈向深度学习的纵深处。学生在探究排序原因时，会进一步理解阅读这类民俗散文的一般方法，包括如何从整体出发梳理结构思路，如何把握局部和整体的关系，如何深入领会词句的表达作用等。

表2 "藏戏的面具"学习任务单

| 藏戏的面具 | |
|---|---|
| 文本内容 | 评价任务 |
| 1. 由唐东杰布传奇出生引出其面具 | 1. _____ |
| 2. _____ | 2. 和学术论文中介绍面具的文字做比较 |
| 3. 举例分述 | |
| 学习目的（分）：藏戏面具背后的文化内涵_____ | |

表3 "藏戏起源的故事"学习任务单

| 藏戏起源的故事 | |
|---|---|
| 文本内容 | 评价任务 |
| 1. 故事的开端 | 1. _____ |
| 2. 故事的发展 | 2. _____ |
| 3. 故事的结尾 | 3. 人物形象 |
| 学习目的（分）：藏戏起源故事中蕴含的文化内涵_____ | |

表4 "藏戏的特点"学习任务单

| 藏戏的特点 | |
| --- | --- |
| 文本内容 | 评价任务 |
| 1. 第__段至第__段：总述藏戏三大特点 | 1. 寻找段落间、语句间的_____、_____ |
| 2. 第__段至第__段：_____ | 2. 辨别段落间的呼应关系 |
| 3. 第__段至第__段：_____ | |
| 4. 第__段至第__段：藏戏的舞台形式 | |
| 5. 第__段至第__段：藏戏的演出风格 | |
| 学习目的（分）：梳理结构脉络，了解藏戏特点：_____ | |

表5 "藏戏内容的详略安排"学习任务单

| 文本内容的详略安排 | |
| --- | --- |
| 文本内容 | 评价任务 |
| 1. 详写的材料： | |
| 2. 稍详的材料：藏戏的舞台形式 | 1. 分析详略安排的原因 |
| 3. 略写的材料： | |
| 学习目的（分）：作者的表达意图_____ | |

**学生访谈三：更好地学习他人、认识自己**

《藏戏》经过两次的教学改进，学生绘制的思维导图有了明显的进步。于是我在线组织学生晒出自己最佳的《藏戏》思维导图，全班进行投票评比。学生的积极性空前高涨，很快评比的结果揭晓。班级 QQ 群一下子热闹起来，学生有的为获奖者点赞，有的发表自己绘制思维导图的感悟，有的向同学讨教绘制经验……在线交流讨论的便捷、高效让我发现学生开始反思自己的学习经历。

**访谈思考三：反思使学习走向更深处**

杜威指出，人们不是从经验中学习的，而是从对经验的反省中学习的。个体经由对先前经验的回顾与反思、变式与迁移、批判与创新，实现对复杂概念的解构与重构，以及对复杂问题的解释与解决。作为一种高阶思维，反思是促进深度学习的核心要素，也是评判深度学习的重要指标。

此次全员的在线学习，过程性资料都保存完好，正是引导学生回顾审视、前后对比、查找差异、探究原因、总结提高，从学习一篇到会学一类，形成知识迁移能力的好时机。

**教学改进三：比较迁移，开发反思支架**

首先，从比较中发展学习迁移力。绘制某一课的思维导图，学生可能需要修改好几稿。可以引导学生比较自己前后做的思维导图的异同，也可以和同学、老师绘制的思维导图进行比较，实现学思结合、学悟合一，为学生进入持续性的深度学习助力。为了给学生提供明晰的反思方向和路径，我设计了学习任务单引导学生进行反思。有学生对自己两次绘制的《藏戏》思维导图做了反思，见表6及图3、4。

表6　学习反思单

| 火眼金睛比一比（《藏戏》思维导图） | | |
| --- | --- | --- |
| 比较不同点 | 第一次 | 第二次 |
| 学习目的 | 了解课文各部分内容 | 理解藏戏的文化内涵，作者对此的情感态度 |
| 评价任务 | 没有涉及这一点 | 将评价任务和学习目的建立了联系 |
| 材料关联 | 没有考虑材料间的关联 | 理解了材料间详略和先后顺序的安排 |
| 我的思考：只有将评价任务和学习目的间建立关联才能画好思维导图。 | | |

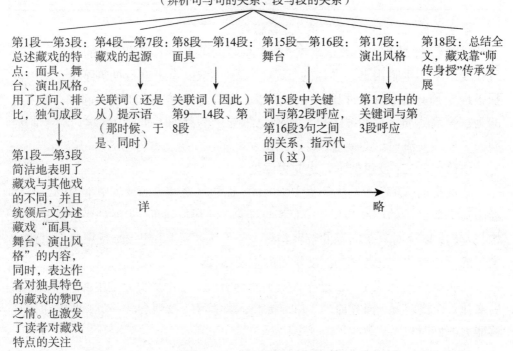

图3　第一次《藏戏》思维导图

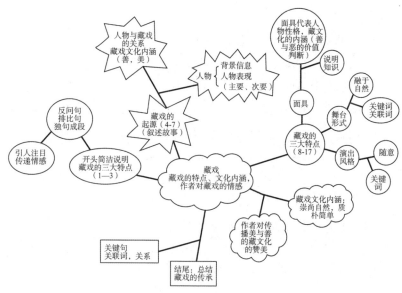

图 4　第二次《藏戏》思维导图

　　其次，从类文阅读中内化学习迁移力。统编版六年级第一学期也有一篇民俗文化类散文《京剧趣谈》，加上本学期第一课《北京的春节》，三篇文章整合成一次类文阅读，可进一步强化学生对民俗文化类散文阅读方法的内化。于是，我出示了本次改进教学的最后一张学习任务单：请学生自己设计一张学习任务单，结合《藏戏》的阅读方法，进行关联比较阅读。推荐给学生三个角度：一是材料的组合顺序；二是材料详略的安排；三是语言的特点。当然，学生也可以从其他角度进行关联阅读。这样的关联阅读学习任务单对学生来说是全新的挑战，也在一定程度上也激发了学生的阅读兴趣。例如有学生从材料的组合顺序的角度，对《北京的春节》和《藏戏》进行了关联阅读，自行设计了如下的学习任务单。

表 7　学习反思任务单

| 关联阅读学习任务单 | | |
| --- | --- | --- |
| 比较点 | 《北京的春节》 | 《藏戏》 |
| 材料组合顺序与主旨关系 | | |
| 详略安排与主旨关系 | | |
| 表达方式与主旨关系 | | |

　　一张张学习任务单为学生的学习指明了方向，架起了通向深度学习的桥梁。学生不仅仅是完成学习任务单，而且是体验学习过程。在亲身体验中构建知识间的内在关联，学会技能的迁移，并在新的情境中解决问题，这是深度学习的核心所在。

## 二、结语

新冠肺炎疫情下规模空前的线上学习打破了传统课堂的时空界限,"学"的"易容"催生"教"的"换颜"。在线"空中课堂"教学的背景下,学校语文任课师需要思考的是如何积极跟进学生"学"的变化,让"教"更好地支持"学"。要想学生深度学,教师就要思考如何设计促进学生深度学习的策略与支架。本次在线教学改进实践尝试以学习任务单的形式为学生学习搭建合理的"脚手架",从学生已有的经验出发,体验探索未知。正如王荣生教授对陶行知先生"教学做合一"理念的概括:教学活动就是学生做事;老师和学生共同做事;老师教学生做事。

疫情面前,在线教学让我重新审视学习的本质。"学会学习、健康生活、责任担当"这些中国学生发展的核心素养,才是决胜未来的关键能力。"核心素养"是最终目标,而"深度学习"是实现目标的有效路径。

# 第二章 古代文学作品深度阅读教学

## 第一节 古代文学作品阅读教学总论 [①]

"阅读教学是学生、教师、教科书编者、文本之间的多重对话,是思想碰撞和心灵交流的动态过程。" [②] 近些年来,中学课改的推行、素质教育的开展促进了语文教学质量和效率的提高,语文阅读教学也取得了一定成绩。但吕叔湘先生在1978年的一次座谈会上所提出的语文教学过程中的"少、慢、差、费" [③] 现象也依然存在于语文阅读教学中。

古代文学作品教学一直是许多老师的难题,大多数学生的痛苦。历史的变迁使很多的文字变得晦涩难懂,而文言在现实生活中并不广泛的应用也使得学生对它难以热爱。但是,古代文学作品教学对促进学生整体素质的提高和全面发展有着重要作用。

阅读是一种从书面语言符号中提取信息的学习活动过程,也是一项复杂的心智活动、语言技能活动、情感活动。多层面阅读教学既有教师的层面,也有教材的层面,同时还要关注学生的层面。三位一体,有机联系,协同作用。文学阅读"要重视学生的作为阅读主体的'前结构''前理解',读者对文本也总有自己的期待,教师就应该设法调动学生已有的知识、经验、人生体验和生活理想,得出自己的答案。让预测和期待始终伴随整个阅读过程,由阅读视界的

---

① 本节由上海市宝山区求真中学苍郁撰写。

② 中华人民共和国教育部.普通高中语文课程标准[S].北京:人民教育出版社,2003:16.

③ 唐子江,黄福艳.语文教学的少慢差费与多快好省[J],语文教学与研究,2009(1):14.

期待，再到引起视界的变化，最终达到视界的融合。"① 阅读教学要符合学生"认读—理解—鉴赏—活用"的由浅入深的规律，由表层的感知到深层的理解，最后到运用的实践上。关注主体（教师）、客体（学生）和文本（教材）之间的有机融合。

每一个教师对古代文学作品都有自己与众不同的阅读体验，在具体教学过程中面对的学生也具有不同的个性、认知水平和审美体验。通过课堂教学产生阅读的多元化，其最终目的是让学生提高自己的语文素养，获得思想感悟、知识积累、情感熏陶等方面的收获。这就是中学语文阅读教学本质的回归。

文本解读是一种特殊的阅读，它既要接收信息，又要通过语言媒介、感性经验从文本中获得美的体验，是知识能力、欣赏水平、逻辑思维和人文精神集于一体的综合体现。而在解读群体中，教师是比较特殊和重要的群体，因为他既要面对文本，又要通过课堂面向学生"传道授业解惑"，是课堂的引导者。正如迦达默尔指出："文本不会像一个'你'那样对我讲话，我们这些寻求理解的人必须通过我们自身使它讲话。"② 解读好文本是教师进行创造性的教学设计的前提，也是引领学生深入文本的基础。正如特级教师曹勇军指出，文本解读"不仅要求教师能够准确把握文本的意思，还要求教师根据阅读时的理解和体会，对文本重点、难点和突破点加以预判，并富有想象力地把文本初步分解成目标、方法、过程等，为教学方案设计奠定基础"。③ 文本解读的好坏直接决定了课堂教学质量的高低，教师只有多层面解读文本，才能有效提高阅读教学的效率。

## 一、读厚文本

教材中的文本虽然只有寥寥千百字，内涵却包容万千，这就需要我们不断深入文本，挖掘文本背后的深度，切实读出文章的厚度。

### （一）知人论世

知人论世是孟子提出的文学批评原则和方法，出自《孟子·万章下》："颂其诗，读其书，不知其人，可乎？是以论其世也，是尚友也。"④ 文本解读中的知其人、论其世，就是在阅读一篇文章的时候了解作者创作时的生活、思想和时代背景，再结合文章理解，更好地把握文学作品的思想内容和中心主旨。作者的生平介绍、写作的时代背景、作家的代表作等都是教师知人论世的着手点。鲁迅曾说："倘要论文，最好是顾及全篇，并且顾及作者的全人，以及他所处的社会状

① 巢宗祺，等.普通高中语文课程标准（实验）解读［M］.武汉：湖北教育出版社，2004：93.

② 迦达默尔.哲学解释学［M］.夏镇平，宗建平，译.上海：上海译文出版社，2004：65.

③ 曹勇军.略说语文教师的文本解读能力［J］.语文教学通讯，2010（28）：10.

④ 刘洪仁，周怡编注.论语 孟子［M］.成都：四川文艺出版社，2019：391.

态，这样才较为确凿，要不然，是很容易近乎说梦的。"①

宋代女词人李清照的词和她的个人经历有很大关联。前期她过着慵懒有情趣的生活，与丈夫分居两地，以诗词交流，不乏生活情趣，"应是绿肥红瘦"中惜春之情溢于言表；后期因为国破、家亡、夫死等变故，才会有"寻寻觅觅，冷冷清清"这种哭诉。

《永遇乐·京口北固亭怀古》里面有很多典故，学生刚接触会觉得有些晦涩难懂。教师如果知人论世，介绍辛弃疾所处的时代、不平凡的经历和矢志不渝的抗金志向，学生就比较容易对作者报国无门的惆怅有深刻的体会了。

教授《杜十娘怒沉百宝箱》时，对于杜十娘投江自杀的结局，许多学生不能理解：她有那么多的财富，为什么不能为自己而活，反而在自己的爱情破灭后选择自我毁灭的道路？学生的不解其实就是因为不能"知人论世"。这时应适当引导学生了解封建社会妇女的处境及地位。那时的妇女要遵循三从四德，受封建礼教的束缚，地位很低下，而杜十娘这样的歌伎更是被他人所唾弃。在她觉得终于摆脱自己的过去时却碰到了负心汉，她的行为就不难理解了。这样，学生在阅读时产生的困惑也迎刃而解。

通过知人论世，可以更好地帮助学生在文章的内容和主题、作者情感、写作背景等方面有深层次的理解。当然，知人论世的目的不是让学生固守这种方法，而是激发学生的阅读思维。

### （二）关注他人评价

入选教材的古代文学作品往往有比较丰富的接受过程，经典作品更是形成了有一定长度的接受史，对这个过程的了解和关注，是理解文本的基础之一。有位语文特级教师说过，她在自己阅读文本、有了一定的理解之前不看其他相关文献。这固然是在保护自己的阅读初感，免得被别人的批评牵着鼻子走，但一旦有了自己的阅读初感，对文学作品接受史的关注就变得更为重要。尤其是当教师的阅读感觉将成为课堂教学的重要依据时，不关注他人的批评，就无法避免可能出现的理解狭隘甚至理解错误，教学内容呈现的也只是教师的个人阅读体验，而不是建筑在批评史基础上的更为理性的阅读感受。因此，文本要想读出厚度，关注他人评价是必不可少的。

比如《蒹葭》这首诗，通过看他人评价可以发掘其特有的风味。《人间词话》说："《诗·蒹葭》一篇，最得风人深致。"②诗句的奇妙，意境的深远，伊人的象征，含蓄的哀愁，景与情的巧妙结合，"以我观物，故物皆着我之色彩……其言情

① 鲁迅."题未定"草（七）[M]//李新宇，周海婴.鲁迅大全集（9）.武汉：长江文艺出版社，2011：381.

② 王国维著，陈永正注评.人间词话.王国维词集[M].上海：上海古籍出版社，2016：26.

也必沁人心脾；其写景也必豁人耳目。其辞脱口而出，无矫揉妆束之态。"[1] 在自己的阅读初感形成后再接触这些评论，会使教师对这首诗歌有更深层的体会，从而内化到教学上。试想，如果只是单纯地凭借自己的语感，不接触这些评论，也许会使自己的阅读体验停留在初级阶段，并不能真正走近文本去感受那种耐人寻味的意境，那伊人在水一方的惆怅。

又如，读金圣叹评《水浒》，更能让人品出《水浒》精髓，对人物的评价更是出神入化，使人感觉一百零八人有一百零八样性格："《水浒传》只是写人粗卤处，便有许多写法。如鲁达粗卤是性急，史进粗卤是少年任气，李逵粗卤是蛮，武松粗卤是豪杰不受羁靮，阮小七粗卤是悲愤无说处，焦挺粗卤是气质不好。"[2] 经过金圣叹的点评，书中的人物好像都活了起来，具有鲜明的个性，也让读者对这本书有了更深层次的了解。

在解读文本时关注他人的评价，可以使文本内容更充实，从而使教师在教学实践中思路更宽，视野更开阔，教学更具有创新性。结合作者的思想实际、文本的写作背景、作者的创作目的、他人对此的评价，文本就会变得丰满起来。把文本读厚，课堂才能呈现出别样的精彩。

## 二、读薄文本

### （一）留白

文本解读应该契合学生的生活阅历和认知水平。在阅读教学中，教师可巧妙铺设，不做讲授，把课堂交给学生，让他们的思维在一定时空内驰骋，主动去发现问题，然后协同解决问题。对一些内容艰深的文本进行解读时还要适当留白，不必面面俱到。通过留白可以充分调动学生的主观能动性。有教师上课唯恐自己讲的不够多，每个地方都详细讲解，却忽略了学生的理解。曾经听过一堂课，教师从头到尾都在灌输，而学生马不停蹄地记笔记、划重点：这个词语写得很妙大家把它的好处记下来，那个句子要好好品读我们一起来抓住重点。整个课堂学生的阅读完全是被动接受，既没有主动阅读的兴趣，又没有真正地理解文本。

韩雪屏教授在其《从创作空白处与文本对话——阅读教学中的多重对话之一》一文中归纳了基础教育语文课程的阅读教学中几种主要的创作空白类型：预设、角色、省略、隐蔽、中断、冗余、隐喻、陌生化。[3] 教师既要引导学生善于发现教材中的空白，又要教会学生善于填补空白。如《明湖居听书》在描写白妞说书声腔的变化上颇具特色，最突出的是利用"通感"把由听觉获得的声音，转换为

---

① 王国维著，陈永正注评.人间词话.王国维词集［M］.上海：上海古籍出版社，2016：5，58.

② 施耐庵著，金圣叹评.金圣叹评水浒传［M］.上海：上海文艺出版社，2012：1.

③ 韩雪屏.从创作空白处与文本对话——阅读教学中的多重对话之一［J］.语文教学通讯·高中刊，2003（11）：9.

用其他感觉器官可感知的具体形象，"像一线钢丝"写出了声音的尖细，"如一条飞蛇"表现了声腔回环宛转，"似绚烂的烟火"写出了声音的美妙。学生通过想象能够感受音乐的魅力，欣赏到白妞那美妙绝伦的演唱，但如果在教这篇课文的时候忽略了学生自己的想象而是一味灌输，反而失去了文本的魅力。通过对《公输》中"墨子行十日十夜"的品读，可以感受到墨子的心急如焚和爱国之情。通过让学生自主阅读思考课文中的空白，选择感兴趣地方，把作者一些想表达但没有明言的地方体会出来。把书中的空白填补出来的过程其实也是深入解读文本的过程。

通过留白，可以改变教师害怕语文课堂讲解内容太少、学生在课堂中收获太小而把整堂课安排得过满的现象，从而激发学生的求知欲，充分发挥学生的联想和想象，促使学生思考、探究，从而形成语文阅读上的创新。

**（二）体验**

"何为'体验'？狄尔泰认为，体验不同于一般认识论意义上的'经验'，或者普通心理学可以证明的'意识'，而是具有本体论意义的、源于人的个体生命深层的对人生重大事件的深切感悟。"[①]文本解读中一定要注重对文本的体验，教师在自己认知的基础上进行文本体验，并让学生在对话过程中结合自己的生活体验，不断感悟和品味，真正把书本内化。

这正如鲁迅先生所说，大家都读《红楼梦》，"单是命意，就因读者的眼光而有种种：经学家看见《易》，道学家看见淫，才子看见缠绵，革命家看见排满，流言家看见宫闱秘事……"[②]《陈太丘与友期》中"元方入门不顾"中"顾"字活灵活现地写出了一个率真可爱的小孩。教师可以通过语言结合体验产生个人感受，形成文本中的经验。通过自己独特的审美体验，能够更好地感受文字的魅力，从而产生自己的想法，摆脱教学参考的束缚和制约。然后运用教学手段，让形成自己的体验的文本与学生已有经验产生连接，促使学生尽快地形成自己的新的体验和认识。

特级教师魏国良认为："有效阅读是指将各种与阅读相关的要素有机组合产生的综合效应，就是借助于信息的新异、活动、突出、与个体密切相关等特征唤起阅读者强烈的、由衷的阅读需要，通过信息的不断变化来维持、强化这种阅读需要，并根据阅读者的心境、心向的随机性变化选择恰当的案例信息以改变其主体状态，使之尽可能保持积极状态。"

语文教学的三维目标是合为一体的。在古代文学作品阅读教学探究中，不管是读厚还是读薄文本，在指向文本的备课中，都要关注三维目标的整体性，明确

① 曹明海.当代文本解读观的变革[J].文学评论，2003（6）：12.

② 鲁迅.《绛洞花主》小引[M]//李新宇，周海婴.鲁迅大全集（4）.武汉：长江文艺出版社，2011：13.

这堂课到底是关注语言知识、语体知识、语言应用，还是思想意义、文化精神等。教师在全面解读的基础上，还要明确核心价值，紧扣课程标准，充分解读和挖掘文本，同时关注学生的差异性，这样才能使三维目标得到有机融合。

教师应结合自己对课文的深入钻研设计出独到的问题将学生的思维引向深入，最终很好地理解文本。在课堂上，教师引导学生抓住文本的主要问题去解读，集体解决问题，做到因材施教和循序渐进，符合学生的心理发展认知，激发学生的阅读兴趣和学习热情，促使学生成为课堂上学习的主体，充分发掘古代文学作品的语言文字的魅力，实现多层面阅读教学内涵在课堂上的有机融合。

课堂教学历来是"遗憾的艺术"，正如于漪老师说过："我一辈子教语文，一辈子在学当语文老师。"语文老师要立足于语文真实的教学问题，上完一堂课后进行认真反思，看看有没有文本解读上的薄弱地方，有没有课堂上做得不好的地方，有没有闪光点，有没有印象深刻的学生回答，有没有和自己教学预设冲突的地方，有没有教学上的遗憾等，做到以反思促进教学。然后面向学生，考虑每个学生的起点，把反思看成是促进学生发展、落实解读文本的有效手段，及时发现自己存在的问题，及时关注学生的进步。这样才能在具体的教学实践中归纳、汇集、反思在解读文本的时候存在的教学问题，才能把古代文学作品多层面阅读的方法和教学实践相结合，形成理论和实践的结合，从而研究我们的学生，研究我们的课堂，研究我们的课程。

# 第二节　古诗文深度学习活动设计 [①]

郭华老师在《深度学习及其意义》一文中指出："活动与体验"是学生的学习机制，也是深度学习的核心特征。是通过主动的、有目的的活动，对人类已有认识成果及其过程的学习与体验，它需要学生全身心地投入，真正成为教学活动的主体。由于学生经验有限，需要教师通过设计一些课堂活动来让学生"体验"，并由"体验"进入深度学习。在古诗文教学中，通常可以设计如下学习活动引导学生进入深度学习。

## 一、诗中有画，画中有"异"

以《过故人庄》为例。这首诗歌写的是诗人应邀到一位农村老朋友家做客的经过，在淳朴自然的田园风光中，举杯饮酒，闲谈家常，乐趣多多。这首诗初看平淡如水，但细细品味就像是一幅充满着浓郁田园气息的中国山水画卷，将人、

---

① 本节由上海市吴泾中学刘东贺撰写。

事、物、景完美地结合在一起,具有强烈的艺术感染力。

初中学生已经积累了一些诗歌,也掌握了一些关于诗歌的基础知识,理解诗歌内容难度不大。但如果要赏析语言特色,深入诗歌之肌理尚有一定难度。此外,作者隐含在诗歌里的意象也较为隐晦,学生难以把握。但是,孟浩然的这首诗画面感非常强,诗中有画,画中有诗。于是乎,我设计了一项预学作业:请为这首诗歌配一幅图,绘出你对这首诗歌的理解。绘图的差异反映出学生对于文本关注点的差异。如图 1 所示:

图 1

正是这种差异让我找到了突破口。两位同学都画了"绿树村边合,青山郭外斜"一句的景。但从画面来看,两位同学对这句诗的理解不同,关注点也有很明显的不同。

课上,我给全班展示两幅图,要求学生结合文本,对比品评两位同学的画作。以其中一个知识点的突破为例。左图中房子周围有三棵树,明显是包围着房屋,说明该图作者重点关注了"绿树村边合"中的"合:环绕";而右图中只在房子前画了一棵树,很明显,该图作者只关注了"绿树村边合"中的"绿树",而没有把关键字"合"关注到位。两幅图中这一处细节的对比,重新将学生的注意力吸引到文本的语言表达上,引导学生关注关键字词"合"。教师顺势再配以"合"字的甲骨文,帮助学生深入理解"合"解释为"环绕"的缘由以及"合"字在诗中的深层含义:不仅写出了村周绿树环绕的特点,还表达出了诗人内心的闲适、恬静,写出了诗人对淡泊、宁静的生活的向往等。

## 二、变体阅读,放大问题

《记承天寺夜游》一文写于苏轼贬官黄州期间,记与好友张怀民夜游承天寺。全文仅 81 字,时间、地点、人物、事件清晰明了。学生对本文理解的障碍点在于"庭下如积水空明,水中藻荇交横,盖竹柏影也"。本句意为:"庭院中的月光宛如积水那样清澈透明,'水中'有像藻荇那样的水草纵横交错,原来那是庭院里竹子和松柏树枝在地上的影子。"

按照传统方式理解这句话时，教师逐字逐句讲解标注，学生甚至把译文都抄写了下来，但还是不能有一个感性的认识。于是，我布置了一次作业，让学生将自己对这句话的理解画出来，绘出的图中暴露了学生不理解的点。很多学生把这句话理解为真的有大片的水，真的有很多藻荇。见图2。

图2

课上通过这幅画把全班的问题展示出来，学生再深入文本讨论，思辨中不断内化对文本的理解。原来理解这句话的时候漏了两个关键词："如"即"好像"，意为不是真的有藻荇；"盖"即"原来是"。原来是庭院中的月光如水，地上的竹子和松柏影子在"作祟"啊！

难点迎刃而解，教师再"顺水推舟"，顺着学生对文本关键词的理解，补充中国传统文学作品中"月"的情结，引导学生课后进一步研究。这样的活动设计渗透了知识性与艺术性，使学生对于古诗文的学习不再仅仅停留在字面理解，而是延伸到对中国传统文化的认知与探究。学生对于这幅图画中的错误也会有更深刻的反省：要回归文本，把握文本关键点。

### 三、添加标点，以"点"带面

《卖油翁》一文篇幅短小，但人物形象鲜明。如何分析人物形象？课前，利用电子书包"我爱朗读"功能，让学生在预习此文时，熟读成诵。听学生的录音时，我发现一个细节问题：两个班级共70个学生，有近三分之二的学生在读到"无他，但手熟尔"与"我亦无他，惟手熟尔"时，语调明显不同。很明显，这些学生把"我亦无他，惟手熟尔。"处理为了"我亦无他，惟手熟尔！"

因着学生的这一状况，我在课中设计了一个课堂"活动"：在空白处添加标点。

无他，但手熟尔（　　）

我亦无他，惟手熟尔（　　）

虽然课文已经熟读成诵了，但是，学生显然并没有关注文本细节处，没能很好地把握两个"尔"。于是,这节课的主要任务就是:细读两个"尔",把握人物形象。

　　两个"尔"字都解释为"罢了",表面上意思一样,但是因为置于不同的语境中,所以背后隐藏的内涵是不同的。"无他,但手熟尔。"是卖油翁对陈尧咨射技的态度,"尔"透露出轻视的口气。"我亦无他,惟手熟尔。"是在演示完酌油技巧之后,卖油翁对自己的评价。此处的"尔"不是自夸,用句号表陈述语气是以退为进,及时化解了陈尧咨的咄咄逼人之势,又显示出卖油翁内心的淡然与从容,表达的是:做人不能骄傲自满,射箭与倒油都不过是熟能生巧罢了。通过添加标点,对比分析,引导学生留意两个"尔"字所处的语境,指导他们联系上下文进行比较、品析,学生的疑问迎刃而解。

　　通过添加标点这一课堂活动,学生由被动的习作者和阅读者变为有特定"角色要求"的活动者。在这种"角色要求"的规范下,学生带着特定的、具体的言语任务,朝着特定的、具体的言语目标,开展特定的、具体的言语活动。

　　郭华老师在《深度学习及其意义》一文中明确指出:学生要成为学习的主体而不是被动的知识接收器,就得有"活动"的机会,有"亲身经历"(用自己的身体、头脑和心灵去模拟地、简约地经历)知识的发现(发明)、形成、发展过程的机会。

　　通过教师的精心设计,学生在课堂活动中便能够将符号化的知识"打开",将静态的知识"激活",全身心地体验知识本身蕴含的丰富复杂的内涵与意义。这样的过程,便是学生主动"探索""发现""经历"知识形成过程的过程,是学生深度学习的机制。在这样的过程中,学生能够在"硬知识"之外,体会到更深刻、复杂的情感以及学科思想方法。


# 第三节　基于文本逻辑,设计学习活动 [①]


　　思维发展与提升是指学生在语文学习过程中,通过语言运用,获得逻辑思维的发展。而在文言文教学中,学生往往很难理解文章的逻辑,先秦散文的学习中这种情况尤甚。

　　《鱼我所欲也》是经典选文。孟子是继孔子之后儒家学派的代表,是被尊为"亚圣"的思想家、文学家。《中庸》第十三章:"子曰:道不远人,人之为道而远人,不可以为道。"圣人之道本应亲近常人,即普通大众。孟子思想中的"民本论""性善论"皆是普世思想的体现。既然是立足于普世之理向民宣道,就要采取简单易

_____

　　① 本文由上海市光明中学龚翔撰写。

明的形式把深刻的道理表现出来。但有很多师生却认为《鱼我所欲也》这篇文章把"舍生取义"这四个字讲得过于复杂和烦冗，感到名篇高冷不可近。

如何在学习中有效训练学生的逻辑思维？新课标指出可运用批判性思维审视语言文字作品，探究和发现语言现象和文学现象，形成自己对语言和文学的认识。笔者认为，学生既觉此文艰涩，设计教案时，可让学生立足于普通人的角度，直观批判式地提出本文脱离"普世"的"不解"之处，通过向名篇发难来探寻文章逻辑。

一"不解"：为何选择"鱼和熊掌"之间的取舍关系来喻证生与义的取舍关系？两者跳跃度大，不解。

先秦诸子多擅长以喻辩理，这是形象思维与抽象思维之间微妙的联系。《鱼我所欲也》这篇文章出自《孟子·告子上》，其中还有一些相关的表述："告子曰：'食色，性也。仁，内也，非外也；义，外也，非内也。'""仁义礼智，非由外铄我也，我固有之也，弗思耳矣。"这里，孟子提出人区别于动物的地方就在于不仅有食色的本性，也有"仁义礼智"的本心，即"性善论"的思想。

"鱼我所欲也，熊掌亦我所欲也"与"生亦我所欲也，义亦我所欲也"两句通过"欲"字来建立联系。"欲"即本性，"鱼"和"熊掌"乃是食之本性。在"生"与"义"之间，"求生"是大众的本能，而"求义"——基于孟子的"性善论"——也是每个人本心内在的欲望，只不过这种"义"之欲比不上"口腹"之欲来得频繁和熟悉。孟子用大众熟悉的口腹之欲来引出潜藏本心的"求义"之欲，顺理成章。

但两者只能选一个，这个条件限定必须让两样"所欲"分出重要和次要，"舍鱼取熊掌者也""舍生而取义者也"皆是感性冲动后的理性抉择。"取熊掌"和"取义"是顺应本能的，而"舍鱼"和"舍生"的决绝与理性是违本欲的。这恰是作者强调的重点，对相对次要东西的忍痛割舍才能获取真正重要的事物。从大家熟悉的"舍鱼"之痛去想象千万倍于"舍鱼"的"舍生"之痛。"舍"前"得"后，有"舍"才有"得"。孟子选择了普通大众感受最深的口体之奉作比，形象地揭示舍生取义的辩证关系：舍之决绝成就得之圆满。

二"不解"：主论段的啰唆和反复。正面论证、反面论证和假设论证只为一个观点"舍生取义"，这样的同义反复有必要吗？

第一个正面论证是"生亦我所欲……故患有所不辟也。"作者指出，在衡量出义重于生，不义劣于死之后，人就会舍生取义。但高标的道理恐怕有点"远人"。安稳的现实世界中，且不说普通人较少有机会直面"生"与"义"的抉择，就算有这种机会，一般人大都在"义"与"生"之间摇摆不定。说到底，大众是脆弱的，英雄是少有的，这好像只适用于圣人贤者。

第二个反面论证是"如使人之所欲莫甚于生，则凡可以得生者何不用也？使人之所恶莫甚于死者，则凡可以辟患者何不为也？"这里说理是另一个极端低标的境界：可以不择手段（不义）地去满足自己的"生"。这形容的是穷凶极恶的小人恶徒。这个论证似乎也脱离了普通大众的情况。普通人有孟子认为的"四端之心"即恻隐之心、羞恶之心、辞让之心、是非之心，不是特殊的时刻和环境，一般不可能泯灭天性沦为与动物无异的自私小人。两种论证一种劝人成为高尚的君子，要舍生取义；一种劝人莫做小人，为生而不择手段。但普通人是介于君子和小人之间的"中间段"人，圣人为何不告诉普通人该如何做呢？

其实，孟子始终没有忘记"普通人"。正反论证后文章又以"由是则生而不用也……所恶有甚于死者"一句总结。这句跟前面的正面论证有区别，颠倒了行为和原因的语序，强调了控制行为的原因源自内心的"所欲"和"所恶"，引出了"是心"概念。终于，"非独贤者有是心也，人皆有之，贤者能勿丧耳"让我们看到了君子和普通人的区别在于"勿丧"与"丧"。丧，笔者认为解释为"忘记"最为合适。"是心"人皆有之，"勿丧"是圣人贤者，"丧尽"是小人恶徒。普通人在"丧"的过程中，向前则是圣人——正面论证，向后则是恶人——反面论证。本文的论文结构非常完美，绝无重复，简言之就可以概括为：① 仰望圣人；② 摒弃小人；③ 回归自我，重拾本心。一个"丧"字把三层议论全部串联在一起，形成一个有机的整合。

三"不解"：举例"贫贱不能移"和"富贵不能淫"重复，只是两个单独的一般事例，说教味浓厚。

该段的乞人和后文受俸为官的人是两类人吗？文章中有三组"向……今"把贫贱不移的乞丐和富贵而淫的官员统一到了一类人身上。之前贫贱时，"所欲有甚于生"，尊严胜过性命，不屑投食；之后富贵了，"所欲莫甚于生"，却开始追求名利；原本内心高尚的乞丐君子渐渐变成一个追名逐利的富贵小人，原本舍生取义而今舍义取名和利，这就是"丧"的全过程，赤裸裸地展现了普通人如何从君子沦落到小人。前后的对比让我们看到了腐蚀人心的事物是富贵，使人在不知不觉间改了本心。所幸未到丧尽天良之渊底，所以孟子立即说："是亦不可以已乎？"在"丧"的过程中要"已"，即停止。如不立即停止，就真的要沦落成"失其本心"。

这一段的举例非常真实且触目惊心，把富贵之官的外衣撕开，让我们看到一个心灵腐朽的动态过程。举例的先后缜密地对应前文的正面论证和反面论证的顺序，在寥寥几句中全景展示"丧"在人性中的始终"潜伏"，一个"已"字的掷出让我们接住了灵魂救赎的橄榄枝。

立足于普通人的角度，围绕这篇文章没有"普世"特点所提出的批判式质疑最终恰恰让我们看到了其逻辑始终符合"普世"的特点，看似高冷、反复、脱节的内容其实都围绕着孟子对大众的"丧"之警示和"已"之忠告而展开。

道不远人，但人自远之。我们在批判式质疑中去探索本文实有的逻辑，感受到了千年流传至今的经典传递给大众的最亲近体感的温度。

## 第四节　文言深度学习之注释研究 [①]

统编版语文教材更加注重文言文编排的质量与数量，这对弘扬传统文化、加强文化积淀是很有帮助的。但在实际教学研究中发现，统编版语文教材在文言文词语注释上缺乏系统性与整体性思考，诸多方面存在不够合理的地方，对学生词语积累和顺利阅读有一定的影响。

为此，笔者专门以教材中"从"的注释为例联系了主编温儒敏，温儒敏教授给出了答复并阐述了相应观点，但这些答复与观点仍在相当程度上值得商榷。

### 一、同一：基本义注释的参考性

"从"在文言文篇目中经常出现，语义较多，如果理解不到位，会影响到整个语句，甚至是整个语境的理解。作为一个常用词汇，"从"在词性上从介词逐渐发展到介词、动词、副词、连词等并存，在语义上由单一的"随行"义发展到"随行"义、"依据"义、"任凭"义并存。在六至九年级统编版语文教材中单独注释的有四处，依次是：

七年级上册第 20 课《狼》"一狼仍从"中注释为"跟从"。

八年级上册第 11 课《与朱元思书》"从流飘荡"中注释为"（乘船）随着江流飘荡。从，跟、随"。

八年级下册第 11 课《蒹葭》"溯洄从之"中注释为"顺流而上去追寻。从，跟随、追寻"。

九年级下册第 20 课《曹刿论战》："战则请从"中注释为"跟随"。

从上述四处"从"字单独注释情况来看，几个语义似乎是同一语义，几乎无法区别，让人琢磨不透，存在理解上的困难。特别是学生理解时，是要分别记住，还是可以大致即可？对此，温儒敏教授给出的答复是："意思大致相同，并非几个不同义项。注释是在语境中理解，会略有区别。"当询问是否可以在考试中统一用"跟随、跟从"时，温教授认为："可以的，不必死抠注释。"

《说文》："从，随行也。"从上面的四处注释来看，语义基本相同，但又说法不一。根据现在常用的字典解释来看，一般认为"从"的基本义即"随行"或"跟随"，采用较为通俗的理解，可认为是"跟随"。因此，教材应该将"跟随"作为"从"的基本义，注释时采用这一基本义，注意注释的前后同一。如"一狼仍从"中的"从"应注释为"跟随"，而"溯洄从之"中的"从"应注释为"跟随，这里是

---

① 本节由上海市天山第二中学蔡忠平撰写。

'追寻'的意思"。这是由基本义到引申义的注释。

## 二、前置：同语义注释的优先性

教材在给同语义字词注释时，应根据同语义字词出现的先后顺序注释。不同课文中都有出现的，优先给先出现课文的字词注释；同一课文中先后出现的，应优先给先出现的字词注释。在这点上，统编版语文教材显然是缺乏整体设计和安排的。

"从"字作为基本义"跟随"理解的，最先出现在七年级上册第12课《〈论语〉（十二章）》中，先后有"七十而从心所欲"和"择其善者而从之"两句，但教材中只是对"从心所欲"注释为"顺从意愿"，没有专门对"从"字的注释。"择其善者而从之"可理解为"选取他们的优点去学习"，其中的"从"根据语境可注释为："跟随，这里是'学习'的意思。"

九年级下册第20课《曹刿论战》中，"小惠未遍，民弗从也"出现在"战则请从"的前面，两个"从"字的语义都是基本义"跟随"，但教材没有优先给先出现的"小惠未遍，民弗从也"的"从"注释，而是只给后出现的"战则请从"的"从"注释，这容易让学生认为前一个"从"的语义不是基本义"跟随"。

## 三、翔实：古今义注释的具体性

教材给文言文字词注释是为了解除阅读障碍，更好地理解内容和作者写作主旨。但实际情况是，教材中注释"往往也就事论事，只做简单交代"。因此，文言文字词注释如果在古今义甚至主旨上理解存在明显困难的，应注意注释的具体性。

八年级上册第11课《与朱元思书》中"从流飘荡"注释为："（乘船）随着江流飘荡。从，跟、随。"从这一注释来看，"从"应该是介词，"飘荡"是动词作谓语，似乎也没有什么不妥。但深入理解，发现这一注释并不合理，恰恰违背了温儒敏教授所说的"在语境中理解"这一原则。"从流飘荡"并不是单独的句子，前面有"风烟俱净，天山共色"，后面有"任意东西"。四个句子连起来看，作者写作时很讲究句子的对仗。"风烟俱净"与"天山共色"对仗，"从流飘荡"与"任意东西"对仗，而"任意东西"中"任"是动词，"任意"整个词作谓语，"东西"作补语，表示"任意"的程度。由此可见，"从流飘荡"的"从"也应该是动词，"从流"整个词作谓语，"飘荡"作补语，表示"从流"的程度，其中的"从"的语义恰恰正是基本义"跟随"，是动词，整个句子与"任意东西"一起表达作者洒脱的心情。

根据以上分析，"从流飘荡"中注释应为："（我）随流飘荡。从，跟随。'从流'与下句中的'任意'同义，表示任随其意，不受约束。"

# 第五节　古诗文深度学习之思辨阅读 ①

对于蔺相如，常见的评价是"公忠体国"与"智勇双全"。比如统编版教师教学用书说："作者选取完璧归赵、渑池会、廉蔺交欢三个典型事件，充分肯定了蔺相如大智大勇、威武不屈、不畏强暴的形象及其先国家之急后私仇的崇高精神。"这算是对于蔺相如形象的基本共识。作为纪传体历史著作的节选，除疏通文言字句外，对故事情节的梳理、对人物性格形象的刻画、对历史人物的认识评价似乎已成为教学内容的不二选择。若我们按照思维的惯性进行教学，往往教学内容乏善可陈，作品人物标签化解读，很难激发学生的思维兴奋点，容易流于"浅表化"学习，即教师基于前人对作品的解读成果按部就班，通过课堂程序化的学习，完成知识的传递。

余党绪老师在讲授《廉颇蔺相如列传》一文时，遇到了一次课堂偶发事件。在平等、宽松、合作的互动氛围下，教师依据反馈信息完成了教学内容和关键问题的方向性改变，以"究竟应该如何评价蔺相如，如何理解蔺相如在完璧归赵故事中的行为"为主问题，通过探究式学习，以问题解决为导向，促成了学生的深度学习。以下是教学中的几个关键环节。

生：这个蔺相如不是在玩弄秦王吗？

师：何以见得？

生：秦国乃虎狼之国，有吞并天下的野心，用十五座城池来换一个"和氏璧"，也不可能是真心，这些蔺相如在出使之前应该心知肚明。作为赵国的使者，蔺相如的任务是减少秦国的敌意，缓解彼此的矛盾，至少不要刺激秦国蠢蠢欲动的野心。但蔺相如似乎不明了自己的弱国地位，不断地撩拨秦王。秦王按照他的要求"斋五日"，以隆重的仪式来接受和氏璧，他却"不讲信用"，提前把宝物偷偷送回国了。这算是"好的外交使节"吗？这不是在戏弄秦王吗？老虎本来要吃人，你还将老虎须，这不是找死吗？幸亏秦王脾气好，换个人蔺相如性命难保，赵国也会跟着遭殃。

师：你说蔺相如戏弄秦王，这在文本中有事实依据吗？你如何根据这些事实作出"戏弄"这个论断的？你认为蔺相如不是一个好的外交使节，但事实上，他兑现了"完璧归赵"的诺言，避免了可能爆发的战争冲突，难道这不是一个好的外交使节吗？蔺相如靠的不是智勇，难道靠的是运气？你"颠覆"了蔺相如形象，与司马迁的评价产生了冲突。那么，如何解释司马迁对蔺相如的评价？

---

① 本节由上海市卢湾高级中学曾小敏撰写。

随后，余党绪老师为学生进一步深入探究提供了思维"支架"：教师选取了（如果时间允许，可让学生自行寻找甄别和选取纸质研究素材和网络研究素材开展问题探究）对蔺相如这个历史人物完全不同的评价言论与材料，包括司马迁本人、宋人司马光、宋人杨时、明人王世贞、《史记》研究专家韩兆琦教授、南开大学徐江先生等若干人的见解，目的是引发不同评价观点之间的"交锋"，引导学生进行比较和权衡，依据历史背景、事实判断、评价者身份地位和价值诉求等要素，通过对相关资料进行逻辑推理从而得出合理结论。学生的深度分析和论证能力也在思维的碰撞中、问题的探究中得以提升。

深度学习的特征之一即活动与体验。学生全身心投入到挑战性的学习活动；教师创设情境，让学生去探索、发现、经历，从而将知识内化，体会科学的思考方法；学习过程中进行积极的合作与沟通。本课例从教学内容的调整、教学情境的创设、教学资源的利用、教学过程的探究、教学成果的达成等层面，都很好地体现了深度学习的特征。

一是教学内容的选择。国学大师陈寅恪先生曾说："前人讲过的，我不讲；近人讲过的，我不讲；外国人讲过的，我不讲；我自己过去讲过的，也不讲。现在只讲未曾有人讲过的。"在这个信息化时代，教师也可提炼出"四不讲"：通过互联网搜索引擎能学习的不讲；学生通过查阅相关学习资料、工具书能解决的问题不讲；同学之间通过相互启发与交流能够解决的问题不讲；教师已经讲过的不讲。在这个知识爆炸的年代，教师显然不能只作为知识的拥有者和传递者，更重要的职责是如何帮助学生辨别真伪、明辨是非，如何让所学知识变得有用、有趣、有挑战，这是发生深度学习的前提。在此课例中，余党绪老师因为一个偶发事件，对教学内容进行及时调整，从而生成了颇具挑战性、新鲜感的新问题，大大激发了学生的探究欲和好奇心。

二是教学过程的情景化和探索性。通过不同时期不同人物对同一历史人物的评价材料的呈现，让思维产生碰撞，引导学生利用史学、文学等跨学科知识来解决真实复杂问题，让学生如同探案专家，通过模拟经历去还原历史真实场景和历史人物的全貌。

三是教学成果的达成度。行云流水，绝不是教学成果呈现的理想状态。对于尚未形成反省习惯的学生，教师就要善于借助各种手段，引导他摆脱或者暂停思维惯性，不要在肤浅、琐碎和散乱的意识流中"滑行"（孙绍振语），这就是"叫停"的内涵。从思维角度看，有深度的理性思考一定是沉滞的、苦涩的、矛盾的，而不大可能是轻松流畅的。教师只有通过有质量的问题，让学生的思维进入沉滞、迷惑与苦闷的状态，激发他们的探究与思考，最终通过努力得出的结论，学生才能体会历经千辛万苦最终登顶的满足感、愉悦感。通过这样的探究、思考、合理推论得出结论，避免了历史人物评价的脸谱化、标签化，让学生在潜移默化中形成了正确的史学观和文学观。

# 第六节　古诗深度学习之"诗眼"研究 ①

　　文有文眼，诗有诗眼。诗眼是诗歌中最为凝练、最富韵味、最有表现力、最能开拓意旨的，有着画龙点睛功用的关键词句。

　　"诗眼"大致分为两类。

　　一是表现为一首诗思想内容的凝聚点，揭示诗的主旨。这是全诗的诗眼，发现了它就等于抓住了诗的中心。如《赠汪伦》："李白乘舟将欲行，忽闻岸上踏歌声。桃花潭水深千尺，不及汪伦送我情。"这首诗主要写友情，但是它突出的却是一个"深"字，以水之深喻情之深，既形象又浪漫、既夸张又恰当地流露了对汪伦情谊的赞美。所以"深"是诗眼。它不仅概括了诗的内容，而且将"潭水之深"与"友谊之深"巧妙地联系起来。

　　二是诗句中最精练最传神的词语，或增强诗歌的形象性，使诗歌充满情趣，给人以丰富的想象；或使诗意更精确；或使诗句翻出新意。这是局部的诗眼。杜甫的《江畔独步寻花》："黄四娘家花满蹊，千朵万朵压枝低。留连戏蝶时时舞，自在娇莺恰恰啼。""满"和"压"就是诗眼。满枝蓬蓬勃勃的花遮住了小路，这就是"满"。而"压"又是"满"的原因，正由于千朵万朵的花相互挤压，绽满花朵的树枝才延伸到了花间小路上。可以想象其画面：鲜花满路，繁英压枝，香透天际。蝴蝶醉了，在尽情地欢舞，流连忘返；黄莺醉了，在婉转地歌唱，歌声悦耳动听。我们感受到了融融春意，勃勃生机，感受到了诗人无限的舒适和快慰。

## 一、如何抓"诗眼"

　　教师带着学生阅读鉴赏古诗时，就应引导他们学会巧抓"诗眼"和体会"诗眼"，这样才能更好地领悟诗的丰富含义和感受诗的无穷魅力。那么，如何引导学生去抓住"诗眼"呢？

### （一）抓全篇的诗眼

　　可以从诗题入手，有的诗题起到提示全诗中心的作用。也可以从抒发作者情感的、富有哲理的句子入手，这些往往是诗的中心句。"卒章显志"，这些句子常见于诗尾。

### （二）抓局部的诗眼

　　首先，关注动词、形容词。动词、形容词是叙事、写景、状物、抒情的关键字，自然成为锤炼字眼的重要对象。因而，动词、形容词作"诗眼"较为常见，比

---

　　① 本节由上海市宝山区共富实验学校奚赛娟撰写。

如前引诗句中的"压""满""深"。其次，关注新奇、反常的词语。古人炼字，反常必有深意。例如"大漠孤烟直，长河落日圆"中的"直"用得不合常理，"圆"又太俗，但细细品味，用得甚妙！"直"写出烽烟之劲拔、坚毅；"圆"给人亲切温暖而又苍茫的感觉。这两字不仅精确描绘了沙漠的景象，而且表现了诗人真切的感受，把孤寂的情绪巧妙地融化在广阔的自然景象之中。最后，关注运用修辞手法的词语。例如李清照的"绿肥红瘦"中，"肥"和"瘦"用了拟人手法。此外，数量词和虚词用得恰到好处时，可以使诗文气通畅，情韵倍增，不可忽视。

## 二、案例分析

### （一）陶渊明《饮酒（其五）》

首先，品全篇诗眼"心远"。教学时，可以由《爱莲说》中"晋陶渊明独爱菊""菊，花之隐逸者也"导入，提问："这首诗中哪一句直接点明了诗人隐逸超脱的情怀？"引导学生找到"心远地自偏"这句关键句。句中的"心远"是全诗的诗眼。"心远"就是思想上远离富贵荣华，远离物欲，精神上远远超出于尘世之外。正因为"心远"所以虽身处"人境"却没有"车马喧"，即虽生活在现实社会却杂尘不染；正因为"心远"所以才能放弃功名利禄，返回农村田园，才能"采菊""见南山"，看到"山气""夕阳"，与"飞鸟"相伴，"心远"的极致就是心境与大自然融为一体，心灵像大自然那样纯粹、淳朴。理解了"心远"的含义，就能打通这首诗的上下意脉，进而理解其意境和主旨，感受到诗人超然物外、寄情山水、悠然自得的情怀。

其次，品局部诗眼"见"。这首诗的另一种版本里，"见南山"的"见"字作"望"。最崇拜陶渊明的苏东坡批评说：如果是"望"字，这诗就变得兴味索然了。为什么"见"字换了"望"字就索然无味了呢？教师带着学生换字后，反复吟诵、比较，品味"见"字的精妙。

"见"字表明诗人看山不是有意之为，而是采菊时，无意间，山入眼帘。更能表现诗人悠然自得。而"望"是刻意的注视，缺乏"悠然"的情味。"见"也表现出人与南山的亲近，而"望"则有疏远之意。"见"更能表现诗人的心灵与自然融为一体。

### （二）杜甫《春望》

首先，品全篇诗眼"望"。

全诗围绕"望"字展开，教学时，从标题突破，提出问题："春望"的含义是什么？"望"可以解释为"望见"，也可以解释为"期盼"。

标题第一层含义即"春天里望见的景象"，诗的前四句写的就是诗人所望见的景象。诗人在春天里望见长安的城池在战火中残破不堪，满目疮痍，乱草丛生，林木荒芜。虽然也有鸟语花香，但物是人非，不由悲从中来，观春花而流泪，闻鸟鸣而怨恨。

第二层含义即"春天里的期盼"，期盼收到家书，期望家人平安；期望战争早日结束，期盼和平美好的生活。但现实是盼了三个月也没收到家书，期盼的和平迟迟不来，战乱依旧，所以诗人内心非常忧愤，白发更白更稀疏了。春天的景色原本是美丽的、生机勃勃的，而诗中春天的景色却是残破不堪的；春天，原本是充满希望的、昂扬的，但诗中却抒发了诗人的悲情和失望。"春望"为题，以乐衬哀，表达了诗人忧国、忧民、伤时、思家的情感。当然，或许换个角度来看，诗人即使很悲愤，即使无可奈何，但依然对未来抱着希望。

其次，品局部诗眼"溅""惊""搔""白发"。

"感时花溅泪，恨别鸟惊心。"运用拟人手法，将花鸟人格化。有感于国家的分裂、国势的艰难，长安的花鸟都为之落泪惊心。作者触景生情，移情于物。"溅""惊"二字是该句的诗眼，两个极有张力和冲击力的动词，生动地写出了国破家亡带给诗人心灵上极大的创伤！

"白头搔更短"句中的"搔"，意为"抓挠"。诗人为何抓挠头发？因为诗人面对战乱非常着急却又想不出办法，以至于把头发都抓脱落了，越来越稀疏了。诗人的头发为何都白了？是因为战乱愁白了发。当时杜甫只有 46 岁，他的头发是在"陷身贼庭，忧愤成疾"的情况下才全变白的，所谓"遭乱发尽白"。"搔"和"白发"两个词，生动地表现了诗人忧国忧民的爱国情怀。

让"诗眼"睁开，有助于体会诗歌的优美意境和蕴含的哲理。因此，以"诗眼"作为教学古诗词的突破口，不失为一条化繁为简、事半功倍的有效途径。正所谓"诗眼既得，便势如破竹，境界全出"。

# 第七节　古诗深度学习之今译重构策略 [①]

不同语言文学作品的交流和解读常常需要借助翻译。但同一语言的文学作品，例如汉语中的古诗，是否可以用现代语言"译"成新的诗歌，则常常存在争议。如果这种"译"，不是一五一十的对译，而是带有一定的主观色彩、表现出读者（即译者）创造性的，不知会激起旁观者怎样的感想。

这种将古诗变形与重构，呈现为现代诗歌的教学策略，我们称之为读写结合的新尝试。所谓变形，主要指的是诗歌的样式从古诗变为新诗；重构则指的是诗歌的结构、意象、细节等内容要适度调整重组，以体现读者对诗歌的理解以及创作的个性。

长期以来，古诗教学所采取的读写结合，往往是在阅读之后写一段赏析文字。或抓住意象意境，或紧扣写作手法，由景而情，托物言志，带有较强的应试

---

① 本节由上海市大同中学宋士广撰写。

色彩。学生的读，其实常常是教师的教，仅仅是知识和技能的理解和吸收，而写作则是表达和输出。教学中通常或为写而读，或以写促读，一者常常沦为另一者的附庸。无论哪种，读和写都是分离的，其结合的强度并不紧密。

阅读和写作表面上是对等的、彼此相关的两回事，实则内里是一回事。读就是写，写就是读，二者的结合要基于此，才会相契，才能双赢。

朱熹说读书有三到：心到、眼到、口到。我以为"心到"最为关键。一个人阅读时必然会带有自己的理解，虽不一定手到，落纸成文，但那一念间的文字已然在脑海中萌芽、盘旋，甚至初具雏形，这难道不也可以称作"虚写"吗？虽然"意翻空而易奇，言征实而难巧"，意与言之间，心到与笔到之间，还存在明显的差异，但意在笔先的作用是不可否认的。

在学者罗森布拉特看来，阅读是读者与文本之间的一种动态的沟通过程，读者在阅读时的反应可分为输出性阅读和审美性阅读。在输出性阅读中，读者主要关心的是他能从阅读中带走什么，专注于阅读中所获得的信息，因此，"输出"一词更近似于"科学的或解释性的"；在审美性阅读中，读者更专注于他与文本之间的关系，更关心的是在阅读活动中发生了什么，更注重阅读过程中的情感、审美和智性经验的体验和获得。因此，这样的阅读本身就有写作和创造的意味。

写就是读，指的是通过写作介入阅读。这里的写，不是传统意义上机械的仿写，也不是古文翻译那样的信达雅，而是以现代诗歌的样式来表达自己对古诗的理解和思考。

二者的结合，既有明合，也有暗合；既有形合，也有意合。无论阅读还是写作，最终都是为了达到学习古诗的目的。下面，我们就以胡适先生的一首译诗为例，来具体感知一下这种读写结合的魅力。

| 节妇吟 | 译张籍的《节妇吟》 |
|---|---|
| 【唐】张籍 | 胡适 |
| 君知妾有夫， | 你知道我有了丈夫， |
| 赠妾双明珠。 | 你送我两颗明珠。 |
| 感君缠绵意， | 我感激你底厚意， |
| 系在红罗襦。 | 把明珠郑重收起。 |
| 妾家高楼连苑起， | 但我低头一想， |
| 良人执戟明光里。 | 忍不住泪流脸上： |
| 知君用心如日月， | 我虽知道你没有一毫私意， |
| 事夫誓拟同生死。 | 但我总觉得有点对他不起。 |
| 还君明珠双泪垂， | 我噙着眼泪把明珠还了，—— |
| 恨不相逢未嫁时。 | 只恨我们相逢太晚了！ |

张籍这首诗，本意是以节妇自喻，表达自己对藩镇拉拢的拒绝和对朝廷的

忠诚不贰。胡适的译诗，既有忠实于原诗的部分——如诗的前三句和最后两句——但也有明显的改动。一是删掉了"妾家高楼连苑起，良人执戟明光里"两句；二是细节上的变化，"系在红罗襦"译成了"把明珠郑重收起"，"双泪垂"译成了"噙着眼泪"；三是抒情的变化，"知君用心如日月，事夫誓拟同生死"两句译成了"我虽知道你没有一毫私意，但我总觉得有点对他不起"，无论对方的"用心"还是自己的"事夫"都淡化了；四是增加了"但我低头一想，忍不住泪流脸上"这样的句子，原诗是最后才流泪。

胡适为什么要这样处理？主要是想去掉诗中政治色彩，将诗歌完全归于男女之情。"节妇"似乎对眼前的男子还是有点喜欢的，并没有把他当作一个好色之徒，而是称赞他对自己无私的爱。但出于对丈夫的忠诚，还是选择了拒绝。这样写，就更能突出她的"节"之坚定。

通过分析，我们发现胡适的译诗暗含着他对张籍诗歌的理解、鉴赏以及批评，同时也有自己新诗创作的主张与风格。它虽不是一首原创的诗歌，但也注入了译者的情感与思考，使古诗焕发出新的光彩。

若我们在古诗教学中尝试运用这种读写结合的方法，不但可以极大地调动学生的创作欲望，还可以有效改善古诗教学乏善可陈的现状，曲径通幽，提高学生古诗的鉴赏能力、新诗的创作能力，一石多鸟，岂不妙哉？

经过几年的实践，我逐渐总结出一些切实可行的步骤，简要概括起来共有四步。

首先，示例分析，寻找规律。以胡适的译诗为例。我们发现译诗既不同于新诗创作，因为它要受制于原诗；又不等于翻译，因为它必须有新诗的特质，有自己的东西。概括起来，就是要兼顾"似"与"不似"。如果不予指导，学生的作品交上来要么过于拘谨，要么完全走样。

表1 新诗、古诗之比较

| 比较点<br>对象 | 不似 | | | 似 |
|---|---|---|---|---|
| | 文字 | 押韵 | 结构内容 | |
| 古诗 | 文言 | 严格 | 固定不变 | 意象 行为 |
| 新诗 | 白话 | 自由 | 变形重构<br>适当增删 | 情感（立意） |

其次，借助支架，阅读古诗。最初，我唯恐学生不能完全理解古诗内容，先梳通一番大意，再共同讨论诗歌的意境和情思。但实践下来发现，学生被这种解读框住了，不敢施展手脚，致使译诗的创造性解读和表达不尽如人意。所以，后来我就设计了一张表格，让学生在自行阅读之后填写，这样反而极大地释放了他们的理解力，有利于译诗的创作。

表 2

| 诗歌关键信息表 | |
| --- | --- |
| 作者简介 | |
| 写作背景 | |
| 主要意象 | |
| 主要行为 | |
| 情感(立意) | |

再次，及时反馈，讨论修改。对于大多数的学生来说，将古诗译得形意兼备、主客相融是有难度的。因此讨论修改是有必要的。

例如孟浩然的《晚泊浔阳望香炉峰》："挂席几千里，名山都未逢。泊舟浔阳郭，始见香炉峰。尝读远公传，永怀尘外踪。东林精舍近，日暮但闻钟。"有一位同学的译诗如下：

寻

我驾船远航

扬帆千里

试图寻找那些传说中的仙境

然而一切似乎是徒劳

在无际的海面尽头

我依稀看到香炉峰

隐蔽在迷雾中

那传来的声声晚钟

敲击着我的心灵


慧远——

你是否还在那山寺中

虔诚修行？

总体而言，这首译诗还是很不错的。诗的第二节借对慧远的问询，表现出浓浓的禅韵，使得钟声有了别样的情意，充满想象力。但也有明显的错误与不足，如"在无尽的海面尽头"与原诗泊舟浔阳的情况不符。浔阳地处长江以北，应为"江面"。另外，"我依稀看到香炉峰 / 隐蔽在迷雾中 / 那传来的声声晚钟 / 敲击着我的心灵"这四句立意很好，遗憾的是写得较为直接。如果能适当运用一些修辞手法，将香炉峰写得更迷离惝恍，将晚钟声写得更悠远感人，会更有韵味。经过和学生的共同斟酌，我们将原诗的第一节修改如下：

我驾船远航

扬帆千里

试图寻找那些传说中的仙境

然而一切似乎是徒劳

在无际的江面尽头

我依稀看到香炉峰

隐居成一片烟水迷蒙

那传来的声声晚钟

轻轻漫过我的心灵

如此一改，将香炉峰拟人化。因为是"晚泊浔阳"，所以又设置了原诗中没有的"烟水"来烘托香炉峰，显得更加神秘，启人遐思。师生共同商量润色的过程，其实就是锤炼诗语开掘诗思的过程。

最后，殊途同归，赏评古诗。这是整个活动过程中最重要的一环。教师通过批阅学生的译诗，和学生一起润色作品，最终筛选出优秀的作品到课堂上交流，让学生在朗诵中加深对原诗的理解，获得一种创作的成就感。

举李白的《独坐敬亭山》："众鸟高飞尽，孤云独去闲。相看两不厌，只有敬亭山"为例。有两位同学创作的译诗如下：

### 幸好还有你

成群的鸟儿早已离去

唯一的云彩也正慢慢飘走

我有些依依不舍

可这一切终将逝去

幸好还有你

尽管你凝然肃立，默默不语

而我明白

我俩的心有共同的旋律

### 独坐敬亭山

深山中

无语的鸟儿走了

不断躲避着我的视线

走得没有了半点踪迹

碧空中

飘浮的孤云走了

也不愿听我弹完这最后一个琴音

也走向了远方的天际

只有我

看着高高的敬亭山

只有它

愿意默默地注视着我

相视无语
我们俩，谁也不愿走开
谁也不觉厌烦
温好的酒
又被风给吹凉了
举杯痛饮
凉凉的
使我感到越发的冷清
不知你是否也胜酒力
不如和我一同痛饮

洒酒在地
青草泥石弥漫着的酒香催人入睡
睡梦中我问自己
谁愿和我举杯痛饮
谁又理解我寂寞的心情
对
只有你，只有你

两首诗虽然长短相差很多，但对原诗的理解都是很深刻的。"幸好还有你"一句前面的句子近乎对原诗的硬译，但收束的诗句简洁有力，耐人寻味。"我俩的心有共同的旋律"既表现了诗人视敬亭山为知音的情感，也慰藉了自己现实中失意孤独的尴尬。《独坐敬亭山》则在原诗的基础上展开了丰富的想象，诗人手里有琴有酒，可是琴音鸟儿不赏浮云不听，只有敬亭山"愿意默默地注视着我"。酒虽在手，可是无人同醉风又吹凉，只有敬亭山"和我一同痛饮""理解我寂寞的心情"。

两首译诗殊途同归，把李白的孤独失意表现得淋漓尽致。学生的学习不再是简单地接受知识、理解作者，而是转化为一种鉴赏力、创造力、审美力。古诗学习不再是孤独的歌吟，而是产生了共鸣。

回顾自己的教学实践，之所以能够取得较好的效果，我认为有以下两个层面的原因。

客观层面，新诗和古诗在语言、情思、方法诸方面有千丝万缕的关系。新诗不只是文学革命，也是中国传统诗歌本体演进的一环。俞平伯说："我们现在对于古诗，觉得不能满意的地方自然很多，但艺术的巧妙，我们也非常惊服的。"[1]

---

① 俞平伯.社会上对于新诗的各种心理观［J］.新潮，1919.3（1）.

谈及诗歌的民族性,艾略特说:"没有任何一种艺术能像诗歌那样顽固地恪守本民族的特征。"① 正因为诗歌顽固地恪守民族特征,所以古诗才有了"译"为新诗的可能性。另外,当下古诗教学的乏善可陈也使得这种读写结合的方法显出一些新意来,能够吸引学生积极参与。

主观层面,中小学生的年龄和心理特点使得古诗教学的这种新方法成为可能。你让学生创作一首古诗,可能绝大多数的人难以胜任,即使勉强写出也是不伦不类。然而,你若让他们写一首新诗,绝大多数的人都可以完成,其中不乏优秀之作。为何会产生这种差别?因为学生的知识、经验等方面不足,但直觉思维、想象力发达。研究"微型化写作教学"的邓彤老师说:"写作能力也不是线性地由低级能力向高级能力依次发展的。人们一般认为写作能力中,思维能力是高级能力,而文本书写能力比较低级。但是,有现象表明写作者即使不具备低级能力,也可以形成高级能力。"② 所以,充分利用学生的直觉思维和想象力,适时适切引导他们译古诗,不但可以激发他们的兴趣,而且可以提高古诗的理解鉴赏力,以及文字的表达能力。

当然,我们也要看到这种新方法可能会喧宾夺主,使学生的精力更多聚焦在写新诗上,而对古诗有点冷落,对"译"有点隔膜。有鉴于此,首先要明确,我们这样操作的目的主要是为了更好地阅读古诗;其次,要利用好前面的表格,让学生能够抓住古诗的一些"关键信息";最后,写出以后,要能够让人看出译的是哪首诗。例如,两位学生译李商隐的《夜雨寄北》如下:

| 雨夜 | 私语 |
|---|---|
| 董颖婷 | 曹佳颖 |
| 你问我何时才能归来, | 你轻轻地问我 |
| 这是个未知数。 | 问我何时才能归来 |
| 窗外的池塘都已涨满, | 巴山的夜雨沾湿了这个季节 |
| 绵绵的相思占领了今夜的巴蜀。 | 秋池里你的笑靥 |
| 盼望着哪一天, | 盈立于我的心里 |
| 与你共剪西窗下的红烛。 | 却沉寂了你的讯息 |
| 剪也剪不尽的烛花, | 想问你 |
| 是你我默默的相思苦。 | 是否还记得一同倾谈的希冀 |
| | 那些绵绵的雨夜里 |
| | 空虚了我寄给你的信 |
| | 也凄清了你凝望远处的眼睛 |

---

① 艾略特.诗歌的社会功能[M]//杨匡汉,刘福春.西方现代诗论.广州:花城出版社,1998:87.

② 邓彤.微型化写作教学研究[M].上海:上海教育出版社,2018:41.

很明显,《雨夜》更忠实于原诗,《私语》则带有鲜明的个人色彩,想象力更丰富。但两首诗都抓住了原诗的一些关键信息,都是深刻理解了原诗的内容和情感,都是非常好的"译"诗。

受此启发,如果我们想要通过这种方法来锻炼学生"写"的能力,就必须要给学生更大的自由度,在"重构"上下功夫。要敢于打破原诗的顺序,要敢于融入自己的理解,要敢于展开适度的想象和联想。只有这样,学生的创作力才能得到最大程度的释放。

荒芜的夜

王韫嘉

荒芜的夜,
残存月的碎片,
寒光降下,凛冽浩劫。
皇皇大秦大汉武人,
烽火台边,四季无眠。
石城盘龙万里,却未通天,
早已与她含泪永别,
胡狄的箭矢,不留一点情面。
铁甲崩裂,正是
肝脑涂地时节。
你渴望用自己倒下的骸骨,
唤起无数龙城飞将,
屹立阴山之巅,
溃散胡骑万千。
可你不知的是,
这殷红的月,这流泪的雪,
已动荡千年。

你能看出这首诗译的是哪一首古诗吗?从"龙城飞将""阴山""秦""汉""月"等关键信息,不难看出译的是王昌龄的《出塞》。然而,从"与她含泪永别""肝脑涂地时节""这殷红的月""这流泪的雪"中,你又分明感到一种《出塞》里提及但并没有展开的内容。"万里长征人未还"一句非常凝练,也压缩了无数边关将士的柔情与壮志。

所以,如果想更突出"理解",就在"似"上下功夫;若想激发学生的"写作",就在"不似"上费心思。新课程标准要求"增强形象思维能力""增进对祖国语言文字的美感体验",提升"美的表达与创造""传承中华文化"等方面的能力。我觉得,这种古诗教学的新尝试具备良好的综合作用。如洪子诚教授说:"面对不同的诗,也不可能用一成不变的方式,需要寻找有效的通道。'通道'的说法，诗人西川用了'暗道'这个词，表示它的某种隐蔽晦暗的性质。"[1] 他还谈道："我觉得优秀的诗，总是具备'可携带'的品格。也就是对它们的阅读、阐释的可能性，总会超越具体时间、空间上的限制。"[2]

这种读写结合的新尝试，从某种程度上来讲，就是寻找一条通往古诗的有效通道，去挖掘古诗所具备的那种穿时空限制的"可携带"的品格。

---

[1] 洪子诚.文学的阅读［M］.北京：北京出版社，2017：157-158.

[2] 洪子诚.文学的阅读［M］.北京：北京出版社，2017：170.

# 第三章 现当代文学作品深度阅读教学

## 第一节 聚焦"前景化",引导新诗深度鉴赏 [①]

诗歌教学占中学语文教学内容的三分之一左右。有行内专家概括,目前中学语文现代诗教学的现状为"徘徊""远离""拒绝"。孙绍振先生也曾提到,像《再别康桥》这样的现代诗入选中学语文课本,"给中学语文教育界出了一个难题,流行的机械反映论和狭隘的社会功利论在这个文本中遇到了严峻挑战。"面对与传统古诗有明显不同特征的现代诗,鉴赏教学如何展开?本文拟借鉴文体学的前景化理论,以经典作品《再别康桥》为例,重点探讨现代诗鉴赏教学的基本路径。

### 一、前景化与现代诗的交际意图

"前景化(foregrounding)也叫突出,是文体学中最重要的概念之一,它是从绘画艺术中引进的,指人们在感受(视觉艺术)的过程中,需要把主体与其背景区别开来。"在诗歌中,前景化是指诗歌语言偏离常规。"前景化理论认为,语篇中的某些部分比其他的部分更能引起读者的注意,能够在读者心中产生显著的效果(psychological salient),因为它们具备显著特征,包括语言上的变异和一些特殊的语言模式(如平行、对称等)"。日常生活中,人们运用的语言基本是"自动化的",常规的,因此语言行为中有意识的程度就比较低。如果"把人们日常的标准语言看作是文学语言的背景(background),那么诗歌的语言就是对标准语言的'常规'进行有意识地违背",将语言行为本身置于突出位置,以达到审美的效果。

前景化与现代诗歌的交际意图关系十分密切。文本只有进入读者的视野,被

---

① 本节由上海市黄浦区教育学院附属中山学校段乐春撰写。

读者所理解，才能实现其交际意图。中国现代诗自出现之日起，为了实现跟读者交流沟通的目的，便表现出迥异于中国传统诗歌的种种特征。在慢慢走向成熟的过程中，诗人借助前景化手段，在诗歌中突出某些特征，以引导读者对诗歌语篇的认知，向读者传达自己对自然、社会和人生的深切感悟，逐渐形成了现代诗独特的风格与品质。由此可见，前景化理论对作者意图的实现具有很强的促进作用。

## 二、"前景化"特征与现代诗鉴赏

变异和平行是现代诗前景化的主要方式，也可以作为现代诗歌鉴赏教学的两条路径。

### （一）变异

变异是相对常规而言。诗歌语言只有超出常规语言，才能体现出诗歌的诗性特征。变异就成为诗歌的追求。因此，分析诗歌作品中语言的变异，就能把握诗歌的独特个性，实施诗歌鉴赏教学。

#### 1. 语音的变异

人们在日常生活中运用语言进行交际，基本按照习惯思维来表达，较少刻意考虑语音的节奏或韵律。但是语音偏离常态化的表达，能够在语义表达内容的基础上额外产生出音乐美，这在现代诗中经常运用。音乐美也成为现代诗突出的艺术特征。

押韵的变化体现诗歌情感的起伏变化。中国古诗有严格的用韵要求，且基本一韵到底。现代诗为了表达和交流的需要，突破了这种限制，且在用韵的变化中，体现诗歌情感的起伏变化。

《再别康桥》全诗共七节，每一节各自押韵。

第一节押"ai"韵，用的是柔和的怀来韵，与叠词"轻轻的"一道，烘托出缓步飘然而去的形象，伤感离别中又有些许轻盈与洒脱的情感。

第二节押"ang"韵，使用了韵部中洪亮的江阳韵。夕阳下，金柳幻化成新娘，荡漾的艳影让诗人情思颤动，陶醉于想象中的甜蜜时刻。

第三节押"ao"韵，选中的是柔和的遥条韵。在这仙境般的美景中，诗人难以自持，甘愿做一条水草，享受康河柔波的爱抚。

第四节押"ong"韵。这一节用韵更加讲究，虽然诗人选用了"虹""梦"两个主要元音不同的字为韵脚，但主要还是押洪亮的中东韵，说明诗人的情绪出现较大波动。因为康桥在诗人的生命中具有特殊的意义，可以说是他真正人生的起点，理想的孕育之所，情感中的一块圣地。因此，诗人的感情由沉醉到激动，接近高潮。

第五节干脆不用韵。诗人已然忘了要告别康桥，在梦中尽情地活一回，这种浪漫激情已到要放歌的地步。此时，诗人的情绪已至高潮，难以控制，干脆不用韵，无拘无束，凸显情绪的最高峰。

第六节押"uo"和"ao"韵，恢复用韵。诗人由幻想回到现实，想到当晚要和康桥离别，情绪低落下来，由梭波韵的低声私语，又回到怀来韵的柔和，正好与诗人内心的沉默相和。诗境复归于寂然。

第七节重复第一节韵，押淡淡的怀来韵，与第一节在用韵上的回环复沓，营构了一种悠远、怅惘、醇厚的氛围，表现了依依惜别的深情，增强了诗歌的表现力。

叠词和双声叠韵词的灵活运用，强化了诗歌的表意功能。《再别康桥》在语词的选择上，多处使用叠词"轻轻""悄悄"。"轻"和"悄"本身就有柔和的音乐感，加之重叠，就更显细腻缠绵了。诗人还大量使用双声叠韵词，如艳影、榆荫、清泉、荡漾、青荇、招摇、斑斓等，交织出纷至沓来的音乐效果，充分表现了作者的一腔柔情、不尽思念，渲染出全诗的情感基调。

2. 语法的变异

语法的变异主要指违背常规语法规则，达到非常规的程度。现代诗常采用语法的变异，形成"跳跃"，构成诗歌张力。诗人用这种有意为之的变化，来表达自己的情绪。在特定的语言环境中，诗人通过改变词语的常规组合方式来增强诗歌语言的表现力，表达独特的意蕴并使读者获得一种美的享受。《再别康桥》明明是和校园告别，诗人却写道：

我轻轻的招手

作别西天的云彩。

结尾又写道：

悄悄的我走了，

正如我悄悄的来，

我挥一挥衣袖，

不带走一片云彩。

在现实生活中，一般说告别，也会说"与某某作别"，常规语序应是"与西天的云彩作别"。作别的对象也很难说到云彩，而且还是"轻轻的""悄悄的"。即使要和云彩告别，云彩那么大、那么远，声音再响也不可能惊动它。语序的变异，搭配对象的变异，都流露出诗人内在的情绪。诗人通过想象和云彩告别，其实是回味自己美妙的记忆。和云彩告别，也是和自己的记忆告别。至于为什么是轻轻的，因为诗人在和自己的内心、自己的回忆对话。这种回忆，不是一般的回忆，而是隐藏在自己内心的秘密（参见孙绍振：《天知、地知、你知、我知——解读徐志摩的〈再别康桥〉》）。对这种秘密的回忆，只能把脚步放轻、声音放低才能进入回味的氛围（文本接下来就写出了诗人对自己心头秘密的回味与对梦的追寻）。类似变异的句式："悄悄是别离的笙箫""沉默是今晚的康桥"都在营造诗人独享的氛围：诗人在默默回味、自我陶醉、自我欣赏，不能和任何人共享；相反，校园的一切都是为了成全他悄悄回忆自己的秘密。

### 3. 语义的变异

"语义变异是现代诗歌语言中最常见的一种变异。"语义上的变异，主要是指语义逻辑上的不合理。诗歌语言通过逻辑上的不合理，来达到诗歌旨趣上的"无理而妙"。语义变异经常出现于修辞语言里，现代诗较多使用隐喻、通感等修辞。

隐喻修辞丰富了现代诗的意象内容。"隐喻（metaphor）来自希腊语，指一个语域中的词被转用在另外一个语域中。隐喻和明喻的区别在于前者没有比喻词。""按照语义的真实性原则，我们可以说，明喻通常都是正确的，而隐喻都是错误的。"这里的"错误"，是指隐喻造成了语义辨明逻辑上的不合理，其实语义的深层逻辑是合理的。"从广义上来说，隐喻也是一种语义变异"（认知语言学把隐喻看作是认识世界的方式）。诗歌里的隐喻，更多是隐在意象之中，但单独一个意象隐喻的内容是有限的，隐喻的丰富性源于意象与意象的关系。请看《再别康桥》第四节：

> 那榆荫下的一潭，
>
> 不是清泉，是天上虹；
>
> 揉碎在浮藻间，
>
> 沉淀着彩虹似的梦。

此节诗由意象"潭""天上虹""梦"构成隐喻修辞。这种隐喻的修辞，表面上看很不合理，初看起来互不相干，按照常理也很难一下联想到一道去。但仔细分析，这些意象又环环相扣，深层涌动着诗人的情感。

此节诗的意象有两重关系，诗人情感在这两重关系中递进。

第一重关系："潭"与"天上虹"。潭水是清澈的，但如果说成是清泉，由于这两个物象都是大家所熟知的，用清泉来衬潭水，对诗意和作者情感基本不起作用，反而显得啰唆。此两句妙在诗人先否定"潭"是"清泉"，把潭水最突出、也是读者最熟识的特点"清澈"否定掉了，却把潭水比喻成"天上虹"，诗歌的跳跃性非常大。初看起来，这样的联想是不合常规的，读者初读也是难以理解的。但仔细分析，诗人由潭水清澈倒映出天空的五彩斑斓，自然联想到了"天上虹"。"天上虹"倒映在水里，更见潭水的清澈，还有色彩斑斓，表达诗人刹那发现的欣喜。如果说，苏轼的《记承天寺夜游》里写"水中藻荇参差，盖竹柏影也"是近取譬的话，那么此处就是远取譬了。远取譬是现代诗追求的一种写作方式，意在表达诗人情感的流动。

第二重关系："天上虹"到"梦"联想。虽然有相似点"彩虹似的"，但无论如何，要由"天上虹"联想到"梦"还是有难度的。但是，当考虑到"天上虹"倒映在水里，水波微微荡漾，浮藻随之摇曳，水面上的"天上虹"的光华也像被"揉碎了"（类似于《岳阳楼记》里"浮光跃金"的效果）。这揉碎了的"天上虹"，断断续续、五彩斑斓，这也正像"彩虹似的梦"的特点：飘飘忽忽，又有点欣喜甜蜜。梦有过去、未来之别，"沉淀"又说明梦是过去的，不是未来的；是记忆深处的，不是表面的，所以要向"青草更青处"追寻。梦是美好的，充满了诗意的。这种隐喻，含蓄地表达了作者已然沉浸在过去好梦的回味中。

诗中其他一系列意象都丰富了这种美好，美好到诗人想要放歌的程度，如清泉是"虹"，碧水是"柔波"，杨柳是"新娘"。

通感将不可言说的心理具象化。通感"指文学艺术创作和鉴赏中各种感觉器官间的互相沟通，视觉、听觉、触觉、嗅觉等各种官能可以沟通，不分界限，它系人们共有的一种生理、心理现象，与人的社会实践的培养也分不开。"也就是在描述客观事物时，将本来用来表示甲感觉的词语移用来表示乙感觉，使意象更为活泼、新奇。

本节诗中，虹霓本来是虚无缥渺、似有若无，可望不可即的物象，可是诗人通过感觉挪移，用"揉碎"二字，将想象的物象，变成可以捕捉的实体，可以捧在手心，把玩揉搓。再来看"沉淀"。梦本来是看不见、摸不着的感觉性意象，但因为"沉淀"一词，将只可意会不可言传的感觉变成了具有视觉性的意象，赋予诗人此时的心理以具象的反映。"沉淀着彩虹似的梦"既写出康桥如梦般斑斓迷蒙的幻影，又隐晦表达出诗人那段无法舍弃的爱情，以及对这段情感的回味与陶醉。

4. 空间排列变异

现代诗空间排列上的违背常规常能带来奇特效果，凸显诗歌的文学性和审美性。《再别康桥》全诗共七节，每节四行，每节诗的二、四行，在排列上均低一格处理，使得诗的外形呈现"建筑美"，似乎与诗里所歌咏的康河柔波、诗人情感的起伏取得了一致。

**（二）平行**

"平行不仅在形式上会有突出的效果，意义上也会受到影响。通常平行可以使相近或者相反的意义更加突出。""平行包括对称、并列、重复以及排比"，通过在形式上对现代诗某些特征进行强调而产生前景化的效果。

《再别康桥》全诗开头三处用"轻轻"、第六节及最后一节三处用"悄悄"。"轻轻""悄悄"反复出现，全诗的构思集中在这两个词上，全诗的情感也集中在这两个词上，形成了凝聚式的构思模式。"这种凝聚式的构思模式，正是新诗从旧诗和散文的束缚中解放出来的历史里程碑。"

苏霍姆林斯基曾说，没有诗意的感情和审美的源泉，就不可能有学生全面的智力发展。现代诗教学既承担中学语文实现学科育人价值的重任，又是中学语文教学的难点与障碍点之一。借鉴西方文体观中的前景化理论，了解现代诗的交际意图，探求现代诗鉴赏教学基本路径，不失为中学语文现代诗鉴赏教学的又一视角与方法。

## 第二节　巧设活动，助力诗歌深度解读 ①

　　在《深度学习的内涵与策略——访俄亥俄州立大学包雷教授》一文中，包雷教授提到，深度学习是指培养学生高端的能力，包括高级思维能力、创造能力和分析问题解决问题的能力。他又提到，深度学习的主要目标是培养和提升人的高层次的思维和问题解决能力，深度学习的基本特征是重视高层次（也即深度）的思维和能力，这是深度学习的渊源。诚然，深度学习不是一个新的概念，它既与探究性学习有关，又与有效学习相连，更与我们常常提到的激发学生学习兴趣、以学生为主体等不无关系。然而，深度学习又不拘泥于探究性学习方式上的"探究"、有效学习成效上的"有效"，它更强调的是学生主动的、有意义的、自主参与学习的过程，更讲究的是一种高阶思维的培养与能力的培养。

　　就语文教学来说，要使学生的深度学习得以发生，教师必须要创设一个生动的语文课堂，这样方能激发学生兴趣，打开学生的心扉，让学生主动参与学习过程。而要打造生动语文，巧设学习活动是必经之路。好的学习活动能循序渐进，一层一层往上走，使学生从粗浅的了解进入深度的理解和应用，逐步走向整合、创造，进而达到深度学习。

　　在现代诗《雨》的阅读教学中，笔者尝试在宏观上、微观上设计学习活动以打造生动课堂、促进学生深度学习。

　　雷抒雁的《雨》短小精致：

五月的雨滴

像熟透了的葡萄

一颗、一颗

落进大地的怀里

这是酿造的季节呵

到处是蜜的气息

到处是酒的气息

　　诗人由"五月的雨滴"联想到"熟透了的葡萄"，再想象到丰收的景象，全诗充满了对五月的喜爱和对丰收的期盼和喜悦。总的来说，这首诗情感饱满、意象突出，有联想、有想象，易于仿写。

　　根据这首诗的特点，笔者设计了三个大的学习活动"读—品—写"来帮助学生理解这首诗歌。只有让学生充分地朗读，身心投入地想象体验，将诗歌中的

---

① 本节由上海市黄浦区教育学院李莹莹撰写。

"此情此景"变成"我情我景",进入"他我同一"的艺术境界中,凝神观照,守持虚静,才能缩短诗歌与学生之间的距离,使艺术的"陌生化"变为"熟悉化"。因此,在读的过程中,笔者采用多种形式如自由朗读、教师范读、学生个别读、男女生展示读、全班齐读来充分朗读这首诗,并且在读的过程中引导学生注意重音、节奏、情绪、情感的变化。

《雨》这首小诗,意象丰富,由"雨滴"联想到"葡萄",再想象到"蜜""酒",逻辑性强。因此,在品诗环节,笔者用四个层层推进的问题来带领学生鉴赏诗歌。

首先用"大家读了这首诗,脑海中浮现了一些什么画面?"来引发学生的想象,描述脑海中呈现的画面;以"诗歌中的哪些事物引发了你这些想象?"来引导学生注意四个意象"雨滴、葡萄、蜜、酒";通过思考"《雨》中的四个意象有什么关系吗?寄寓了作者怎样的情感?"来体会联想、想象,品味意象的妙处、寄寓的情感。四个问题环环相扣,使学生能充分领略诗中的形象性和逻辑性的魅力。

王国维在《人间词话》中写道:"诗人对宇宙人生,须入乎其内,又须出乎其外。入乎其内,故能写之;出乎其外,故能观之。"因此,欣赏这首诗歌,不仅要进得去,还要走出来;不仅要体会诗人的心境,还要能创造出属于自己的情境。在"写"的环节,笔者请学生仿照《雨》,以风、霜、雪或其他自然现象为题,写一首小诗,要求要有贴切的意象、有联想、有想象。

这首现代诗教学中,"充分地读"试图让学生打开心扉,进入诗歌的世界,让学习得以产生;"细致地品"让学生进行"思维的体操",在咀嚼涵泳中理解诗歌的意象与意境;"创意地写"让学生的"隐性学习"得以彰显,使学习效果有了一定评价的依据。

在诗歌阅读教学中,要想深度学习真正发生,除了教师在宏观上设计学习活动让学生感官"动"起来,还需要在微观上设计活动使学生的思维"动"起来,学生身心投入方能达到深度学习"提升学生的高级思维能力"等目标。在具体教学中,笔者主要采用"联系生活,迁移知识""善用对比,品味炼字""适时填空,辨析理解"几种方式开展了学习活动。

## 一、联系生活,迁移知识

在朗读环节,笔者设计了一个为"熟、葡萄、呵、酿"正音的活动。在讲到"酿"时,笔者请学生用"酿"组词:

师:你能用"酿"组一个词吗?

生:酿酒。

师:很好。你知道怎么酿酒吗?

生:把水和糯米之类的放在一个坛子里,再加入酒曲。

师:然后呢?

生:然后再把坛子密封,储存一段时间。

师：对，还要储存一段时间。看来你还是很有生活经验的，知道怎么酿酒。那"酿造"的意思是什么呢？

生：（一时回答不出）

师：结合你刚才说的酿酒的过程，酿造就是指造酒、醋的发酵过程，也用来比喻准备工作。

这一学习活动的设计意图是希望学生能联系生活经验，将生活中的知识与诗歌中的知识相联结。在理解诗歌中"酿造"的时候，借助生活中"酿酒"的步骤，使学生初步感知到诗歌想传达的五月是一个酿造的、孕育的季节，为正确理解诗歌的意蕴做铺垫。

## 二、善用对比，品味炼字

在品诗环节，围绕诗句"五月的雨滴／像熟透了的葡萄／一颗、一颗／落进大地的怀里"，笔者提出一个问题请学生思考：为什么作者将"五月的雨滴"比作"熟透了的葡萄"？学生答出"五月的雨滴很大、很圆，外形上与葡萄很相似"就没有下文了。针对这一情况，笔者设计了一个炼字活动，将"熟透了的葡萄"与"熟了的葡萄"进行对比，激发学生思考，拓展学生思维，进一步品读作者使用的比喻手法、联想特点。

师：诗中说"五月的雨滴／像熟透了的葡萄"，我可以把"透"字去掉，说"五月的雨滴／像熟了的葡萄"，这样好吗？

生1：不好，熟透了的葡萄可以体现葡萄很厚重饱满的样子。

生2：熟透了的葡萄马上就会从树上掉落下来了，就像天上落下的雨滴一样。

生3：熟透了的葡萄很甜，这里可以体现出五月的雨滴是甜丝丝的，与后文"蜜、酒"相呼应。

诗歌讲究炼字，一个"透"字的增删对比，激活了学生的思维，使学生注意到"透"字所传达出的意味与作用，在理解"五月的雨滴"的形象上更加生动、丰富。同样，在理解"到处是蜜的气息／到处是酒的气息"时，我将与"到处是丰收的气息"进行对比，让学生体会诗歌炼字的作用和意象的象征含义。

## 三、适时填空，辨析理解

《雨》这首现代诗虽短小，学生要准确把握这首诗的情感内涵却存在难度。而正确理解诗中的抒情句"这是酿造的季节呵！"是关键。因此，在理解"五月"的特殊意义时，我采用填空的方式"这是＿＿＿＿＿的季节呵"，让学生进一步把握这首诗的内涵。

师：诗中，作者用了"这是酿造的季节呵"。你能不能结合自己的体会填上其他词语呢？

生1：这是丰收的季节呵！

生 2：这是美好的季节呵！

生 3：这是劳动的季节呵！

生 4：这是耕耘的季节呵！

生 5：这是孕育的季节呵！

师：同学们一下说了这么多，你们能不能讨论一下，比较一下哪些合适哪些不合适呢？

生 6：我认为第一个不合适，因为诗中写的蜜和酒这一劳动成果是作者的想象，还没有到收获的季节。

生 7：其他四个比较合适，符合这首诗所要传达的五月是一个耕耘的、默默积蓄力量的季节，只有经过了这一阶段，才能迎来秋天丰收的喜悦。

生 8：我觉得还是诗人"这是酿造的季节呵"更好，酿造与后面的"蜜、酒"前后呼应，就诗歌的语境来说有一气呵成的感觉。

填空的结果显示，有的学生对这首诗的理解是欠准确的。而此处填空活动的设计，可以使学生"隐性的学习"得以外显，教师能直观地看到学生对这首诗的理解程度。在比较评判的过程中，学生自主辨析同学提供的词语，体会诗歌的内涵，体味原诗语句的贴切。

诗歌教学历来是语文教学的一个难点。诗歌以其语言的凝练、意象的丰富、情感的隐晦给学生带来了理解上的障碍。语文教师如果能巧设学习活动，诗歌凝练的语言会越咀嚼越有滋味、丰富的意象会越品味越有深度、隐晦的情感会在体会中越加明晰。打造生动课堂，实现深度学习，学生方能真正走进诗歌，拥抱诗歌，爱上诗歌。

# 第三节 设计主问题，促进散文深度学习 ①

郭华老师在《深度学习及其意义》中指出："所谓的深度学习，就是在教师引领下，学生围绕着具有挑战性的学习主题，全身心积极参与、体验成功、获得发展的有意义的学习过程。"从郭华老师给深度学习的定义来看，深度学习强调学习者的主动性，注重学习任务的挑战性和学生在学习中获得成功的体验，更多的是注重学生的高阶思维。可见，深度学习的主要特征是：注重批判理解、强调信息整合、促进认知建构、着意迁移运用和面向问题解决等。下面以郑桂华老师教授的《安塞腰鼓》为例，谈谈如何在散文教学中设计学习活动，促成深度学习的发生。

什么是主问题？余映潮老师认为："'主问题'是阅读教学中立意高远的有质

---

① 本节由上海市马陆育才联合中学徐慧撰写。

量的教学问题，是深层次课堂教学的引爆点、牵引机、黏合剂，在教学中起着以一当十的力量。"由此看来，主问题应该是能够立足文章整体、紧扣教学目标的问题。郑桂华老师教授《安塞腰鼓》就是这样，围绕她的教学目标，设计了两个主问题：安塞腰鼓有什么特点？文章语言有什么特点？整堂课就是围绕这两个主问题开展各种学习活动，最后收到很好的效果。可见问题设计不在多，而在于问题是否有效，是否能够给学生思考的空间，是否能牵动学生深层次思考。因此，要想促成深度学习的发生，真正做到"面向问题的解决"，问题的设计无疑是最关键的。

为了解决"安塞腰鼓的特点"问题，郑桂华老师设计的主要活动是：

1. 观看短片，直观感受安塞腰鼓的气势。

2. 交流观后的感受。看完短片后，郑老师抛出一个问题：有什么感觉？于是学生纷纷说出自己看到短片后安塞腰鼓带给自己的感受：有一种野气；他们打鼓的时候是热情奔放的，有一种轰轰烈烈的感觉；他们的手势、脚步都很整齐；动作整齐，气势雄壮，场面壮观……

3. 自由朗读课文。在充分调动起学生对安塞腰鼓的认知后，郑老师设计了这项朗读的活动。

4. 描述朗读感受。学生读完之后，比较看短片带来的感觉与从文章里获得的感觉是不是一致。

在解决"文章语言有什么特点"这一问题时，她设计了如下活动：

1. 圈一圈能传递出这种感受的句子。

2. 交流找到的句子。

3. 小组合作，再找一些特别能传递奔放之情的句子，想一想为什么是这些句子，它们在句式上有哪些特征？

4. 小组代表交流。

观郑老师的课，她的每项活动设计都是基于"面向问题解决"来展开的。学生在教师的一步步引导下，积极参与课堂的各项学习活动，并在活动中获得解决问题后的成功体验。而要解决好问题，让学生成为学习的主体，就要调动学生参与课堂的主动意识，让学生全身心参与到课堂中来。要实现这些，活动设计是不可缺少的途径。因此，有效的活动设计是促进学生深度学习的重要路径。

王荣生老师评价说："郑老师的《安塞腰鼓》……在文本语句的感受中开发学生的文学感受，让学生体验到文学感受细腻、丰厚的路径与方法。"能达到这样好的效果，完全有赖于郑老师能够实施有效的引导。下面我们看看郑老师如何一步步引导学生走向高阶思维。

生1：第18节，用了排比，语气上非常强烈，有递进的意思。

师：（板书：排比。）怎样排比的？

生1：第一个"有力地搏击着"，第二个"疾速地搏击着"，第三个"大起大落地搏击着"，表达的意思一个比一个强烈。

师：它跟下面的排比一样吗？"它震撼着你，烧灼着你，威逼着你。"

生1：一样，一个比一个幅度大，都是越来越强烈。

师：用词上呢？我们再来看一遍。

（教师范读："后生们的胳膊、腿、全身，有力地搏击着，疾速地搏击着，大起大落地搏击着。它震撼着你，烧灼着你，威逼着你。"）

生1：这里三个词都是说明了程度。

师：你们小组成员想帮助你一下。

生2："有力地搏击着"是力度，"疾速地搏击着"是指速度，"大起大落地搏击着"说明幅度。

师：这三个"搏击"和下面"震撼、烧灼、威逼"一样吗？

生2：不一样，后面表明气势很紧张。

师：前面一组排比都是"搏击"这一个中心词，作者从不同的角度来修饰它，就像你用到的"力量、速度、幅度"。

（板书：多角度修饰。）

而且都是从力量、速度这些有震撼力的角度来修饰的。

（板书：力量、速度、幅度。）

下面是连续运用三个动词：震撼、烧灼、威逼。

从这个过程中，我们看到郑老师通过追问学生、与其他句子比较、朗读示范、词语的运用等多种形式，不断转换角度，给学生提供思考的路径，对学生是启发、指导，而不是硬塞。在郑老师的因势利导下，学生打开自己的思路，思考问题越来越全面，越来越深入，直到真正解决问题。可见，教师的有效引导是促进学生深度学习的必要桥梁。

综上所述，在散文教学中合理设计主问题，配以有效的活动设计，再加上教师的有效引导，就能激活学生的思维，调动学生的积极性，让学生真正成为学习的主体，最终促成深度学习的发生。

# 第四节　基于学情设计活动品味散文语言 [①]

深度学习，就是指在教师引领下，学生围绕着具有挑战性的学习主题，全身心积极参与、体验成功、获得发展的有意义的学习过程。其特征表现为：学生能根据当前的学习活动调动、激发以往的知识经验，对学习内容加以组织，建构出自己的知识结构；在学习的过程中展开积极的合作与沟通；能够抓住教学内容的

———————

① 本节由上海市虹桥中学郭荷苗撰写。

关键特征，全面把握学科知识的本质联系；能将学到的知识迁移与应用。

如何引发学生的深度学习？首先，教师必须要洞察学生的已知和未知，及其可以达到的高度，从而确定学生自觉发展的最近发展区。一直以来，教师都知道教学要立足于学情，可如何才能把握学情却是大家的苦恼之处。不能洞察学情，教学往往找不到着力点，课堂教学就会无的放矢；学生缺少参与的积极性，常常处于精神涣散状态，自然不可能成为学习的主体，更不可能促成深度学习。

其次，教师必须通过恰当的"教学材料"来提升、发展学生。这就意味着教师必须要研读教材，深入解读。平时要做有心人，从日常阅读中整理收集可用于语文教学的种种资料，结合所学内容选择适切的教学材料，帮助学生提升、发展核心素养。

最后，教师要帮助学生"亲身"经历知识的发现与建构过程，使学生真正成为教学的主体。这就意味着，教师要善于设计种种活动，通过真实任务的情景，带着学生体验，在体验中激发学生调动原有的经验，学习新的知识。

李海林老师认为，语文课程的语用性质决定了其知识层级的整体性、融合性，也决定了语文学习的生成性和积淀性。因此，语文学科的深度学习是指"深刻地学习"，其标志主要是"深刻的学习痕迹"。然而能否在学生心里留下深刻的痕迹，与学习内容的深浅并没有对应关系。对语文学科来说，深度学习主要是指一种学习方式。学习目标一个是语感发展，一个是思维发展。语文深度学习就是指在语感和思维上留下深刻痕迹的学习过程。

笔者非常认同李老师的观点。在学习魏新磊老师的经典课例《秋天的怀念》时，发现基于学情的语言品味是促成学生深度学习的有效途径。

史铁生《秋天的怀念》讲述的是一位重病缠身的母亲，体贴入微地照顾双腿瘫痪的儿子，鼓励儿子好好活下去的故事，歌颂了伟大无私的母爱，表达的是作者深深的怀念和愧疚之情。许多老师都喜欢这篇课文，并拿它来开公开课，成功的课例也有不少。魏老师的这堂课是引导学生深度学习的一个范例，很值得学习。整堂课就是通过语言品味，引领学生走入母亲和儿子心灵，体味其中的情感。

首先，魏老师洞察学情的途径，看似信手拈来，实则充满智慧。魏老师是借班上课的，对学生的情况不了解，而教师要引发学生的深度学习必须基于学情。所以魏老师一上来在明确本堂课的学习目标后，就请班级语文课代表推荐同学朗读课文。这一环节看似随意，实则颇有策略。因为课代表对同学的情况熟悉，而且得到魏老师如此重要的委任，心理上一下子与教师亲近许多，必定会慎重对待。在公开课上朗读，既有朗读水平的考验，也有心理素质的考验，课代表推选的肯定是自己信得过的、关系比较好的、朗读水平比较高的同学。

这位同学朗读完毕，魏老师首先表达了感谢，接着肯定了这位同学读得渐入佳境，读得非常好。然后从学生朗读中的小错误生成了语言品味点：①"睡不了"与"睡不着"有没有区别？②两个"望着"、两个"听着"与一个"望着"、一个"听着"表达效果有什么不同？哪个更好？这个环节一则体现教师听得分外专注，二则对学生的朗读评价具体而且中肯，让朗读的同学受到鼓舞，增添自信。更重要的是体现了学生朗读的意义——教师把握学情的捷径。此举让我豁然开朗，一直困扰自己的学情把握原来可以如此达成。

师：我们向这位同学表示感谢，（老师鼓掌，同学跟着鼓掌）为什么呢？因为这位同学刚开始有点紧张，有点不是很愿意读，但是大家发现没？她读得渐入佳境，读得非常好，所以我们向她表示感谢。她读的时候对很多地方的处理我都表示赞同，也有读错的地方。有的读错的地方没有必要纠正，大家知道就行，但是有一处错误必须要探讨一下。不知道大家发现没有？文中有一句话："后来妹妹告诉我，她常常肝疼得整宿整宿翻来覆去地睡不了觉。"这位同学怎么读的？

生1：睡不着觉。

师：哦，睡不着觉。我想问大家，能不能把"睡不了"改成"睡不着"？

生2：我觉得不可以。因为"睡不了"是想睡但不能睡，"睡不着"是可以睡但没睡着。

师：也就是说，"睡不着"是可以平静地躺在床上，但可能因为激动等原因睡不着。"睡不了"也许意味着躺在床上怎么样？对，疼。疼得躺在床上都很困难，所以整宿整宿翻来覆去地睡不了觉。一字之差，区别非常大。我们的语言品味就从这里开始。刚才这位同学在读的时候，有一个地方她读得不顺，听起来有一点点别扭。什么地方呢？就是文中这句话："望着望着天上北归的雁阵，我会突然把面前的玻璃砸碎；听着听着李谷一甜美的歌声，我会猛地把手边的东西摔向四周的墙壁。"她在读"望着望着""听着听着"的时候，听起来不顺，有点别扭。告诉大家一个很有意思的问题，前几年我们上海的教材在编写《秋天的怀念》时候，都是一个"望着"、一个"听着"，但最新的教材中又重新尊重了史铁生的原作，用了两个"望着"、两个"听着"，这个反复耐人寻味。大家品味一下，到底用一个好，还是用两个好？

其次，魏老师引领学生围绕着具有挑战性的问题深入学习。当魏老师在巡视中发现众多学生圈画了几个"悄悄地"，对学生的已知心中有了数，确定了学生自觉发展的最近发展区。魏老师放下大家已经关注的"悄悄地"，引导学生探讨"两进""两出"中没有用"悄悄地"的一处。这是许多老师想不到的点，可是这一转折非常巧妙地引领学生进入了深度学习。

师：我们再回到刚才这位同学的朗读。刚才她在读的时候，有一句话我印象特别深刻，就是第二段结尾的那句话："她又悄悄地出去了。"我刚才说她读得渐入佳境，她读到这个地方的时候真的入了佳境，读得非常用心，非常用情。我刚才在班里走动，发现大家基本上都对文中的两处"悄悄地"做了标记，说明这些地方已经得到了大家的关注。这里我不再让大家关注已经有的，我想让大家关注没有的。母亲在文中有"两进""两出"，大家快速找一下在哪里？

第一处是"母亲就悄悄地躲出去",第二处是"她又悄悄地进来",第三处是"母亲进来了,挡在窗前",第四处是"她又悄悄地出去了"。虽然后面还有"她出去了,就再也没回来",但和最后一次实际上是一次,我们不再重复。大家发现没有,这四处当中,有一处没有加"悄悄地"?

生:"母亲进来了,挡在窗前。"

师:为什么这一处没有用"悄悄地"?换句话说,为什么这一次母亲不是"悄悄地"?

再次,魏老师善于抓住学生自以为懂其实并没有懂的地方,引发深度学习。

师:我们常说言为心声,我们干脆再来进一步体会一下这个儿子怎样不体谅。我们来看第二段的对话,母子之间的对话。我想请两位同学起来对话,直接对话,旁白不要。一位女同学读母亲,一位男同学读"我"。

……

生1:唉呀,烦不烦?几步路,有什么好准备的!

师:好,就到这里。我们首先来看"我"读得怎么样,他哪个地方读得最好?

生(全体):"唉呀,烦不烦?"那一句。

师:对,这句话,他读得很好。是不是类似的话我们在家也经常说?

(学生有的笑着说"是",有的说"没有"。)

生1:没有。

师:如果没有,你在读的时候还能读这么好,那就说明你能设身处地考虑当事人的心情,更好。(面向全体)但是,对"什么时候"的处理似乎不妥。他读的是"什么时候?"(模仿生1),似乎很期盼的样子,儿子在这里是很期盼吗?

生2(摇头):不是。

师:那么,该怎么读?(指着生1)你再来读一遍。

生1:什么时候?(声音很洪亮,一些学生在笑)

师:你觉得这次读得怎么样?

生1:不好。

师:不好再来一遍。

(生1有点迟疑)

师(鼓励地):我觉得你可以,再尝试一次。

生1(酝酿了一会儿):什么时候?(懒懒的语气)

师:很好!这里,越平淡、越没感情,也许越切合作者当时的心态。

……

师(指着生3):刚才,这位同学在读的时候,有一个地方读错了,把"北海的菊花开了"读成什么了?

生(全体):"北海的花儿开了。"

师:那我问问大家,这里能不能把"菊花"换成"花儿"?我们再来看看前面一句类似的话是怎么说的？

生（全体）："听说北海的花儿都开了，我推着你去走走。"

师（语速很慢，似乎若有所思地自言自语）："北海的菊花开了，我推着你去看看吧"和"听说北海的花儿都开了，我推着你去走走"，这两句话，一样吗？

这个分角色朗读母子对话的环节，可能很多教师也会采用，但是能像魏老师这样深度开掘的恐怕不多。请学生体味"什么时候"该怎么读，"北海的菊花开了"读成"北海的花开了"可以吗？这些问题一般教师是很容易忽略的，对学生来说通常也是自以为没有疑问之处，可是魏老师非常敏锐地抓住这些出错点，引导学生比较、体会，从而促成深度学习。

综上所述，笔者认为，基于学情的语言品味才能在语感和思维上留下深刻痕迹，有效达成深度学习。作为语文教师要以促成学生的深度学习为目标，那么钻研教材务必要细、要深、要透；洞察学情不求全面，但是务必要有敏锐的眼力、耳力、心力；要深入了解学生学习的方式和困难，唯有如此才能真正帮助到学生。

# 第五节　基于认知冲突，设计散文深度学习活动 [①]

2017版《普通高中语文课程标准》中提出了语言、思维、审美、文化四个方面的语文核心素养，这为当下的高中语文教学提出了明确的要求，也为教师在教学设计中如何建立起文本解读的内容与学生素养发展的要求之间的关联提供了一个清晰的思路。在这四个核心素养中，"语言"为基础，"思维"为核心。

然而，在具体实践中，我们很难摆脱以往设计教案时的思维定势，许多文本解读仍旧停留在"通用性"的解读套路中，使得在某些课堂中学生的学习是"被动的"，学生存在"人在心不在"的情况。面对学生的个体化差异导致的思维品质的差异，只有基于差异形成的对于文本、对于教师的设计可能存在的认知冲突，进行切实有效的师生互动，创设具有思维深度的课堂问题，方能使学生的语文学习走向深入。这亟待我们的课堂建构起基于学生认知冲突而设计的有效教学，从而在文本语言的品味中，真正实现学生的思维交锋，提升学生的思维品质。

## 一、基于抽象内涵的认知冲突

在教授《草莓》一文时，我发现，对于学生来说，这样的文章思想是清晰明确的，学生在初读时就能够准确把握"生命之变"的内涵。这种情况下，教师还能教学生什么呢？其实，学生的理解往往是通过简单的"筛选"得出的结论，并未形成

---

① 本节由上海市第十中学陈杰撰写。

对文本语言进行深入的品味与思辨后沉淀出的观点。这种读不是建立在"品""析"的基础上的，无法真正呈现出学生的思维品质。因此，在教学过程中，教师应挖掘文本中具备抽象内涵的语言，建构认知冲突，从而提升学生的思维品质。

例如，在《草莓》一文中，通用性的解读往往关注草莓的独特象征，认为草莓象征着人生的不同阶段，从而关联起后文的解读"我们度过的每一天时光都赋予了我们不同的色彩与形态"。文中"草莓"作为一个"触媒"来讲，如此解读确实没错，的确能够基于此达成对于生命不同阶段的独特性的理解。然而，这样的解读仍然是"草莓"触发的作者的思考。那作为一个"触媒"来说，这样的"草莓"能够触发学生怎样的个性化解读呢？若能够将学生的个性化解读与作者的思考关联起来进行思辨，这样的课堂才有深厚的思维品质。

这并非空谈。上海市教委教研室邹一斌老师在谈及本文的解读时，特别提到文中的一句："在林间草地上我意外地发现了一颗晚熟的硕大草莓。"这句话中"晚熟"与"硕大"两个定语应当包含着作者与译者的深层思考，同时也使得"草莓"具备了抽象内涵。诚然，本文的最终目的是思考生命不同阶段的不同意义，但生命各阶段的不同究竟体现在哪里？不同的学生应有个体不同的感悟。加之，本文是一篇叙事情节不强的翻译作品，文本有大量的信息缺失，教师在教学中更应该关注文中内涵抽象的语言所引起的学生认知冲突。

类似的还有《合欢树》中对于"孩子"这一对象的解读。对"孩子"的抽象内涵解读不一，有些教学设计为了追求答案的统一、思路的统一、解读的统一，抛弃了对于"孩子"这类容易造成多元个性化语言的对象的解读，这本身就是一个误区。若课堂都是为了追求答案、思路甚至对抽象内涵解读的统一，那么这堂课的意义又在哪呢？学生思维品质的提升点又在哪里呢？

对于此类的"抽象内涵"的思辨，即使是用整整一堂课进行有效思辨也是有意义的，要让学生在讨论的过程中关注文本的内容和作者其他作品的内容，如《草莓》这类翻译之作，还能比较不同版本译作间的细微差异。在这些文本语言的品读过程中，学生更能够达成对文章思想的个性化理解。教师不妨在个性化的解读形成之后，再从中寻找他们之间的共同之处，从而做到对教学设计意图的回归。

## 二、基于内在关联的认知冲突

通用性的教学设计往往会采用按部就班的方式，力求对文本进行面面俱到的解读。笔者在对散文阅读教学中"主问题设计"的思考与研究中就发现，这样的课堂充斥着琐碎的连问、追问，使得课堂教学碎片化。2018 年上海高考语文中第 7 题"概括文本的论证思路"或许可以给我们的教学提供一个值得关注的焦点：在关注文本抽象内涵的语言后，更应关注文本作者的思路，使学生不仅明确作者表达了什么，更要使学生思辨作者是怎样表达的。

《草莓》一文中，一至三段写草莓的变化，后文四至六段写生命的变化。二者并非简单的象征关系，更存在着内在的逻辑关联。一至三段作者两次提及"发现"，教师可以引导学生展开对于作者"发现内容"的理解。由此可以进一步挖掘，作者的"发现"不仅是季节景色的不同，更在于这些不同之间存在着层层深入的关系。例如，作者发现景色变化时选用了四个对象——天空、树木、鸟儿、空气。这四种景物中，天空、树木、鸟儿的变化是作者一眼就能够感知到的，而空气的变化作者却是这样写的："这是翻耕了的土地、马铃薯和向日葵发出的芳香。"在这中间就存在着文本间的内在关联。相较于前者的"衰败秋景"，此处的景象透露出的不仅是景物的"亮色"，更是景物变化中需要深刻体味才能察觉出的丰富的"芳香"。这就可以引导学生形成个体的认知冲突——晚熟草莓的变化、季节景色的变化究竟带来的是什么？思考过后，或许能够与后文生命的沉淀、"信仰和理性大厦的落成"形成关联。

又如，在《合欢树》一文中，可以引导学生关注文末"孩子"这一对象的深刻内涵，从而形成个性化的解读。将"孩子"放在整篇文章的结构、思路、逻辑框架中，也可进行不一样的思辨。纵观《合欢树》全文，作者的思路经历了"人—树—人"三次转变，在这过程中，"合欢树"成了作者悲伤的生命体验中唯一的亮色，并在此基础上引出了默默看树并且不哭不闹的"孩子"。在这样的思路转变中，称谓也从前文的"妈妈与我"变成了"母亲与孩子"，树成了寄托母爱的载体。在这样的文本内在关联中，作者完成了对母爱从"独特性"到"普遍性"的塑造，使得文章的哲学意味得以展现。若缺失对于文章内在关联的认知冲突，缺失了对于学生的教学引导，就很难达成对这一问题的有效思辨，也就难以提升课堂的思维品质。

### 三、基于个性解读的认知冲突

课堂教学的问题设计是引导学生思维展开的主导因素，教师只有突破通用性解读的思维定势，才能使自己关注到文本中更多值得关注的语言形式与内在逻辑。如果仅仅按照通用性解读对《草莓》进行设计，只强调作者通过草莓"由物及人、由物及理"的写作特色，那么就会对学生的思维形成限制，学生很容易跳脱出富有抽象内涵的语言，仅关注文章表达的生命体验与思考。这样的教其实和学生自读文本后的感受并无二致，课堂无法得到更有效的思维沉淀。

那么，个性化的解读需要关注哪些要素呢？

#### （一）关注文本的语言形式

散文的教学需要触及这篇散文与这类散文的关系。哲理散文中的"人"与"物"的描写究竟与文章表现的哲理思考有何关系？如本文涉及的《草莓》一文中种种对"草莓"的不同描写，又如《胡同文化》中表现"忍"时所涉及的不同文学作品中的人物形象与背景特征，都需要教师做到细致的解读与梳理，使学生在课堂的思辨中形成对一类文本的思辨意识。

**（二）关注学生的学习经历**

课前自读反映出学生解读文本的特点与习惯，课堂的讨论与回答、课后的作业与检测所呈现出的问题都直观地反映出学生的学习经历。当教师已经发现学生阅读文本的某些问题时，就需要抛弃教案设计中的范式，从而构成与自己通用性解读相异的认知冲突。学生的固有阅读习惯会使其在解读文本中对一些重点内容与关联的关注不够，而教师个性化解读的目的就在于通过课堂的问题建立起对这些关注不够的"内容与关联"的认知冲突。只有这样课堂才是有发展、有延伸、有意义的。

**（三）关注教学中的问题意识**

问题意识体现在两个方面，即教师的问题意识与学生的问题意识。

教师的问题意识需要教师关注的不仅是"文章写什么？"而是"文章为什么这样写？""这样写有何深刻内涵？"在教学设计的过程中，问题意识不仅是学习教学参考设计中如何设计，或是别人的教学设计中有何亮点，而是总结自己对这篇文章的理解并发掘理解过程中的问题。这些问题与思考都是可以在课上拿来进行讨论、思辨的，可以形成教师、学生、作者三者之间思想上共鸣或冲突。

学生的问题意识需要教师引导，让学生多对文章提问题。在课前预习中，我习惯于让学生读完文章提出问题，那些生动又富有个性的问题是教师展开个性化解读并构成与通用性解读相冲突的设计的依据，同时又可以关注到学生的学习经历。所谓"解惑"不正是在问题的思辨与探讨中，解决困惑并达成对文本更深入的解读吗？

因此，核心素养的培育需要更为有效的语文课堂教学，有效的课堂教学需要更多的认知冲突。只有更多的思维沉淀，才能在沉淀的过程中提升思维品质，才能最终使学生的"理性的大厦"落成。

# 第六节　聚焦文体特征，设计小说深度阅读活动 [①]

《哦，香雪》是统编版高中语文教材必修第一册中的新课文。这是一篇反映社会主义建设新时期和改革开放的作品，以独特的视角和诗意的叙述方式展现了一个特定时期的社会心理和时代风貌。

本文教学，一方面要落实课文的德育价值，使学生通过小说中少女特定的视角，感受改革开放这一重要历史时期的时代特征，体会青春诗意与时代春天之间和谐的奏鸣；一方面要赏析小说精妙的细节描写，领会细节描写对于塑造人物形

---

① 本节由上海市五爱高级中学方佳琦撰写。

象、揭示小说主题的重要价值。

【教学目标】

1. 学生能够理清小说情节，赏析细节描写对人物形象的刻画作用。

2. 学生能够通过山村少女特定的视角，阐释细节描写与社会巨变之间的关联。

【教学重点】

赏析本文将细节描写融于景物描写及人物对话中的特殊手法。

【教学过程】

## 一、诗意导入

小说标题《哦，香雪》，非常别致。通过预习我们知道，"香雪"是小说的主人公。小说主要写了一个女孩香雪与铅笔盒的故事。故事很简单。可是作者为什么在"香雪"前面加了一个"哦"字呢？我们来读一下题目。

（学生用各种语调朗读"哦"，体会"哦"的韵味。）

这个"哦"为小说增加了些什么内容呢？正如标题所确定的基调一样，作者在小说中运用了抒情性、咏叹式的笔调，为我们描绘了一群美丽乡村少女的美好形象，叙述了一个发生在特定时代里的美好故事。青春年华的旋律与社会进步的节拍，合奏出动人的时代咏叹调。我们一起来看这个故事。

## 二、抓梗概、品细节

### （一）梳理情节脉络

请根据你的课前阅读理解，概述本文故事情节。

明确：问铅笔盒—换铅笔盒—得铅笔盒。

### （二）感受细节魅力

小说是血肉丰满的艺术品，有其内在丰富的韵味与内涵。阅读小说只是简单地梳理出故事的框架是不够的，我们还要从作品细腻之处赏析品味。

阅读下面"问铅笔盒"片段，体会作者是如何借助细节描写将这一简单事件写得摇曳多姿的。

有时她也抓空儿向他们打听外面的事，打听北京的大学要不要台儿沟人，打听什么叫"配乐诗朗诵"（那是她偶然在同桌的一本书上看到的）。有一回她向一位戴眼镜的中年妇女打听能自动开关的铅笔盒，还问到它的价钱。谁知没等人家回话，车已经开动了。她追着它跑了好远，当秋风和车轮的呼啸一同在她耳边鸣响时，她才停下脚步意识到，自己的行为是多么可笑啊。

学生分组合作，完成如下学习任务。

1. 研读"打听"：作者为什么不厌其烦地连用四个"打听"，用意何在？

点拨：可以从表述方式和"打听"的内容上思考。

明确：从表述方式上看，连用四个"打听"，重复表示强调。强调了香雪对外面的世界、对大学、对精神文化的东西是非常感兴趣的，她甚至还问到铅笔盒的价格，说明她已经动了想要得到它的念头，而且渴求、渴望。再看"打听"的内容。香雪打听的这四个事物：外界、大学、诗歌、铅笔盒，范围逐渐缩小，逐渐具体，最后落到"铅笔盒"上，构成了整个故事的线索。四个"打听"，表现出香雪这个乡村少女对外面精彩世界的极度渴望，香雪的内心指向、精神追求都包含在内。

2. 研读"秋风和车轮的呼啸"，这一细节描写有何用意？

问题一：请学生想象一下上文中画线句描摹出一个怎样的画面。

明确：细读这句话，可以感受到一个十七岁的小姑娘跟着火车狂跑，跑了很久。当她意识到已经追不上的时候，才停下来。

问题二：将"当秋风和车轮的呼啸一同在她耳边鸣响时"改成"当她意识到已经追不上的时候"在表情达意上有何不同？

明确："当她意识到已经追不上的时候"，意味着当初她一心想追火车，根本没想到自己其实追不上火车，表现她对铅笔盒的执着与渴求。与这句话相比，"当秋风和车轮的呼啸一同在她耳边鸣响时"表述得更细腻、形象。

问题三：事实上"秋风和车轮的呼啸"一直都存在，为什么到后来才意识到呢？

明确：因为这时她脑子里面全部都是铅笔盒，渴望铅笔盒的念头是如此的强烈！强烈到她完全沉浸在自己的世界里，听不到任何的声响。直到她筋疲力尽之后，才能感知到车轮巨大的声音。

小结：在上述片段中，秋风与车轮呼啸声这些看似不起眼的一些细节，奇妙地以景物描写的方式，起到了心理描写的效果。确实是大家手笔。

3. 学生自读"得铅笔盒"片段。

下面的片段描写了香雪得到铅笔盒后的一系列动作细节，这些描写表现了香雪怎样的心理状态？

她这才想到把它举起来仔细端详。她想，为什么坐了一路火车，竟没有拿出来好好看看？现在，在皎洁的月光下，她才看清了它是淡绿色的，盒盖上有两朵洁白的马蹄莲。她小心地把它打开，又学着同桌的样子轻轻一拍盒盖，"哒"的一声，它便合得严严实实。她又打开盒盖，觉得应该立刻装点东西进去。她从兜里摸出一只盛擦脸油的小盒放进去，又合上了盖子。只有这时，她才觉得这铅笔盒真属于她了，真的。她又想到了明天，明天上学时，她多么盼望她们会再三盘问她啊！

提示：重点研读动作描写词语：端详、看清、打开、轻轻一拍、又打开、摸出、放进去、又合上……通过品读这一系列动作，体会香雪丰富的心理变化。

思考：若改成"绿色""马蹄莲"可不可以？表达效果有何不同？

　　明确：强调"淡绿色"，更符合香雪此时此刻的心境。因为这个铅笔盒是她梦寐以求的，可能在火车上香雪就已经认真看过了铅笔盒的颜色与图案。此时，在月光下，香雪一遍遍地欣赏、抚摸这个心爱的铅笔盒，"只有这时，她才觉得这铅笔盒真属于她了"。"打开、轻轻一拍、又打开、摸出、放进去、又合上"这一系列动作细节，写出香雪如愿以偿获得铅笔盒之后的无比欢愉与幸福的心情。

### 三、品对话、析心理

　　分角色朗读如下人物对话，思考问题。

　　"房顶子上那个大刀片似的，那是干什么用的？"又一个姑娘问。她指的是车厢里的电扇。

　　"烧水在哪儿？"

　　"开到没路的地方怎么办？"

　　"你们城市里一天吃几顿饭？"香雪也紧跟在姑娘们后边小声问了一句。

　　问题一：香雪的问话与别人有何不同？

　　明确：其他女孩子关注的是眼前所见到的有关火车及车厢内部的东西，而香雪问的是城里人的生活方式——一天吃几顿饭。这一对话所包含的内容上的细微差异，看似无关紧要，其实却能够折射出人物不同的心理需求，值得读者细细体会。

　　问题二：如何理解香雪问话中"城里人一天吃几顿饭"这一细节中所包含的丰富内涵？

　　点拨：小说人物对话在刻画人物心理、推动情节发展方面发挥着至关重要的作用。请联系前文与后文的有关细节内容加以分析。

　　明确：小说还穿插了另外一些细节内容：在学校里，镇上的同学反复问香雪一天吃几顿饭，并对香雪一天只吃两顿饭表示嘲笑与挖苦，这在香雪心里烙下了深刻的印记——她"明白了台儿沟是多么贫穷""她第一次意识到这是不光彩的，因为贫穷"。当她看到火车上来自大城市的人们时，自然想了解大城市人们的生活方式。

　　问题三：香雪的提问方式为什么是"紧跟在姑娘们后边"并且"小声"的？

　　明确："小声"也是一个细节内容：一方面是因为她的性格原本就是文静、不爱说话的，所以才鼓足勇气问；一方面可能是香雪在问的时候想到因为贫穷不光彩带来的自卑感，所以"紧跟""小声"地问。"一天吃几顿饭"这一句奇怪的问话，折射出班级同学们对香雪的瞧不起给香雪带来了深深的自卑感，同时，也成为她随后不惜一切与人交换铅笔盒的关键原因。

### 四、析环境、悟主题

　　一座小小火车站，一只小小铅笔盒，一个简单的有关铅笔盒的故事，究竟包含了哪些丰富的内容呢？请思考下面的问题。

问题一：作者在小说开头写了一大段有关台儿沟的描绘，用意何在？

提示：环境是小说人物活动的重要背景，影响制约着人物的行为与思想。

明确：小说不仅仅写香雪与铅笔盒的故事。作者将这个普通的故事放在了一个特殊的时代背景与地理背景下，使小说寓意更加丰富、深刻。小说开头浓墨重彩的铺垫，渲染了香雪生活的环境——偏僻、闭塞、落后等。

问题二：开头写火车进入村庄，有什么寓意吗？火车意味着什么？火车开进台儿沟之后，给那里生活带来了什么变化？

提示：结合小说创作年代——1982年加以理解，反映的是时代的变迁。

明确：火车进村代表着现代文明对小山村的冲击，给小山村带来了变化，人们有了各种各样的新的追求。

问题三：铅笔盒仅仅是铅笔盒吗？香雪如此渴望得到铅笔盒，这意味着什么？

明确：铅笔盒蕴含着精神文化层面的追求。小说要表达这样一种意蕴：改革开放之初睁眼看世界的中国人和这一群充满活力的青春少女一样，对外面的世界充满好奇，充满喜悦。他们对现代文明抱持着害怕、好奇与向往，他们又是如此朝气蓬勃并且充满活力。这是青春少女的诗意，也是一个焕发青春的古老民族的诗意，是一个特定时代特有的诗意。

## 五、作业

作者铁凝曾经这样介绍本文：

一列列火车从山外奔来，使她们不再安于父辈那种坐在街口发愣的困窘生活，使她们不再甘心把自己的青春默默隐藏在大山的皱褶里。为了新追求，她们付诸行动，带着坚强和热情，纯朴和泼辣，温柔和大胆，带着大山赋予的一切美德，勇敢、执着地向新生活迈进，一往情深。

这段文字揭示了小说《哦，香雪》的主题。请以"青春少女与青春中国"为话题，讨论：小说中哪些细节描写了青春少女的心理？哪些细节折射出青春中国的诗意？

# 第七节　基于情境，设计小说深度阅读活动①

新课标确定了四个学科核心素养——语言的建构与运用、思维的发展与提升、审美鉴赏与创造、文化传承与理解。实现这些目标，需要在教学中设计多种语文学习活动。

---

① 本节由上海市第十中学陈杰撰写。

统编版语文教材更加注重通过具体的学习活动以及单元教学设计，在某一学习任务群之下，关注学生某一个或某些素养与能力的提升。教学内容不再纠结于知识的记忆，而注重通过真实的学习活动来体验知识、习得知识，最终运用知识。这就需要我们改变传统的课堂教学模式，通过创设真实的问题情境，唤醒学生语文学习的责任，激发学生的质疑；通过师生与生生的合作探究，关注学生学习中的实际障碍；通过有效的学习活动，激发学生的深度思考与创新思维。

### 一、语文课堂教学新模式的培育目标及作用

语文课堂教学的创新模式即追求"责任、质疑、合作、创新"的 4C 课堂，4C 元素是落实学科核心素养的重要支撑。在实际教学过程中并非单独发挥作用，而是在融合的过程中渗透于课堂教学的各个环节，从而实现学生核心素养的培育与发展及学习能力的提升。

#### （一）责任

良好的思想道德修养与科学人文素养是语文学科素养培育发展的目标。在此前提之下，教师通过创设真实问题情境，唤醒学生语文学习的责任，即在真实的学习情境中，主动展开语文学习活动；积累言语经验，把握语言文字的特点和运用规律，培养运用语言文字的能力；加深对祖国语言文字的理解与热爱，从而培育社会主义核心价值观，培养高尚的审美情趣，积累丰厚的文化底蕴，传承优秀文化并理解文化的多样性。

#### （二）质疑

思维的发展与提升是四个核心素养中更为关键的一个。当下的语文教学，更加注重学生思维品质的提升，培养学生的思辨意识。因此，语文课堂中启发质疑、提升质疑的质量、构建质疑的梯度、创设质疑的空间就显得尤为重要。教师在真实问题情境的创设中，激发学生思考语文"真问题"，即通过自身主动的阅读实践，发现在文本内容理解层面的实际困惑以及阅读该类文学作品的障碍点。通过质疑，发展思辨能力，提升思维品质。

#### （三）合作

有效的合作能够激发学生在相互借鉴、相互学习的过程中拓展思维的空间，为思维的发展提供更多的可能。同时，良好的师生合作、生生合作更能够激发学生主动投入到课堂情境中来，探索问题的本质。因而，教师在真实问题情境的创设中，应通过对核心问题的聚焦，提供学生合作的空间。通过搭建学习支架，引导学生进行有效的合作探究，解决自身质疑，从而达成更为深度的语文学习。

#### （四）创新

新课标在界定课程性质时提出，语文课程的最终目的是为学生终身学习和全面而有个性的发展奠基，为传承和发展中华文化、增强民族凝聚力和创造力

发挥应有的作用。因此,语文课堂需要强化知识的认知功能,改变知识的一味记忆,转而注重知识习得与运用的途径与方式。在优化学生思维模式、提升学生思维品质的基础上,通过合作学习,培养学生的学科探究意识与思辨意识;通过一些能够进行多元解读的内容,鼓励学生发展自己的个性思维,培养学生的创新意识。

新教材的一大理念在于"单元教学",其核心为一堂课不止在于教会某篇课文的教学内容,更在于通过几篇文章的教学,使学生掌握一类文章的阅读方法,并通过"任务群"的方式,使学生在反复的习得与实践中,得到核心素养的培育与发展。

## 二、创设学习情境,提供质疑与合作的空间

铁凝的《哦,香雪》一文同时选入沪教版教材与统编版教材,故对其教学价值的深挖与教学方式的探索有一定的价值与意义。

作为反映时代特征、折射深刻文化内涵的小说,文本的整体把握与内容细读尤为重要。例如"一心一意掩藏在大山那深深的皱褶里""默默地接受大山任意给予的温存和粗暴""两根纤细、闪亮的铁轨""短暂的一分钟""哦,香雪"等许多带有作者强烈情感、深刻内涵、象征意味浓厚的信息,甚至是标题中标点的变化都容易在学生的初读中被遗漏。因此,导入环节应将学生的能力要求定位在"理解"层面,通过梳理关键内容,聚焦于小说的开头部分,通过把握关键信息,构建起小说的"背景观"。

通过提出"文中出现了哪些人物?""主要人物是谁?次要人物在小说中的作用?""前五段的环境描写中有哪些关键信息值得引起关注?为什么?"等问题,从整体与局部、人物与情节两个角度出发,在对关键信息的"合作质疑"中,体会两根"纤细""闪亮"的铁轨以及这"短暂的一分钟"对这个小山村带来的冲击。

值得关注的是,这篇小说在新教材中被编入以教授"意象"为主题的第一单元。因此,需要关注文中的"火车""山村""铅笔盒"这些物象被赋予独特的内涵与价值。文首的设计中,也力求通过上述这些带有作者强烈感情色彩的词语的梳理,给予学生充分质疑的空间,引导学生关注后文那些反复出现的意象,为学生文本的深入解读奠定基础。

## 三、深化学习活动,夯实质疑与合作的基石

小说教学需要关注学生语言的积累、梳理与运用。基于小说人物形象塑造的整体把握,通过主要人物、次要人物的区分,人物的语言、动作、细节等描写,不同人物关注物件的不同,文章反复出现的物象等,使学生建构起小说阅读的"人物观"。通过语言的梳理与整合以及内容的整体鉴赏,达成对人物形象的准

确把握,形成自身阅读鉴赏小说的一般方法。

小说塑造的主要人物香雪的形象在文本中是不断变化的。胆小、畏缩、害羞、彷徨、坚定、自信,这些看似矛盾的形象特征都聚焦在一个看似简单的人物身上,人物的复杂性体现出了时代的复杂性。香雪在面对新事物,特别是科技与城市现代文明时所表现出的迷茫、探索与坚定,折射出的是整个时代的特质。因此,只有将文本内容置于整体关联的视角下,才能够准确把握这一复杂性。

同时,作者巧妙地设计,通过大段的环境描写构建出文本的内在冲突,又为香雪在拥抱城市文明时的驻足与思考留下了转变的空间。“一分钟”换来了“三十里”的夜路,对一个懵懂的乡村少女来说,代价是巨大的。然而,在美妙的环境描写中,香雪的形象开始转变为坚定与执着,转变成“台儿沟”孕育的质朴、刚毅的品质,折射出现代文明转变过程中,对于乡村文明美好的一面的坚守。这些内容与内容、手法与手法、篇章与篇章之间的矛盾与冲突,构成了文章的内在关联。对这些矛盾冲突的质疑思考与合作探究,将更有利于从整体上准确把握并深入探究小说意旨,从而激发学生深入学习文本的热情。

需要强调的是,在课堂教学过程中,笔者通过主问题的形式来提出问题,目的是让学生深入文本内容,同时又能够从整体上引领学生达成某一环节的各项学习任务,使学习任务真正有机结合为“学习任务群”。主问题在整体上使学习任务更加集中,因而更有利于学生展开合作讨论。而问题的精炼能够使学生的思维方向更集中,使学生的质疑被聚焦,避免被教师大量细枝末节的问题牵引,从而留出更多自主思考的时间。同时,主问题的启发,探究空间的扩大,为学生主动质疑并在交流讨论中形成多元化、个性化的解读提供了保障。

## 四、关注学习应用,树立文化传承与理解的责任担当

小说是现实生活的写照,更应从中体会其文化内涵。本文叙写改革开放初期山村少女对现代生活的向往,其主旨的把握是不难的。难的是,小说的主旨有其时代性特征,更有在时间积淀过程中所带来的解读的变化与深入。如何将这种理解的变化结合时代的变化,提升到关注、参与当代文化的层面,从而达成文化的传承与理解,值得思考。

因此,在《哦,香雪》一文教学的最后一个环节,我将学习任务确定为“当代文化参与”这一主题,并通过两个途径展开:一是文本内容层面的,即“理解‘香雪归来’这一情节的意义,体认作者对于当代城市文明与乡村文明的态度”;二是课外延展的,即“寻找身边具有代表性的文化,如海派文化、饮食文化、现代社交媒体文化等,探寻其文化特征,思考其产生背景、文化意义与价值,并合作完成一份‘文化发展地图’介绍其渊源与变化”。这样的设计,旨在引发学生对当下优秀文化与自身所处社会生活文化的认知与感悟,引导学生关注城市文明与乡村文明的不同之处,关注时代发展过程中个体的精神品质。

同时也引发学生思考自身在时代发展过程中扮演的角色、应有的态度与肩负的责任。

语文学科承担着立德树人的关键作用,更需要从思想意识层面引导学生传承优秀文化、理解多元文化,培养学生在面对不同文明与新事物冲击变化时应有的价值观与文化自信。这样就为学生的文本解读打开了新的空间,使学生在阅读小说时,既关注了文本的内部空间——语言形式,又关注到了文本的外部空间——思想意义、文化内涵与自身社会生活,使学生习得小说阅读的一般途径,学会运用这些方法自主阅读其他小说作品。同时,通过本课学习,让学生关注社会生活,传承与理解文化。

通过上述分析可见,课堂教学首先应立足于其在单元教学中的目标与价值,其次结合学生学习活动的具体要求,挖掘其背后体现的学科核心素养的立足点。在此基础上,思考责任、质疑、合作、创新在课堂教学实施过程中发挥重要作用。

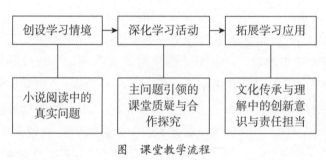

图　课堂教学流程

在创设学习情境时,关注学生阅读前的真实问题,唤醒学生自主阅读的语文学科学习责任,激发学生的学习热情。阅读中,通过主问题的引导,进一步创设学生阅读文本进程中的真实情境,使学生的学习活动聚焦于真实问题的解决,从而在解决问题的过程中掌握阅读该类文学作品的一般方法。阅读后,通过结合所处社会文化生活,创设生活情境,使学生的学习得到进一步拓展,并对所学知识进行创新实践。

在学习活动的深化中,关注语文课堂教学。通过对学科核心素养的挖掘,注重搭建学习支架,以主问题勾连主要环节,以主问题引领学生的学习活动,通过展示整合的结构知识,优化学生的思维模式,通过提供清晰的学习路径,强化知识的认知功能,并在质疑反思与合作探究的过程中,理解相关的核心概念。

在拓展学习应用中,关注学科的育人价值。通过关联学生的相关学习背景与社会生活,引导学生关注语文学习内容的时代性特征与价值,培养自我的学习实践,形成多元的、思辨的、创新的解读,在审美的过程中,揭示学科的人文内涵,培育文化传承与理解的责任担当。

# 第八节　托尔斯泰小说《穷人》系列学习活动设计

## 一、设计比较阅读活动，促深度阅读 [①]

通过三个文本的比较体会小说与诗歌表现手法以及表达效果的差异，同为小说的两篇比较在表达效果上的异同。在比较之中，引导学生了解小说叙事的特点。

三个文本为雨果的叙事诗歌《可怜的人们》、统编版教材课文（以下简称"教材版"）《穷人》、原作《穷人》。

【教学框架】

比较之一：雨果的叙事诗《可怜的人们》与教材版《穷人》比较。

（一）引导学生寻找共同点

整理小说和诗歌各自的故事脉络，复述故事。

发现相似的人物设定。

发现相似的故事情节。

发现相似的故事结局。

（二）引导学生找寻文本的不同点

标题差异：《穷人》《可怜的人们》。

详略的差异：诗歌详写了渔夫海上捕鱼的艰难（诗歌第二节），妻子担心的幻觉（诗歌第三节）……

重点比较段落：

教材版《穷人》：

桑娜用头巾裹住睡着的孩子，把他们抱回家里，她的心跳得很厉害，自己也不知道为什么要这样做，但是觉得非这样做不可。

诗歌《可怜的人们》：

让妮在这死者家中做了些啥？

她把什么裹在她的长斗篷底下？

让妮离开时，带走了什么东西？

她为何心跳，为什么如此着急？

她为何在小路上奔跑摇摇晃晃？

她为什么竟不敢回过头来张望？

---

① 本节由华东师范大学松江实验中学林超撰写。

她神色慌张地将什么在黑暗里

藏在自己床上？她偷了什么东西？

（三）追问学生由这些不同点所带来的思考

题目的差异造成详写内容的差异。

叙事诗与小说不同的阅读体验有哪些？小说的节奏轻快，情节转换快速；叙事诗歌更为注重情节铺陈。

诗歌留下悬念，为何小说没有？

（四）启发学生推测托尔斯泰这样改写《穷人》的意图

是现实主义创作手法的转变？

是为了更注重小说人物心理矛盾？

是试图集中表现典型环境中的人物形象？

比较之二：原作《穷人》与教材版《穷人》的结局比较。

教材版《穷人》的结局：

但桑娜坐着一动不动。

"你怎么啦，不愿意吗？你怎么啦，桑娜？"

"你瞧，他们在这里啦。"桑娜拉开了帐子。

原作《穷人》结尾：

渔夫的脸上洋溢着多日不见的欣喜笑容，桑娜也高兴得不知道如何是好，只管动手往屋里抬着东西，然后手脚麻利的开始忙活上了……

上帝保佑，明天，不，明天的明天以及所有的以后的日子都会像现在这样！西蒙，你可以放心了！我们的日子会好起来的，一切都会好起来的！

引导学生讨论话题。

话题1：比较两个不同的结尾，你更希望小说在哪里结束？

话题2：编者为何选此处作为小说的结尾？

话题3：读诗歌版的结尾，说说你的感受。

我愿不喝酒，也将双重担子挑起，

就这样。抱来他们。怎么？你不愿意？

平时，你急不可待，早已疾步如飞。

她掀开慢帐："看，他们已经入睡！"

话题4：托尔斯泰在诗歌版的基础上，加上这个结尾意图是？

比较之三：三个文本更认可哪一版本？

【设计说明】这个教学设计比较适合较高年级学生的语文拓展活动。其中不少话题并没有定论。在比较之中理解不同作者（包括编者）对于文本不同处理方式背后的理由和意图，力求让学生更为深入地了解文学的特性。

### 二、基于"矛盾"设计学习活动 [①]

【教学目标】

通过分析小说中的矛盾之处，体会人物的美好形象。

【设计依据】

本文写于俄国历史上阶级矛盾空前激化的时期，封建农奴制一步步土崩瓦解，广大人民对沙皇统治的反抗斗争日趋高涨，逐渐形成了俄国资产阶级民主革命的高潮。在这一时期，贵族、资产阶级吮吸人民的血汗，生活奢华而道德沦丧；广大人民生活极端贫困，然而他们的情操却高尚淳朴。《穷人》就是反映了这样一个历史时期百姓的苦难生活和他们的高尚品质。作品精细地剖析了渔夫妻子桑娜心理矛盾的变化过程，表现出渔人夫妇宁可自己吃苦，也要克服困难帮助邻居的高尚品质。文章中不仅有桑娜的内心矛盾，还有很多其他矛盾之处。因此我把分析矛盾之处作为教学抓手来引导学生把握人物形象。

【教学过程】

活动设计一：初步圈画，找到文章中矛盾之处。

从文章哪些地方你读出了相互矛盾？

请把这些矛盾之处圈画出来，并思考其作用。

活动设计二：交流文章中的矛盾对人物塑造的作用。

（一）关于环境的矛盾（环境本身，环境与人物活动）

1. "屋外寒风呼啸""又黑又冷""小屋里却温暖而舒适"，前后看似矛盾，其实并不矛盾。前者是屋外的环境，突出天气恶劣寒冷，为下文渔夫的一无所获埋下伏笔，同时也推动了故事情节发展。后者是指小屋里温暖舒适。屋外屋内形成对比，突出桑娜的勤劳能干、善于持家，也表现出他们家充满了温暖。

2. "渔夫还不顾惜身体，冒着寒冷和风暴出去打鱼"，这么恶劣的天气，与渔夫依然出海打鱼的行为形成矛盾，表现出渔夫的勤劳、有责任心，突出他们家生活的困难。

（二）关于人物的矛盾（人物心理活动的矛盾、人物行为与结果的矛盾、人物与人物之间的矛盾）

1. 桑娜自家的日子已经很困难，可她认为"寡妇的日子真困难""寡妇的日子真难过"，这前后看似矛盾，其实并不矛盾。因为她觉得自家至少还有丈夫打鱼维持生活，还有丈夫关心家里，但寡妇家全靠她一人张罗，病了也没人照顾。突出桑娜对寡妇一家的同情，体现了她善良美好的形象。

2. "自己也不知道为什么要这样做，但是非这样做不可。"把孤儿抱回家这个举动，"不知道为什么"却又"非这样做不可"。桑娜明知自家的困难，但依然毫不犹豫，这表现出了她天性善良、乐于助人的美好品质。

---

① 本节由上海市嘉定区马陆育才联合中学徐慧撰写。

3. "她忐忑不安地想……"这一段的心理活动揭示出她的内心矛盾。自家很困难，五个孩子的抚养已经很艰难了（勉强填饱、没有鞋、光着脚、吃黑面包、只有鱼），现在还要再添两个孩子，这是矛盾；五个孩子已经够丈夫受的了，心疼丈夫，却又要为他再添加负担，这是矛盾；担心丈夫会揍她，但揍揍也要抚养邻居的孩子，这是矛盾。这种种内心矛盾，都表现出她紧张担忧、犹豫不决却又心甘情愿等复杂心情，突出了她的淳朴与善良。

4. 渔夫从早到晚的打鱼，却"什么也没打到，还把网给撕破了"。明知道天气不好，去打鱼不会有什么收获，但他依然还是去了，可见渔夫的勤劳，富有责任心，也突出他家的贫穷。联系前文看，这么勤劳的一家人，也仅能勉强维持填饱肚子，反映出当时整个社会贫民生活的悲惨。

5. "得把他们抱来。""我们，我们总能熬过去的！快去！别等他们醒来！""得"强调必须抱过来。把孩子抱过来的过程很简单，但是要把他们养大却不容易。一个"熬"字，就看出渔夫一家生活的艰辛，但他依然毫不犹豫地要求妻子快把邻居的两个孩子抱过来，可见他憨厚、善良、豪爽，敢于承担责任的美好品质。

6. 渔夫要求桑娜"快去"，"但桑娜坐着一动不动"，这两者之间形成矛盾。桑娜的不动看似平静却又不平静。不动一方面是因为孩子已经抱回来了，另一方面是桑娜内心紧张不安、担忧害怕的情绪得以释放。先前内心的矛盾得到解决，她感到兴奋、激动，也对丈夫的做法感到欣慰。

活动设计三：探讨文章中人物的"穷"与"不穷"。

你认为桑娜夫妇真的很穷吗？

穷的是物质生活（结合具体句子分析穷），不穷的是他们身上所体现出的善良、勤劳、乐于助人等美好品质。从中我们读出作者对穷苦人生活的同情，同时也表现出作者对他们身上所体现出的美好品质的赞美。

活动设计四：课后作业。

本节课主要从分析矛盾之处来体会人物的形象，课后请同学们分析人物心理活动，体会人物的美好形象。

### 三、基于标点设计学习活动①

《穷人》是列夫·托尔斯泰创作的一篇短篇小说。梳理小说的情节，读懂人物的形象，了解小说中环境的作用是一般小说阅读教学的目标。其中，读懂人物是教学的一个重点。因此，在教这篇课文时，人物形象的把握是教学的一个重要目标。

教授这篇小说时，在把握人物方面，基本上从人物细节描写的直接表现和环境描写的侧面烘托等方面来让学生理解人物。标点符号——省略号的作用通过

---

① 本节由上海市闵行区颛桥中学雷旭莉撰写。

练习部分来讲解。实际上，本文省略号出现的频率还是比较高的，伴随着故事的情节、人物的出场而出现。弄清每处省略号的用法，有助于了解人物的内心活动，了解人物的品质，体会文章的思想感情，从而更加明确文章的中心思想。

如果再次教《穷人》，可把"理解文中省略号对人物形象表现的作用"作为一个教学目标。基本教学步骤如下。

第一，要让学生了解省略号的基本作用。学生思考交流，教师补充。（PPT或板书呈现）

省略号的主要用法：

1. 表示说话的断续。

2. 表示列举的省略。

3. 表示说话的中断。

4. 表示语意未尽，让人思索，行文情景的省略。

5. 表示引文的省略。

第二，让学生找到文中所有的省略号处，认真朗读相关句子，并思考每处省略号的作用。

第三，同伴合作学习，确定每处的作用。

第四，全班交流。（交流过程中反复朗读相关句子）

例：

1. 古老的钟发哑地敲了十下、十一下……始终不见丈夫回来。

（这里的省略号表示略去的是古钟敲击声递增的次数，表明丈夫在大风暴的天气出海打鱼，深夜未归，桑娜内心十分焦急。）

2. 她忐忑不安地想："他会说什么呢？这是闹着玩的吗？自己的五个孩子已经够他受的了……是他来啦？……不，还没来！……为什么把他们抱过来啊？……他会揍我的！那也活该，我自作自受……嗯，揍我一顿也好！"

（这里的省略号表示人物内心活动的内容时断时续，说明桑娜把西蒙的两个孩子抱回家安顿好后，面对家庭现实，内心充满了矛盾，她的思绪既不连贯，也没有了条理。这一段桑娜时断时续的内心活动有惊恐、有同情、有忧伤、有自责、更有为救人之难而勇于承担一切后果的决心。这对表现她的品质特点起着重要作用，充分表现了她的心地善良。）

3. "我？"桑娜脸色发白，说："我嘛……缝缝补补……风吼得这么凶，真叫人害怕，我可替你担心呢。"

（这里的省略号表示说话结结巴巴，欲言又止。听到丈夫发问，桑娜非常紧张，想要说出实情，但又顾虑重重，所以说话吞吞吐吐。）

4. "我也不知道，大概是昨天。唉！她死得好惨啊！两个孩子都在她身边，睡着了。他们那么小……一个还不会说话，另一个刚会爬……"桑娜沉默了。

（这里的省略号表示时间上的停顿。桑娜欲言又止，在试探着丈夫，先提及两个孩子年龄小，再补充强调孩子的确无法自立生活，这样既便于唤起丈夫的同情，又可静观丈夫的态度。）

小结：省略号的运用，使文章更加富有真情实感，人物的性格也更鲜明细腻，读起来更加耐人寻味。在平时的写作中，尤其是在刻画人物方面，我们也可适当使用省略号等特殊标点，使笔下的人物形象更鲜活。

### 四、依据言语形式设计学习活动①

阅读是一个过程，同时又是一个方法。通过对经典作品的阅读可以更好地学会阅读的方法，从中获取阅读信息，丰富并扩展阅读经验。通过对《穷人》的阅读，我们可以看到托尔斯泰是如何用简单、平凡的语言来表达复杂、伟大的人性的，其中"沉思"与"沉默"两处关键心理描写，"敲门"与"推门"两处重复动作描写，以及"不安"与"心安"运用省略符号的几处语言描写，可谓经典中之经典，值得阅读时细细品味。

#### （一）"沉思"与"沉默"：关键字词的感悟

人物的所作所为，是他心理活动的真实流露，所谓情动于中而形于外。托尔斯泰为了深刻揭示桑娜高尚的内心世界，把她置于一个特定的环境中，采用心理流程的艺术烘托手法，来展现桑娜关心同情他人的精神品格。文中的两次"沉思"与"沉默"，既是对穷人家庭背景的交代，又是事件发展的线索，更是人物思想的外显。

桑娜沉思：丈夫不顾惜身体，冒着寒冷和风暴出去打鱼，她自己也从早到晚地干活儿，还只能勉强填饱肚子。孩子们没有鞋穿，不论冬夏都光着脚跑来跑去；吃的是黑面包，菜只有鱼。不过，孩子们都还健康。没什么可抱怨的。

"不，没有人！天啊，我为什么要这样做？……如今叫我怎么对他说呢？……"桑娜沉思着，久久地坐在床前。

"是啊，是啊，"丈夫喃喃地说，"这天气真是活见鬼！可是有什么办法呢？"两个人沉默了一阵。

"我也不知道，大概是昨天。唉！她死得好惨啊！两个孩子都在她身边，睡着了。他们那么小……一个还不会说话，另一个刚会爬……"桑娜沉默了。

第一次"沉思"是对丈夫的感恩。他不顾身体，那么冷的天，"冒着寒冷和风暴出去打鱼"，这是对家庭的付出和责任，而自己也把家照顾得井井有条，"从早到晚地干活"，尽管生活并不富裕，但也都健康，所以结果是"没什么可抱怨的"。第二次"沉思"，主要是内心的纠结。如何向辛劳的丈夫交代，明知家里的情况还是接回了那两个孤儿，家庭如何维持，桑娜不知所措，所以她"久久地坐在床前"，希望能够找到答案。

---

① 本节由上海市天山第二中学蔡忠平撰写。

第一次"沉默"，既是因为桑娜和丈夫各有所思，两人一时找不到共同话语，也是桑娜依旧在思考着如何面对丈夫，如何说出这件事，担心说了这事后丈夫的反应。第二次"沉默"，是桑娜说了邻居西蒙死去，留下两个小孤儿，想到这样的场景，她已不知再说什么，也是期望丈夫能够理解。

人物的沉思、沉默之际，往往就是内心世界纠结之时，正所谓此时无声胜有声。文中的两次"沉思"与"沉默"都反映了桑娜在当时情景下极为复杂的内心世界，尽管无言，但我们仍能感受到桑娜既为家庭里丈夫和五个孩子着想，盼着丈夫平安归来，又为邻居的两个小孤儿着想，希望丈夫能让他们留下来。因为她想得太多，一时找不到答案，所以需要时间，最好的方法也许就是"沉思"与"沉默"。教学时，教师要注重引导学生通过揣摩两次"沉思"与"沉默"，创设并还原语境，走进人物内心世界，体会人物当时紧张、担忧、害怕而又坚定的心情，由此感受人物内在的美好心灵。

### （二）"敲门"与"推门"：重复语句的品读

人物动作描写是文学作品刻画人物形象的重要手段。简单的几个动作，可以反映人物的思想性格特点，彰显人物的个性特征。在《穷人》一文中，有几处很不起眼的动作描写。当桑娜走去探望那个生病的邻居时，她的"敲门"与"推门"这几笔微不足道、甚至阅读时会毫不在意的"小动作"，将桑娜有礼貌、注意邻里关系、担心他人安危等善良品质刻画得淋漓尽致。

> 桑娜一边想一边敲了敲门。
>
> 桑娜一次又一次地敲门，仍旧没有人答应。
>
> 她猛地推开门。

第一处是出于礼貌做出的动作；第二处说明心情急切，敲的遍数多，迫切地想知道屋内情况；第三处说明桑娜意识到情况不妙，预感有所不测，集中力量猛地推开门。这些细致的动作描写，准确地突出了桑娜对西蒙的牵挂、同情、关注，很好地体现了人物的高贵品质。

品读这三处动作描写，我们要注意朗读时的语调，体会人物当时的内心感受。

• 第一处应该是平调，平稳舒缓地朗读"一边……一边"，读出人物礼貌的语调。

• 第二处要用升调，第二个"一次"要比第一个"一次"语调要高，读出人物担忧的语调。

• 第三处则是要用降调，重音落在"猛地"上，桑娜此时已经有预感，担心可能会出事，所以要读出人物焦急的情绪。

至于桑娜为什么会如此焦急，前文已经有所交代，在"生病""没有一个人照顾她"的情况下，第一次敲门"没有人答应"，第二次敲门"仍然没有人答应"，这些情况预示着出事的可能性很大。想到这些，桑娜自然会毫不犹豫地"猛地推开门"。"猛地"是没有丝毫的犹豫，"推开门"是用了力的，这说明桑娜对邻居西蒙的担忧和关心是发自内心的，她的善良是真心的、一以贯之的，这才会有下文将两个孩子抱回，"自己也不知道为什么要这样做，但是觉得非这样做不可"。这就是作者托尔斯泰写作手法的高明，要表现桑娜的善良品格，但没有一处直接鲜明的点题，而是用一些"小动作"，在不经意间刻画了人物，也使人物悄然地走进了读者的心间。

### （三）"不安"与"担心"：省略符号的思考

优美、精辟的词句固然让人读起来朗朗上口，但有些情况下，尤其在某种特定的真实情境下，人物断断续续的，甚至是有点牵强、毫无关联的语句，倒是人物当时心理的生动写照，也是当时场景的真实再现。

她忐忑不安地想："他会说什么呢？这是闹着玩的吗？自己的五个孩子已经够他受的了……是他来啦？……不，还没来！……为什么把他们抱过来啊？……他会揍我的！那也活该，我自作自受……嗯，揍我一顿也好！"

"我？"桑娜脸色发白，说，"我嘛……缝缝补补……风吼得这么凶，真叫人害怕。我可替你担心呢！"

"你瞧，他们在这里啦。"桑娜拉开了帐子。

第一段中五处省略符号的连续运用，表明桑娜内心活动的时断时续，逼真地写出了桑娜焦虑不安的心理。这种焦虑不安是有原因的，不是丈夫的毫无人性，不会收养两个小孤儿，而是现实条件不许。自己家五个孩子，在寒冷的冬天都没有鞋穿，吃的也很简单。尽管桑娜和丈夫已经很勤劳，从家里"地扫得干干净净"等环境描写，从丈夫在这么恶劣的天气情况下还要冒着生命危险出去打鱼，可看出桑娜的"不安"是很现实的。这些省略号中，一会儿是桑娜想着丈夫回来时可能会说的话和做出的动作，一会儿又是现在的幻想，产生丈夫回来的幻觉，又发现丈夫没有回来。"还没来！"这到底是担忧，还是庆幸这事还有思考的时间？桑娜这些复杂、矛盾的思考中，可谓现在的残酷与将来的担忧并存。

桑娜的"担心"是多重的。丈夫鱼没有打到，似乎已经是小事，桑娜并不关心。而当丈夫问道："我不在，你在家里做些什么呢？"她语无伦次，"脸色发白"，似乎来不及思考，一会儿家务活，一会儿天气。表面上看桑娜说的"担心"是担心丈夫的安危，但此时丈夫已平安回家，实际上，她更多的"担心"是如何向丈夫交代收养孩子的事。所以人物的心理是复杂的、焦虑的，甚至是挣扎的。

经过了漫长的"担心"后，丈夫居然主动说出要快点接回两个孩子，此时桑娜反而"坐着一动不动"，是释然，是欣慰，是感动，还是什么？谁也说不清楚，也不需要说清楚。当桑娜说出："你瞧，他们在这里啦。"语言中没有了省略号，也不再断断续续、语无伦次，而是清新明快、轻松欢悦的短句。此刻已经无需再多美好的语句来表达，故事可以在这一刻定格，留与读者自由想象。

教学时，教师可以由省略号的作用分析入手，让学生在文章中找出"不安"和"担心"的语句依据，由此再分析语言背后的人物形象。在最后一句的分析时，要注重朗读,让学生读出桑娜的"心安"。这是故事圆满的结局,更令读者内心再次受到震撼,被桑娜夫妇的行为深深感动,感受人世间的美好和人情的温暖。

### 五、依据小说体式设计学习活动 [①]

《穷人》这篇小说的故事情节并不曲折。学生初读课文,基本情节都能读懂,一般都能或多或少感受到作品的旨意所在,即通过塑造渔民夫妇善良、仁爱、无私的形象赞美物质生活中的穷人,其精神世界是无限富有和无比高贵的。

那么,如何在学生已知的基础上引领其向未知进发,进一步丰富阅读小说的方法呢?回到小说体式本身,需要引导学生关注:作者通过这个相对普通而又简单的故事塑造了桑娜这个丰满而高尚的形象,是怎么做到的呢?(也就是关注怎样讲这个故事)

从现代小说观看,小说是用散文写成的具有某种长度的虚构的故事。故事是小说的基本面。这篇小说的故事简单,学生基本一望而知。而情节间的逻辑关系(因果关系),则需要教师引导学生由隐约的、模糊的认识走向显性的、明晰的认识。突破口是小说在讲故事时叙述和描写上的不同处理。

本篇小说的亮点是描写,包括环境描写、心理描写、对话描写。而对主人公桑娜的心理描写真实、细腻,是贯穿全文的主线。文中桑娜的三处(第二节、三至七节、九至十二节)心理活动刻画了人物形象,推动了情节发展,揭示了小说的矛盾冲突。此外,渔夫和桑娜的对话部分,虽然没有直接刻画人物的内心活动,但隐含着主人公桑娜丰富的内心世界。

活动一:小说主要是叙述故事,但本篇小说在叙述故事时大量描写了主人公桑娜的心理(见下文画线句),请圈画出这些语句并朗读,思考:这些语句对故事连贯叙述影响不大,为何作者要花大量笔墨描写桑娜的心理?(核心问题)(学生圈画、朗读并进行初步的思考)

古老的钟发哑地敲了十下,十一下……始终不见丈夫回来。桑娜沉思:丈夫不顾惜身体,冒着寒冷和风暴出去打鱼,她自己也从早到晚地干活儿,还只能勉强填饱肚子。孩子们没有鞋穿,不论冬夏都光着脚跑来跑去;吃的是黑面包,菜只有鱼。不过,孩子们都还健康。没什么可抱怨的。桑娜倾听着风暴的声音,"他现在在哪儿?老天啊,保佑他,救救他,开开恩吧!"她自言自语着。

睡觉还早。桑娜站起身来,把一块很厚的围巾包在头上,提着马灯走出门去。她想看看灯塔上的灯是不是亮着,丈夫的小船能不能望见。海面上什么也看不见。风掀起她的围巾,卷着被刮断的什么东西敲打着邻居小屋的门。桑娜想起了傍晚就想去探望的那个生病的女邻居。"没有一个人照顾她啊!"桑娜一边想一边敲了敲门。她侧着耳朵听,没有人答应。

---

① 本节由上海市罗南中学施丹撰写。

"寡妇的日子真困难啊!"桑娜站在门口想,"孩子虽然不算多——只有两个,可是全靠她一个人张罗,如今又加上病。唉,寡妇的日子真难过啊!进去看看吧!"

桑娜一次又一次地敲门,仍旧没有人答应。

"喂,西蒙!"桑娜喊了一声,心想,莫不是出什么事了?她猛地推开门。

屋子里没有生炉子,又潮湿又阴冷。桑娜举起马灯,想看看病人在什么地方。首先投入眼帘的是对着门放着的一张床,床上仰面躺着她的女邻居。她一动不动。桑娜把马灯举得更近一些,不错,是西蒙。她头往后仰着,冰冷发青的脸上显出死的宁静,一只苍白僵硬的手像要抓住什么似的,从稻草铺上垂下来。就在这死去的母亲旁边,睡着两个很小的孩子,都是卷头发,圆脸蛋,身上盖着旧衣服,蜷缩着身子,两个浅黄头发的小脑袋紧紧地靠在一起。显然,母亲在临死的时候,拿自己的衣服盖在他们身上,还用旧头巾包住他们的小脚。孩子呼吸均匀而平静,睡得正香甜。

桑娜用头巾裹住睡着的孩子,把他们抱回家里。她的心跳得很厉害,自己也不知道为什么要这样做,但是觉得非这样做不可。她把这两个熟睡的孩子放在床上,让他们同自己的孩子睡在一起,又连忙把帐子拉好。

桑娜脸色苍白,神情激动。她忐忑不安地想:"他会说什么呢?这是闹着玩的吗?自己的五个孩子已经够他受的了……是他来啦?……不,还没来!……为什么把他们抱过来啊?……他会揍我的!那也活该,我自作自受……嗯,揍我一顿也好!"

门吱嘎一声,仿佛有人进来了。桑娜一惊,从椅子上站起来。

"不,没有人!天啊,我为什么要这样做?……如今叫我怎么对他说呢?……"桑娜沉思着,久久地坐在床前。

门突然开了,一股清新的海风冲进屋子。魁梧黧黑的渔夫拖着湿淋淋的被撕破了的渔网,一边走进来,一边说:"嘿,我回来啦,桑娜!"

活动二:学生讨论文中桑娜的三处心理活动描写的作用。

第一处,文中第二节桑娜心理活动的作用。

师:第二节中,桑娜的心理发生了两次转折,请圈画或补充关联词,读出这两层转折,并说说从两次的转折中你读到了哪些信息?这些信息和上下文之间有着怎样的联系?(心理描写的作用)

生1:桑娜夫妇都吃苦耐劳,没日没夜辛苦劳作,但生活依然挣扎在贫困线。可见,生活的穷苦不是他们主观原因造成的,更多的是当时社会的问题。(第一个心理转折)

生2:虽然桑娜的生活只能勉强度日,但她依然感谢老天,只要孩子健康,并不去抱怨。可见,生活的贫穷并没有让桑娜心生怨恨,怨天尤人,内心依然保持着本能的善良、温和、坚忍。(第二个心理转折)

生 3：第二节中桑娜勤劳能干、善良温和的形象照应了第一节环境描写中透露的桑娜的特点。第一节环境描写中，屋外又黑又冷，屋内温暖舒适，可见女主人将家里收拾得井井有条，虽然生活贫苦，但心中有爱，家里充满了温暖的亲情。

生 4：第二节中桑娜的善良、有爱心为下文她去探望生病的邻居西蒙做铺垫。

小结：第二节中桑娜的心理描写使人物善良、仁爱的形象更丰满、更立体。同时，推动情节的发展，使前后情节的发展变化的因果关联更合理、更紧密。

第二处，文中第三至七节中桑娜心理活动的作用。

根据上一环节的学习经验，组织小组活动。小组活动内容：分工朗读三至七节，一人专门朗读桑娜的心理描写；讨论为回答"三至七节中桑娜心理活动的作用"提前需要铺设的问题；讨论"三至七节中桑娜心理活动的作用"。

师：三至七节桑娜的心理活动告诉读者哪些信息？

生 1：通过桑娜的心理活动可见邻居西蒙的基本情况。西蒙是个寡妇，独自抚养两个孩子，而且又雪上加霜自己生了病。显然，西蒙也属于那个社会里的穷人，而且情况比桑娜家更悲惨。

生 2：桑娜的心理活动也反映了她对西蒙处境的同情。所以敲门后久未应门让桑娜极为担心，猛地推开门，推动了情节的发展。

小结：这部分心理描写在凸显桑娜形象的同时主要是推动情节的发展。

第三处，文中第九至十一节中桑娜心理活动的作用。

师：将九至十一节桑娜的心理活动调整到七至八节之间是否合适，为什么？（引发学生争辩）

生 1：合适。可见在收养孤儿前桑娜有过激烈的思想斗争，她是经过思想斗争后才做出的决定。（认为合适的理由）

生 2：不合适。因为当时桑娜收养孤儿的行为是潜意识（下意识）的行为，是凭着一个母亲的直觉这样做的，所以文中写"她自己也不知道为什么要这样做，但是觉得非这样做不可"。而且，这样的做法和前文桑娜的善良、仁慈、富有同情心的形象是吻合的。（认为不合适的理由）

师：那么，为何还要在第八节之后继续描写桑娜收养孤儿后矛盾的心理？

生 3：桑娜在凭直觉收养孤儿后冷静下来，这部分心理活动基本上都在围绕"他"来写，也就是说，桑娜更多在担心丈夫对这件事的反应。深层的原因还在于自家的状况本已捉襟见肘，现如今再收养两个孤儿对自己的家庭来讲是致命的伤害。所以，这部分心理描写，表面上揭示的是桑娜猜测和丈夫之间的矛盾冲突，其实质上揭示的是"贫穷"和"人性"之间的矛盾。

小结：这部分心理描写加剧了小说中的矛盾冲突，这也是小说引人入胜的重要原因。这部分心理描写使读者对下文渔夫的反应充满了期待。

活动三：分角色朗读十二至二十七节，讨论在两处"沉默"前（十二至二十节、二十一至二十三节）分别用怎样的语气读桑娜的话；用怎样的语气朗读二十四节渔夫的六句话。

生1：十二至二十节桑娜小心翼翼和丈夫闲聊，不敢直接告诉丈夫真相。二十一至二十三节桑娜试探性告诉丈夫邻居西蒙的死讯和西蒙留下两个孤儿的情况，不安地等待丈夫的态度。

生2：渔夫首先觉得这个问题十分棘手，继而看似和桑娜商量解决的办法，其实马上做出了收留孤儿的决定，进而准备迎接残酷的现实，最后催促妻子立刻行动。可见，渔夫和桑娜一样有颗善良、仁慈的心，而且比桑娜思考问题更理性。

活动四：讨论小说中的描写（本篇主要是心理描写）对表达主题的作用。

师：小说最基本的是叙述故事，但在叙述时往往会在有些地方做精雕细琢的描写。通过本课的学习，思考这些描写（本篇主要是心理描写）对表达主题的作用是什么？以后在阅读类似的小说中加以关注。

生：本文的心理描写一方面交代了故事的基本内容，同时也使人物形象更丰满、立体；另一方面也推动了情节的发展，加剧了矛盾冲突，使小说更具真实感和引人入胜的魅力。

小结：描写和叙述相比，描写的节奏明显比叙述要缓慢，描写的内容必定是作者想要着力强调的内容，借助其传递自己的情感态度和价值追求。本篇小说借助心理描写塑造人物。一开始桑娜的形象就是善良、温和、有仁爱之心的，经过小说设置的考验（九至十一节的心理），在"贫穷"和"人性"的矛盾冲突中，人物的形象得以升华：物质的贫穷并没有剥夺人性的善良和仁慈，生活贫穷但依然可以高贵地生活。

# 第四章　实用文阅读深度教学

## 第一节　实用文深度学习活动设计策略 ①

新教材要着力于培养学生最基本的、适应时代发展要求的听说读写能力,包括语言感受与运用能力、思维能力和审美情趣等。② 在这样的背景下,笔者以叶圣陶先生的《苏州园林》一文为例,以语言感知为目的设计教学策略,通过教学策略的引导唤醒学生认识语言的意识,逐步形成语言素养,进而培养学生语言感知能力的循环上升。

在实践操作中,笔者主要通过"添加""减缩""乘势""拆除"这四种教学策略,引导学生认识语言、探究文本、深入学习,提升语言素养。

### 一、添加

所谓"添加",是指为了理解词句之间的关系,适当添加关联词语,建立语言单位之间的逻辑关系,从而理解文章内容的教学策略。

那些门和窗尽量工细而决不庸俗,即使简朴而别具匠心。

那些门和窗(　　)尽量工细(　　)决不庸俗,(　　)简朴(　　)别具匠心。

介绍苏州园林门窗的讲究设计和镂空时,为了说明其特点,作者写道:"那些门和窗尽量工细而决不庸俗,即使简朴而别具匠心。"其中,"工细""不庸俗""简朴""别具匠心"都是可以作指向特点的解读,但突出的核心特点究竟是什么,还需要考量这些词语之间的逻辑关系。因此,笔者采用添加关联词语的方式,旨在激发学生对苏州园林门窗特点的探究,读懂作者的深层表达。

---

① 本节由上海市闵行区曹行中学张莹撰写。

② 王本华.守正创新,构建"三位一体"的语文教科书编写体系[J].中小学教材教学,2016(9):11-16.

学生通过填写关联词语"不但……而且……""虽然……但是……"清楚地认识到"工细"与"不庸俗"之间的并列关系及"简朴"和"别具匠心"之间的递进关系，从而体会到苏州园林门窗的精细、别致的特点。

## 二、减缩

所谓"减缩"，是指对于细致繁复的叙述，依据主要内容，提炼关键词句，减省表达，实现明确核心语意、加深内容理解的教学策略。

游览者必然也不会忽略另外一点，就是苏州园林在每一个<u>角落</u>都注意图画美。<u>阶砌旁边</u>栽几丛书带草。<u>墙上</u>蔓延着爬山虎或者蔷薇木香。如果开窗正对着白色<u>墙壁</u>，太单调了，给补上几竿竹子或芭蕉。诸如此类，无非要游览者即使就<u>极小范围的局部</u>看，也能得到美的享受。

苏州园林注意角落的图画美——这是叶老在介绍苏州园林时着重凸显的一个特点。然而对于"角落"这一词的理解，学生存在盲点。"角落"是相对于整体的亭台轩榭、花草树木等方面而言的，可究竟哪里可以称得上"角落"，是需要深究的问题。

学生通过阅读本段，提炼关键词语，对作者所说的"角落"进行了具体说明，"阶砌旁边""墙上""墙壁"这些不容易引起关注的地方，都是"角落"，就是作者提及的"极小范围的局部"。就连这"极小范围的局部""角落"都讲究设计配合的图画美，苏州园林"完美的图画"这一总体特征也得以体现。面对设计者和匠师们的精湛技艺，作者的赞美之情溢于言表。

## 三、乘势

所谓"乘势"，是指顺着学生的原生状态，乘势出击，比较惯常的语言习惯与作者的语言表达，在学习经历中体验不同表达方式的不同效果的教学策略。

没有修剪得像宝塔那样的松柏，没有阅兵式似的道旁树；因为依据中国画的审美观点看，这是不足取的。

依据中国画的审美观点看，修剪得像宝塔那样的松柏，阅兵式似的道旁树是不足取的。

作者在文中明确提出："苏州园林栽种和修剪树木也着眼在画意。"这个"画意"是符合中国画的审美的。然而"中国画"的"画意"是怎样一种表现呢？作者深入浅出地举出反例：宝塔那样的松柏、阅兵式似的道旁树，便于读者理解。

然而，作者却用了一种反常的方式来表达，即连用两个否定句，并且采用倒装的方式。因为这个句子与惯常的表达不同，所以学生理解有困难。笔者组织学生在课堂上根据自己的语言习惯，还原这个长句，将两种表达的效果相比较，引导学生朗读体会，推进对苏州园林栽种和修剪树木特色的理解。

### 四、拆除

所谓"拆除"，是指将整句拆散，从简到繁，由浅入深，逐步体会复杂句的表意，分析遣词造句中隐含的深刻含义和寄寓的潜在情感。

苏州园林不讲究对称性。

苏州园林绝不讲究对称性。

苏州园林可绝不讲究对称性。

苏州园林可绝不讲究对称性，好像故意避免似的。

苏州园林的亭台轩榭最突出的特点是不讲究对称性，作者直接指出："苏州园林可绝不讲究对称性，好像故意避免似的。"其实，抽丝剥茧地提取主干，该句最简洁的表达是："苏州园林不讲究对称性。"为什么作者要化简为繁呢？

笔者在教学中将复杂句逐步拆分，引导学生一步步理解关键词的表达效果，尤其是对"绝不""可""好像故意避免似的"这三个要素的理解。从"不"到"绝不"，起到了强调的作用，"绝不"与"决不"有着客观与主观的不同，"绝不讲究对称性"是这个方面的突出特征，是客观存在的效果；从"绝不讲究对称性"到"可绝不讲究对称性"，一个"可"字，便与上文中我国的一般建筑形成了对比，而且也有对苏州园林的高度肯定；从"可绝不讲究对称性"到"好像故意避免似的"，指向了设计者和匠师们的追求与目标，表达了作者对他们的赞美之情，同时也再次强调了苏州园林建筑的特点。

自然，实现语言感知、提升语言素养的策略没有定数，更没有定论；引导学生走向深入学习，也不是一朝一夕能够完成的。但感知的前提是感受，先有感受方能形成感悟，内化为能力，逐步形成语言素养。教师引导、激发、组织学生走向学习的更高层次，有着积极有效的作用和价值，是我们继续探索和实践的方向。

## 第二节　设计有梯度的实用文学习活动 [①]

"深度学习，不是把知识平移、传输、灌输给学生，而是由教师带领学生进入知识发现发展的情境与过程中，引导、帮助学生成为知识的'参与者'，而不是旁观者。"深度学习一定是学生主动参与到教学过程中来，自主操作内容。笔者认为，要实现学生的活动，把握深度学习的特征，最重要的就是需要教师有好的活动设计，通过好的活动设计促进深度学习。正如包雷教授所说，教师不能一下子把整个系统全部扔给学生，要有梯度，要循序渐进，要一层一层往上走。这就意味着，教师的活动设计有层次、有梯度才能促进学生的深度学习。

---

① 本文由上海市嘉定区戬浜学校蒋玉坤撰写。

例如于漪老师的《晋祠》教学片段：

师：文章首先说明优美的自然环境。"晋祠的美，在山，在树，在水"，这是——

生（集体）：总说。

师："晋祠的美在山、树、水"，可以不可以？

生（部分）：可以。

师：为什么要写"在山，在树，在水"？为什么？

生：排比的方法写，加强了语气。

师：加强了语气，"在山，在树，在水"。

生：这样写有气势，读起来上口。

师：有气势，读起来上口。

生：给作者的印象比较深。

生：（笑）怎么是作者？

师：作者？

生（集体）：读者。

师：给读者的印象比较深。

生：我还要补充一句，"晋祠的美，在山，在树，在水"，有一定的顺序，是由高到低的。

师：对不对？说明的顺序很清楚，由高到低。还有补充吗？山怎样？

生（集体）：巍巍的。

师：再看课文，把晋祠——

师、生（集体）：抱在怀中。（师做了一个"抱"的姿势）

师：因此它的顺序是什么？

生（集体）：由外到内。

师："在山，在树，在水"，读起来有气势，而且上口，用排比的写法是好的。刚才几位同学讲得很好。这些是说明对象。这些说明对象的特征抓得对不对呢？（手指板书）说明文要"明"，就得把说明对象的特征抓准。

上述于漪老师的课堂实录片段，实际上围绕"晋祠的美，在山，在树，在水"这句话，隐含着三个有梯度的活动：

活动一：问一问——"晋祠的美，在山，在树，在水。"此句在这段中有何作用？

活动二：比一比——原句："晋祠的美，在山，在树，在水。"改句："晋祠的美在山、树、水。"哪一个更好？说说理由。

活动三：想一想——"晋祠的美，在山，在树，在水"中的山、树、水不是随便想写什么就写什么，而是按照一定顺序写的，是什么顺序，在文中能找到依据吗？

于漪老师不留痕迹的三个活动设计，不是随意地、不加思考地设计出来的。

虽然只有一句话，但却是需要学生全身心投入去理解、领会的教学内容。解读这句话不是简单的知识性介绍，不是浮于表面、一带而过的浅层学习，而是通过活动设计，在教师的引导下，在师生一问一答间，使深度学习真实地发生。这无不体现了师者的精心设计与智慧构思。

深度学习不是自然发生的，它需要促发条件，其中，先决条件就是教师的自觉引导。于漪老师的问题由"晋祠的美，在山，在树，在水"一句的作用引出，引导学生关注到说明文的写法。

于是顺势而为，比较原句和改句。如果前一个活动设计学生集体都能回答，那么这个设计显然是让学生"活"起来、"动"起来的设计。言之成理，言而有据，在这样各抒己见的氛围中，教师已不动声色地在让学生发现了第三个活动，学生在参与的过程中主动走向了第三个迷宫。

"山巍巍的，把晋祠抱在怀中"，于漪老师此时还做了一个"抱"的动作。教师继续引导着，学生自我探寻着，自己找出口，自己去发现问题、分析问题、解决问题。这样的活动设计，不仅引导学生进入文本，更重要的是点燃了学生思维的火花，让学生在阅读中思考、在学习中发现，这样学习的过程才能成为学生成长发展的过程，才是有价值的深度学习。


# 第三节　书评专题深度学习活动设计 ①


## 一、学习目标

1. 通过阅读一组书评，了解被评价作品的内容，把握评论的切入角度，理解评论者的观点。

2. 精读这些书评，能准确、清楚地分析观点与所引材料之间的关系；比较这些文本，发现其角度、材料组织与使用、语言等方面的异同，阐明不同的评价方式在推荐效果上的差别；概括一般书评的结构，赏析特殊的书评在语言形式上的特点。

3. 能借助书评反思自己的阅读，充实并修正自己对原作的阅读体验和感受；尝试用旁批的方式对作品进行点评；能够选择一个角度对所阅读的作品进行阐发和评价，写出结构完整的书评。

4. 学习本单元的过程中，进一步丰富自己的阅读体验，理解书评的价值。在拓宽文化视野和思维空间、提高文化修养的同时培养社会责任感。

---

① 本节由上海市格致中学高翀骅撰写。

## 二、学习内容

1. 阅读不同时代、不同视角、不同形式的书评。具体有：吴中杰《〈药〉点评》、迈耶·莱文《密室的生活》、房龙《〈宽容〉序言》、余英时《红楼梦的两个世界》等，找出书评人对作品的评价，通过书评进一步回顾、理解原著。

2. 找到书评人评论的切入点，借助对原著情节、人物、主旨和创作背景的梳理验证自己的发现，能准确概括书评人的观点并理解其情感倾向。

3. 细读文本，从书评者在原作中选用的素材入手，分析素材和评价之间的关系。如《密室的生活》如何回避从密室生活的压抑局促方面选材，又如《红楼梦的两个世界》如何在鸿篇巨制中选材等。

4. 比较不同形式的书评在功能上的异同，欣赏作者使用特殊的语言形式表情达意的效果。如通过对《〈药〉点评》的阅读理解旁批这种评价形式的优劣，又如探究《〈宽容〉序言》以寓言的形式为序的用意。

5. 扩展阅读，选择一篇选文外的书评，与同学交流。

6. 梳理出一般书评的框架结构，掌握一般书评的写法。选择一本你认为可以称之为经典的作品，写一篇观点清晰、材料丰富的书评，并与同伴、老师交流。

7. 通过对热点的讨论，思考书评在这个时代的新形式及出路。通过交流平台，如班级微信群、演讲比赛，与他人分享你的感悟。

## 三、情境与任务

### （一）学习情境

书评是重要的文化传播媒介，成熟的、有识别力的书评人能对学力薄弱的阅读者产生巨大影响。从阅读的广度而言，在这个资讯发达的社会，被大量出版物围绕的学生无疑需要有人指点去"读什么"。从阅读的深度而言，学生的阅读取向还是容易囿于曲折的情节或者鲜明的人设，亟需在"怎么读"这个问题上有所突破。好的书评在这两方面都能给予学生指引。从阅读习惯和阅读环境上看，大多数学生打开书本都是直接进入正文，对于书序、书跋都很少关注，更不必说书评。而网络上的书评也往往简单粗糙，只是一时情绪的表达，缺少对社会的关注与责任担当。可以说，重视书评单元的学习其实就是引导学生反思并修正自己的阅读状态。

在语文学习的积累上，阅读和撰写书评也是对学生思维的一种引导。阅读书评有助于学生梳理自己阅读文本后纷乱杂糅的感受，也提醒学生需要调动理性思维，从社会角色的视角来审视读物。撰写书评是一种根据具体语境和表达的目的、要求表达自我的语文学习活动，在语言、思维、审美上都有其要求。而书评在形式上既有规范的常规的写法，也不排斥个性的表达。在掌握典型的基础上，能够对于特殊的书评进一步加以解读和欣赏，不仅有助于完整地了解书评这一体裁，也有助于学生根据自己的个性写出适合的评价性文字。

本单元包括了不同形式的书评,让学生对各种样貌的书评有所接触和体验,并将这些形式融入自己的阅读体验中。如果说书籍是映射这个世界的一面镜子,那么书评就是照亮镜面的一束光。我们希望学生能够从书评入手,让自己的阅读体验更有深度,在这个浮躁的社会中免于随波逐流。

（二）任务框架（6课时）

第1课时:回顾、反思自己的阅读习惯;理解书评者切入的角度和立场

任务1.与同学交流自己购书、读书的习惯,谈谈对"序""跋""书评"的认识。

任务2.阅读单元选文,从书评中寻找出原著的相关信息,形成一篇对原著的简介。

任务3.调动阅读原著的经验,或者利用网络资源,对上一个任务的成果进行补充。

任务4.找到各篇书评作者切入的角度,概括出他们对这本书的基本见解。如果觉得难以概括,请说明原因。

第2课时:细读文本,了解各种形式的书评,把握素材和评价之间的关系,反思自己对原著的理解

任务1.在《红楼梦的两个世界》和《密室的生活》中寻找作者阐述自己立场的依据,梳理其中的逻辑关系。

任务2.和同学交流读了《红楼梦的两个世界》后自己对《红楼梦》有了哪些新的理解,学到了什么新的阅读方法。

任务3.交流《药》的旁批对自己理解原著的影响,概括出作者旁批的角度。

任务4.概括书评的一般结构,比较书评的不同形式对读者的影响。

第3、4课时:研读文本,赏析作者所使用的特殊的语言形式,深入体会书评的价值,反思自己的阅读习惯(任务4为选做任务)

任务1.补充《〈药〉点评》中"点而未评"的部分,探究这种表达方式的合理性和局限性。

任务2.从背景设置、人物创设和情节安排三个角度探究《〈宽容〉序言》借寓言来表达态度的妙处。

任务3.以《红楼梦的两个世界》为例分析一篇学术文章在表达上如何做到严谨。

任务4.设计一个表格将本单元的四篇书评联系起来,比较其异同,摸索书评的形式和原作形态之间的关系,并将你的发现清晰地表述出来。

第5、6课时:拓展阅读,尝试用旁批和书评的形式对一部作品进行评价

任务1.选择一篇你欣赏的书评,并制作一个PPT,向同学介绍。

任务2.选择《呐喊》中的另一篇小说,为它撰写旁批。和吴中杰的点评进行比较,修改自己的旁批。

任务 3. 组织一场"名著是否可以用'三观不正'来评价"的辩论赛，反思评判经典的标准。

任务 4. 选择一本你认为可以称之为经典的作品，写一篇观点清晰、材料丰富的书评，通过交流平台，如班级微信群、演讲比赛，与他人分享你的感悟。

## 四、学习资源

### （一）基本资源

1. 吴中杰《〈药〉点评》

2. 迈耶·莱文《密室的生活》

3. 房龙《〈宽容〉序言》

4. 余英时《红楼梦的两个世界》

### （二）拓展资源

1. 吴中杰《吴中杰评点鲁迅小说》复旦大学出版社 2006.

2. 安妮·弗兰克《安妮的日记》人民文学出版社 2018.

3. 房龙《〈宽容〉序言》上海译文出版社 2013.

4. 曹雪芹《红楼梦》人民文学出版社 2013.

5. 余英时《红楼梦的两个世界》上海社会科学院出版社 2011.

6. 李辉《书评面面观》大象出版社 2018.

## 五、评价建议

### （一）阅读、梳理任务的评价

任务范例：阅读《红楼梦的两个世界》，梳理提出问题、解决问题的过程，找到作者的主旨。

评价项：

1. 是否记录阅读时间和进度，是否按时完成阅读。

2. 能否准确、完整、简洁地梳理出文章的脉络。

3. 是否记录下自己阅读时想到的问题。

4. 是否将对《红楼梦》的新理解标注出来。

5. 是否能提炼出阅读《红楼梦》的新方法。

### （二）探究任务的评价

任务范例：补充《〈药〉点评》中"点而未评"的部分，探究这种表达方式的合理性和局限性。

评价项：

1. 补充的部分是否合理。

2. 能否从点评的由来认识这一方式的价值。

3. 能否从旁批的物质性条件理解这一形式的局限性。

4. 是否能挖掘出旁批这一形式的积极意义。

5. 是否能在自己的旁批中落实这一评价方式的积极意义。

**（三）鉴赏表达任务的评价**

任务范例：从背景设置、人物创设和情节安排三个角度探究《〈宽容〉序言》借寓言来表达态度的妙处。

评价项：

1. 是否能发现作者故意重复使用的词语。

2. 能否分辨寓言人物和小说人物的不同。

3. 是否可以通过"非常态"的表达发现作者真正的含义。

4. 能否在支架的帮助下理解作者对结局的安排。

5. 对用寓言形式来表达作者的观点能否产生深切的感性认识。

**（四）书评写作任务的评价**

任务范例：选择《呐喊》中的另一篇小说，为它撰写旁批。和吴中杰的点评进行比较，修改自己的旁批。

评价项：

1. 是否对原文有准确的理解。

2. 是否能选择具有表现力的地方进行批注。

3. 旁批的内容是否能体现出对原作全面深入的认识。

4. 表达是否简洁清晰。

5. 是否与吴中杰的点评进行比对。

6. 在比较中对自己的点评有无思考。

7. 是否修改了自己的点评。

**（五）阶段性学习自我评价**

是否有意识地分析了自己的学习过程，是否发现自己学习的主要进步和收获，是否总结出主要的学习方法，是否提出了自己在学习上需要改进和注意的问题。完成整个单元的学习后，要求或建议学生制作一个表格用于自我评价和反思。如下。

---

**自我评价和反思表**

姓名：＿＿＿＿＿＿＿　　填表日期：＿＿＿＿＿＿＿＿

我认真地回顾了从＿＿月＿＿日到＿＿月＿＿日期间阅读过的作品、听课笔记和作业等，发现：我总共阅读了＿＿篇文章，合计＿＿＿＿＿＿字左右；课堂上我大约有＿＿次表达了自己的感受与思考；我的学习笔记共＿＿页，写了＿＿篇文章，合计＿＿＿＿＿＿字左右。

我的收获还有：

1. 在阅读兴趣和阅读能力方面，我的成绩和进步主要体现在：

---

（续表）

2. 之所以会有上述的成绩和进步，我认为是因为：

3. 在了解书评这一文体的过程中，我的收获是：

4. 在学习的过程中，我也产生了一些问题，包括思想层面的，也发现自己在阅读习惯和效果上还有一些需要改进或克服的地方，它们是：

5. 最后，我想告诉自己：

# 第五章　整本书阅读深度教学

## 第一节　整本书阅读教学总论

整本书阅读教学具有如下三大特征。

### 一、教学形态：从散点式走向分布式

以往阅读教学多数是学生个人阅读，是散点式的，至多是教师与学生之间的线性关系。学生个体的阅读成果与经验难以和其他同学共享。这一教学形态对于单篇文章阅读是基本适应的。但对于时间长、容量大、有深度的整本书阅读来说，就需要采取新的教学形态。整本书阅读是一项集体项目工程，必须确保学生全员参与，"一个都不能少"，这就要求教师建立一个关于整本书阅读的学习共同体。与这一共同体匹配的教学形态就是分布式形态。

例如，如何开展《红楼梦》分布式阅读？笔者在教学中主要采取如下三大策略。

其一，贯穿式阅读。就是要求全体学生必须通读《红楼梦》全书，硬着头皮也必须通读全书。此举旨在让学生获得一次硬啃全书的阅读经验，同时也是一种毅力与耐心的磨炼。这是整本书阅读教学的前提，必须不折不扣地完成，否则无法形成对全书的整体感知，随后的教学指导便无从落实。

其二，网络式阅读。就是要求学生在阅读过程中，认真做好读书笔记，记录阅读中的疑点与收获。随后互相交流读书笔记，互相解答疑惑、分享收获。在此基础上，教师根据学生实际适时点拨。如此，个别化的整本书阅读，就转化为全体学生的网络式交流。学生彼此之间互相启发、互相激励，形成良好的读书氛围。

其三，分工式研读。依据《红楼梦》全书特点，让学生分别承担不同的阅读

任务。例如按"红楼结构""红楼人物""红楼情节""红楼诗词""红楼餐饮""红楼建筑"等内容由学生个人或组团申报,开展专题深度研究,随后向全班汇报展示。也可由教师选择对《红楼梦》有研究的学生为助教,组成"《红楼梦》导读小组",向其他同学介绍。事实证明,这种分布式的"同伴学习"效果远胜于教师独角戏式的教学。

在当前以班集体教学为基本教学模式的背景下,学生之间的"同伴学习"是整本书阅读重要的资源:有专长的学生可以成为整本书阅读的指导者,学生之间的研讨交流既可以成为知识资源,也可以形成浓厚的读书氛围。

总之,整本书阅读采取分布式教学,意味着学习资源的分布化,意味着指导者的"泛中心"化,其实质就是构建一个阅读共同体。正如郑桂华教授所言:"构建阅读共同体应该居于整本书阅读教学工作的核心地位,如引导学生成立读书小组,组织作品朗诵会、分享阅读心得、展示阅读笔记、举办读书报告等系列活动,这些活动都会有助于阅读共同体的形成。值得指出的是,从对阅读共同体的影响效果来说,无形的读书氛围的营造比有形的读书样式设计显得更有意义。"①

## 二、教学内容:从浅碟式阅读走向切片式深度导读

如果说,在"面"上,分布式教学主要使学生总体上把握整本书内容;那么,在"点"上,还需要教师集中精力开展深度阅读指导。整本书阅读,存在着内容非常丰富与时间相对有限的矛盾,如按传统方式面面俱到加以讲授,对教师而言几乎是不可承受之任务,勉强为之,也将使教学内容流于浅碟化。

如何解决这一矛盾?切片式深度导读是一种有效的策略。由教师遴选书中具有枢纽作用、能够充分体现作品特征的若干片段,加以深度研读。这一策略能够以点带面,提纲挈领,前后勾连,窥斑见豹。一旦学生充分把握这些片段,就能够有效达成对全书的理解,获得基本的阅读方法,形成重要的阅读能力。笔者曾对《红楼梦》中一个片段作切片式深度研读,取得了较好的效果。

雨村一面打恭,谢不释口,一面又问:"不知令亲大人现居何职?只怕晚生草率,不敢骤然入都干渎。"如海笑道:"若论舍亲,与尊兄犹系同谱,乃荣公之孙:大内兄现袭一等将军,名赦,字恩侯;二内兄名政,字存周,现任工部员外郎,其为人谦恭厚道,大有祖父遗风,非膏粱轻薄仕宦之流,故弟方致书烦托。否则不但有污尊兄之清操,即弟亦不屑为矣。"雨村听了,心下方信了昨日子兴之言,于是又谢了林如海。

这段文字乍看十分普通,但细细品味却韵味无穷。这时,既需要细读文中关键词语,又需要联系全书内容,才能达成对作品的深度解读。

---

① 郑桂华.整本书阅读:应为和可为 [J].语文学习,2016(7):4-8.

① 研读贾雨村的行为——"雨村一面打躬，谢不释口"

想当初，甄士隐见雨村贫寒无力进京应考，赠送了"五十两白银，并两套冬衣"，雨村则"收了银衣，不过略谢一语，并不介意，仍是吃酒谈笑"，那时的贾雨村是何等清高！如今的贾雨村为何如此感激涕零？是雨村原本就是势利眼，所以对甄士隐馈赠不以为意却对林如海的荐举感激不已呢？还是经过宦海波折之后雨村此时已经十分看重功名富贵了呢？这是需要品味处。

② 研读贾雨村的语言——"（雨村）一面又问：'不知令亲大人现居何职？'"

前一回冷子兴已经向贾雨村介绍了贾政其人，此时雨村为何再次询问？这不是雨村的糊涂，恰是其精明过人之处。试想，冷子兴不过是贾府管家之女婿，他对贾府的介绍雨村未必全信，而举荐复职兹事体大，雨村自然须彻底打听清楚方才放心。果然，当林如海介绍完毕，文末写道："雨村听了，心下方信了昨日子兴之言。"一句问话泄露内心，由此可知其人心思缜密如此！如此前后照应之处，读者岂能置之不顾？

③ 研读林如海的对话

对于贾雨村的询问，林如海所作的一段回答堪称神来之笔：对于贾赦，他只简单介绍官职，不做任何评价；对于贾政，如海则是称赞有加。这一差别说明了什么？其实，就人之常情来看，不评价其实也是一种评价。贾赦是贾府中的老流氓，作为妹婿，林如海自然不便议论，于是只有避而不谈。但是不说其实就是一种态度，这种态度从他对贾政的由衷称道就显露无遗。这一番话虽然是对贾赦、贾政的介绍，其实未尝不是林如海的自我介绍。

④ 思考此段在全书的地位

这一段文字作用非同小可。它画出了贾雨村、林如海的性格特征，埋下了故事发展的伏笔——为后来贾雨村的飞黄腾达奠定了基础，为情节的推进做好了铺垫。

此外，切片式导读还可以通过教师设计必要的"阅读地图"得以实现。例如，笔者工作室学员指导学生阅读《红楼梦》，曾就全书前五回阅读布置了如下导读任务，取得良好效果。

《红楼梦》前五回是全书的总纲，起着揭示主题、勾勒轮廓、交代人物、点染背景、暗示结局的重要作用。中学生阅读时最感困难和乏味的也是这五回。但是，一旦把握了这五回，就等于掌握了解读全书的一把钥匙，因此有必要静下来细细研读。

① 阅读第三回与第六回，比较分析：林黛玉眼中的贾府与刘姥姥眼中的贾府有何不同？

② 第四回"葫芦僧判断葫芦案"写贾府的社会关系，请简述小说中四大家族之间的关系。

③ 阅读第五回中的红楼梦曲及人物判词，根据曲词和判词内容，选择你感兴趣的一个人物，结合后文所读，写出这个人物的小传（包括人物姓名、身世、

主要生平经历等内容）。

综上所述，切片式示例引导和利用"阅读地图"进行方向引领等教学策略，都体现了深度学习的理解性、联系性与整合性等特点。这些策略的运用，有助于整本书阅读深度学习的实现。

### 三、教学方式：从讲授静听式走向活动体验式

整本书阅读的主体是学生，教师的讲授永远无法代替学生自主阅读原著。教师滔滔不绝地讲授，学生静坐聆听的教学方式必须变革。设计学习任务，能够促进整本书阅读深度学习。

设计学习任务的方式很多。国外阅读教学向来重视设计有创意且富有挑战性、富有趣味的阅读任务，这些活动能够有效激发学生阅读兴趣、引导他们的深度阅读。[①] 譬如：

想象你就是书中的某个人物，根据"你"的经历和感受写一本日记。

创作一首诗歌、歌曲或一个故事来表现书中的人物、冲突或主题等。

根据书中的某一人物或情节画一张画或图表，并做出相应的详细解释。

想象对书中某一人物进行采访，你可以问他书中有关的内容，也可以问他其他问题。用你自己的语气提问，然后用该人物的语气进行回答。

笔者指导学生阅读《红楼梦》时，设计了如下活动，也取得良好的效果。

任务情境：用打哑谜的方式表述《红楼梦》中人物姓名，并结合作品内容解释理由。教师在讲台上摆放一束花，要求学生以此花为道具，设计一个动作作为谜面，谜底应是《红楼梦》某一人物名。在此基础上，设计了一系列活动。

活动一：学生上台做出如下动作：拿起花束投向别人。这一动作暗含的谜底是"花袭人"。

活动二：解释宝玉为何以陆游"花气袭人知昼暖"之诗句将丫鬟"珍珠"改名为"袭人"？

活动三：解释贾政为何不喜欢"袭人"这类丫鬟名？

活动四："袭人"有本名吗？"珍珠"和"袭人"哪个名字与她性格更吻合？

再如，《红楼梦》对人物心理的刻画堪称经典。为促进深度阅读，笔者曾设计系列活动引导学生体会人物内心活动。兹以《红楼梦》第三回"林黛玉进贾府"一段"喝茶"的文字为例说明。

寂然饭毕，各有丫鬟用小茶盘捧上茶来。当日林如海教女以惜福养身，云饭后务待饭粒咽尽，过一时再吃茶，方不伤脾胃。今黛玉见了这里许多事情不合家中之式，不得不随的，少不得一一改过来，因而接了茶。早见人又捧过漱盂来，黛玉也照样漱了口。盥手毕，又捧上茶来，这方是吃的茶。

---

① 李茂.彼岸的教育［M］.上海：华东师范大学出版社，2006.

上述文字在心理描写方面非常细致。作者的叙述主要通过林黛玉的视角展开，非常细腻地再现了林黛玉身处陌生环境时的细心、敏感、谨慎等特点。教师为此设计如下活动引导学生体会人物心理。

活动一："寂然饭毕，各有丫鬟用小茶盘捧上茶来。"——"寂然饭毕"，黛玉对此有何体会？"各有丫鬟"，一个"各"字，黛玉感受如何？"用小茶盘捧上茶来"，黛玉何以在意捧茶的"茶盘"？你将采用何种方式表现黛玉此刻的心理活动？

活动二："今黛玉见了这里许多事情不合家中之式，不得不随的，少不得一一改过来，因而接了茶。"——"因而接了茶"一句，短短5字，却包含了林黛玉多层次的内心活动，请用思维导图的方式将这一句话蕴含的多重意涵表现出来。

活动三："早见人又捧过漱盂来，黛玉也照样漱了口。盥手毕，又捧上茶来，这方是吃的茶。"——如果拍摄电视片，你如何运用镜头画面将"照样漱了口""这方是吃的茶"两句话所包含的人物心理表现出来？

此外，一些传统活动方式如评点批注、读书笔记、随笔写作等都有助于整本书阅读的深度学习。

学习科学研究表明，具有实践性的学习一般都以"活动"为基本学习的方式，其典型特征都在于使学习者通过"应用知识"来"学习知识"。①知识应用的最好途径，就是设计学生喜闻乐见的活动，促使学生开展深度学习。

## 第二节　整本书阅读深度教学策略

整本书阅读是新课程改革的一个亮点，是语文能力的重要标志。日常生活中，学生不乏整本书阅读行为，不少学生甚至阅读量颇丰。但是，课堂教学情境与日常生活情境中的整本书阅读是有不少区别的。

日常情境中，学生的整本书阅读通常是随性随意的，是自由自在的，完全受阅读兴趣驱动。教学情境中的整本书阅读则需要有顶层设计，有统筹策划。需要在学生最重要的时期，培养最核心的能力，获取最大化的效益。因此，读什么、怎么读、读多少，这些在自然情境中不予考量的问题，进入到课堂情境中就需要特别关注了。

例如，阅读《朝花夕拾》一书，首先要考虑到学生实际。本书叙述了鲁迅青少年时期的心路历程，当时他与阅读本书的青少年年龄相当。此前，学生已经先

---

① R.基思·索耶.剑桥学习科学手册[C].徐晓东，等译.北京：教育科学出版社，2010：377-378.

后接触到本书中一些篇目，如《阿长与山海经》《藤野先生》《从百草园到三味书屋》等。从文学课堂情境中的整本书阅读教学设计角度，必须考量如下三组关系：单篇与整体的关系、知识理解与运用的关系、学习任务之间的关系。通过对这些关系的考量，提出整本书阅读教学设计的三大策略。

## 一、文本内容统整策略

整本书阅读教学首先需要整合文本内容。

需要整合的内容大致分为三个层级："知道、理解、能做"，其核心是"能做"。以《红楼梦》与《朝花夕拾》整本书阅读教学为例，简释如下。

"知道"属于事实层面。它关涉《红楼梦》中的人物、事件及红学知识等知识性内容。例如，段乐春老师方案中的"顽童闹学堂"学习任务，分析"闹学过程、闹学事件背后的家族倾轧"等活动，旨在引导学生了解《红楼梦》相关情节内容，侧重"知道"层面。

"理解"属于概念知识层面。它旨在引导学生掌握并运用特定的知识概念分析书中的人物、情节。例如，教师设计"青春幻灭——醒世《好了歌》"系列活动，以品读《好了歌》为学习材料，引导学生理解这一歌词的主旨意蕴，同时促进学生对《红楼梦》青春主题的思考，直到领悟全书主旨。

"能做"指向整本书阅读的能力和过程层面。它属于综合能力。设计指向"做"的学习任务，既需要学生"知道"若干事实，还需要"理解"必需的"概念知识"。有教师设计"代拟绝命信（词）"这一学习任务，就侧重"能做"："以晴雯口吻代拟绝命信（词）给宝玉，以金钏口吻代拟绝命信（词）给王夫人。"为完成这一任务，学生不但要了解《红楼梦》相关情节、人物性格，还需掌握叙述视角等概念性知识，能够站在晴雯、金钏的立场上对小说情节加以创造性的重构。学生需要在解读全书相关章节的基础上，借助必要的知识，才能顺利完成这一学习任务。

《朝花夕拾》整本书阅读，前提是学生必须通读全书。但是在有限的课堂教学中，教师又不能通篇教学。这时，需要精心选择学习内容，提纲挈领，以点带面。如此，可以在较为有限的时间内，最大限度实现对整本书的总体把握。基于文本内容的整本书阅读教学设计，必须准确把握文本要害关键处，从这些地方着手，便于提纲挈领、纲举目张，可以起到以一当十、窥斑见豹之效。

例如，有教师要求学生绘制青年鲁迅求学线路图，并说明原因。在这一设计中，"求学"就是全书的要害关节、重大事件。"求学"是《朝花夕拾》一书中一个重大事件，对于青年鲁迅的精神成长具有重要意义。这一事件，既呼应了全书前部分少年时代的读书生活，又与后来家道中落之后"走异路、逃异地、寻求别样的人们"的心态相关，并串联起之后的《琐记》《藤野先生》《范爱农》等篇章。一旦梳理清楚青年鲁迅的求学之路，鲁迅的心路历程便可以清晰地呈现出来。

整本书阅读的整体性还可以借助核心知识加以统筹。《朝花夕拾》是一部回忆性散文集。阅读回忆性散文，需要不同于一般散文的关键知识。例如，有教师在设计时聚焦"了解双重叙事视角，多角度感受童年鲁迅的天真快乐和成年鲁迅的深沉自省"，围绕"小鲁迅和大鲁迅"，一起探究那些成长路上的心路历程。

当然，在实际教学中，"双重叙事视角"不应该是目的，而是手段。教师设计教学活动不仅是为了印证这一知识，而且是为促进学生运用这一关键知识解读《朝花夕拾》全书，达成对全书的理解，从而形成阅读这一类书的核心素养。

课堂上的整本书阅读与日常生活中的整本书阅读究竟有何区别？这是教师需要特别考虑的。课堂上的阅读更有学理依据和针对性，目标更加明确，尤其关注学习深度。

## 二、情境任务驱动策略

整本书阅读是崭新的课型，用任务驱动的方式开展教学，让学生带着任务在"学习活动"中思考与探究，可以减少灌输式讲解，有利于学生的自主学习。

例如，阅读《红楼梦》，教师需要引导学生构建整本书阅读经验，形成适合自己的阅读方法。作为文学经典之作，学生必须在整体上把握《红楼梦》的思想内容和艺术特点，因此，引导学生通读全书并从自己最有感受之处赏析作品，就成为教学的基本原则。教师必须确保让学生有硬着头皮通读全书的阅读经历与体验。没有这一基础，后续的教与学将成为无本之木。

合宜的任务设计十分必要。学生受知识经验所限，往往难以突破《红楼梦》坚硬的"外壳"而汲取其中"琼浆"。设计合宜的学习任务可以有效驱动学生走进文本深处。学习任务，可以是一个项目，也可以是一个有待破解的难题。对于工程浩大的整本书阅读学习而言，单一任务无法完成使命，需要通过一组任务形成合力，此之谓"任务群"。在任务群引导下，学生就能通读全书、细读原著，开展有深度的学习活动。

从学习任务的功能角度看，整本书阅读任务群大致有如下三种类型。

### （一）动机激发型

教师需要设计生动有趣的学习任务，设计贴近学生生活经验、话语方式的学习场景，以便引导激励他们阅读整本书。

例如，有教师引导学生分析《红楼梦》"丫环"形象，以促进学生理解人物塑造艺术以及深刻的悲剧主题。为达到这一目标，教师设计了酷爱《红楼梦》的女孩曹小溪梦中畅游"红楼界"并完成一系列任务这样一个魔幻情境，使得原本枯燥的阅读活动转化为趣味盎然的游园活动。这类学习任务能够有效激发学生的阅读兴趣。

### （二）学习支架型

适宜的学习任务群，还应该具备支架功能，需要教师为学生提供必要的学习支架,帮助学生顺利开展阅读活动。支架型任务一般通过提供样例、提供操作建议等方式降低学习任务难度,简化任务的复杂程度。

例如,教师设计填写"红楼丫环最美时刻"表格这一学习任务时,列举了香菱与晴雯两人的例子,就属于样例支架。从学习内容维度来看,这一学习任务可归入"知道"层面;从功能维度来看,这一学习任务则具有支架性质。

### (三)成效展示型

各类型学习任务都具有展示、检测整本书阅读成效的功能。其中有些任务侧重检测学生是否通读全书,有些任务意在检测学生对重点片段的阅读程度。例如,教师设计"青春挽歌——《芙蓉女儿诔》"活动,不仅能够检测学生细读的效果,还能够检测学生能否通过梳理青春女性的悲剧图谱把握《红楼梦》的悲剧主题。

初中学生开展《朝花夕拾》整本书阅读,具有得天独厚的条件。在各单元中,学生已经学习了《从百草园到三味书屋》《阿长与山海经》《藤野先生》等篇目,业已具备相应的先有知识储备。此时开展整本书阅读教学,所面临的一个关键问题就是:如何设计合宜的情境任务以便驱动学生开展深度阅读。这就需要从学生读者的角度出发,结合他们的生活经验和兴趣爱好,设计特定的情境任务。

例如,有教师设计了"我是小小插画师""坐诊开药"的活动开展单篇文章阅读学习,要求学生画一幅插画,写一段解说,评比评价。从整体阅读层面,也设计了巧妙的学习活动,让学生"动手"做事——"给鲁迅童年之花涂上颜色"。这一活动涉及全书多篇文章,并且以"童年鲁迅"的视角感受为中心,符合回忆性散文之特征。总之,任务设计必须有据、有趣,符合阅读文本特征,符合学生实际,为学生喜闻乐见。

### 三、文本细读策略

解读文学作品,还需沉潜到文本深处,品味语言的精微隽永之妙。开展整本书阅读,绝对不意味着可以忽略对文本细腻之处的玩味、赏鉴与评析。

例如,回忆性散文的"双重叙述视角"问题,如果能够从具体语言表达层面来设计学习活动,就能够让整本书阅读落到实处。我们且以《藤野先生》中一个语句为例做一番设计。

可惜我那时太不用功,有时也很任性。还记得有一回藤野先生将我叫到他的研究室里去,翻出我那讲义上的一个图来,是下臂的血管,指着,向我和蔼的说道……

活动一:复述
默读上面这段文字,用自己的语言把这句话复述一遍,再把复述文字记录下来。
活动二:比较
将你所写的文字与原文做一番比较,看看以下问题你是否特别关注到。
1. 上文中有"指着,向我和蔼的说道"一句,你注意到其中的逗号了吗? 其实，不用这个逗号，意思也完全能够贯通，那么，作者特意加上这个逗号，究竟想表达什么？

2. 比较两种表达"指着，向我和蔼的说道"与"指着向我和蔼的说道"的区别。

3. 为何要特别凸显？请说明理由。

活动三：体会

1. 本文是回忆性散文，请做个算术题：鲁迅的回忆距离当时多少年？

2. 二十年后，鲁迅不仅记得藤野先生当时手指的动作，还记得藤野先生的语气"和蔼"，你能从他下面的那句话中特别感受到他的"和蔼"吗？

经过上述系列活动设计，教师就能够不断引导学生走向文本深处，体会到散文的魅力，并形成阅读回忆性散文的真实能力。

当下整本书阅读可能出现的误区是：为凸显整本书阅读，怠慢单篇阅读，忽略对语言文字的品味。因此，我们需达成如下共识：整本书阅读须以语言建构为基础，品味体察语言文字有助于促进整本书的深度阅读。

必须明确的是，整本书阅读并不是忽略怠慢单篇阅读。单篇阅读是基础、是起点，整本书阅读则是在更高维度上的。语言建构需要基于对语言文字的品味体察，"品味语言"是至关重要的基础。

# 第三节　《朝花夕拾》深度阅读学习活动设计 [①]

《朝花夕拾》被编排在统编版初中语文教材七年级上册第三单元名著导读栏目，是学生进入初中学段阅读的第一部名著，主题为"消除与经典的隔膜"。

七年级新生刚刚接触整本书阅读，因为有"隔膜"，也因为不知如何阅读，对阅读经典的整本书普遍存在畏难情绪。《朝花夕拾》作为鲁迅唯一一部回忆性散文，文字中虽有冷峻、犀利甚至晦涩难懂的句子，但更多的是充满童真童趣。如果教师能有效指导，《朝花夕拾》是能与刚升入初中的少年产生共鸣的。那么如何指导学生阅读《朝花夕拾》？激发兴趣，指导读书方法，寻找经典与学生成长的共鸣处，让学生从经典中汲取成长养分就显得尤为必要。

《朝花夕拾》整本书阅读，宜先用一周左右的时间，让学生每天细读一至两篇，进行必要的圈画。读完后，再联系目录，将整个文集通读浏览一遍。在这个基础上，《朝花夕拾》整本书阅读教学可用三个学时进行指导，分别对应通读（梳理鲁迅成长历程）、关键（双重视角审视成长历程）、统整（为何回望成长历程）三个环节。

---

① 本节由上海市黄浦区教育学院附属中山学校段乐春撰写。

本教学设计为第一课时,重点是鲁迅的成长经历,让学生"亲近文本",找到与文本的共鸣处,逐渐消除与文本的"隔膜"的部分。

【教学目标】

1. 跳读圈画,梳理鲁迅成长历程,熟悉文集内容。

2. 研读思考,理解身边关系密切之人在个人成长的历练与蜕变中的作用。

3. 浸润成长,从鲁迅成长经历中感悟:成长是一个自我觉醒的过程。

【课前准备】

要求同学们一周内初读《朝花夕拾》,完成以下任务:

1. 简笔画鲁迅成长树。

2. 给鲁迅圈定"朋友圈",并从文中寻找语句,设计对话,展现他们之间的关系。

【教学过程】

1. 导入

作家刘白羽曾说:"每一部名著都是一个广阔的世界、一个浩瀚的海洋、一个苍莽的宇宙。"经典名著所蕴含的思想内涵、艺术特质与文学表达都是宝贵的财富。阅读名著,与经典对话,与大师对话,获得为人处世的启迪,对我们的成长发展有着深远的影响。今天,我们一起对话《朝花夕拾》,走进鲁迅的青少年时代,也为我们的成长汲取养分。

2. 整体感知:插图连连看

课前花了一周时间,要求同学们利用课余时间自己阅读《朝花夕拾》。本节课,我们先玩一个游戏,把一整本《朝花夕拾》变成极简插图版版本,看同学们是否能根据插图的线索,快速寻找对应篇目,并选1—2幅插图解说相关故事。(PPT出示)

提示:同学们如果对插图内容把握不准的话,可以采取迅速浏览目录、跳读文章的方式,快速找到插图对应篇目。

示例:

图1　插图版极简《朝花夕拾》

捕鸟插图故事解说：童年的鲁迅觉得冬天的百草园，最有趣的是下雪天，可以捕鸟。他们等到地面上的雪很厚了才去捕，因为这个时候鸟没啥吃的，饿了很久了，他们撒一点诱饵，鸟就过来吃了。他们先扫开一块雪，露出地面，用一支短棒支起一面大的竹筛，下面撒些秕谷等诱饵，棒上系一条长绳，人远远地拉着绳子。等鸟雀下来啄食走到筛子底下的时候，他们用力将绳子一拉，便把鸟给罩住了。

3. 任务分享：简笔画鲁迅成长树

从"插图连连看"游戏环节看出，不少同学是认真初读过《朝花夕拾》的。本节课我们想请同学们分享初读任务一：简笔画鲁迅成长树，进一步了解同学们对《朝花夕拾》内容的熟悉程度。

提示：《朝花夕拾》原名叫《旧事重提》，是一本回忆性的散文集，从中可以了解鲁迅先生从童年、少年到青年的生活道路、成长经历。请同学们结合文集目录及自己了解的相关背景，以时间为轴，以浏览或跳读方式，认真梳理故事梗概，检查自己初读时画的鲁迅成长树，时间、地点、事件是否与《朝花夕拾》里面的内容一一对应？

示例：学生分享的鲁迅成长树及说明

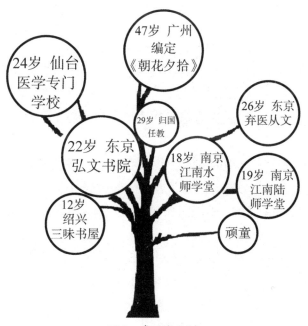

图 2　鲁迅成长树

鲁迅成长历程说明：鲁迅的成长大致分为三个阶段。第一阶段，12 岁就读于家乡绍兴寿镜吾开设的私塾三味书屋；第二阶段，18 岁进入新式学堂江南水师学堂，后转入江南陆师学堂；第三阶段，22 岁赴日本，先入东京弘文书院学习日语，后入仙台医学专门学校学习，最后弃医从文。29 岁回国，47 岁编定《朝花夕拾》。

4. 思考感悟：鲁迅成长树给自己的启示

我们整理出鲁迅青少年时期成长中几个关键的时间节点，请同学们想一想，我们能从鲁迅成长树中获得什么启发？（PPT 出示）

18 岁　南京求学：接触《天演论》，如饥似渴地阅读，表现出探求真理的强烈欲望。

22 岁　日本留学：意在救治像父亲那样被庸医所害的病人。

26 岁　弃医从文：国民精神上的麻木比身体上的虚弱更加可怕，而善于改变国人精神的，则首先是文学和艺术。

启　示：_____

提示：精读《父亲的病》《琐记》《藤野先生》三篇文章，圈画出如下内容：①《父亲的病》里，作者按照庸医开出的药方买药寻药的辛苦、父亲病情加剧的表现、作者的感想；②《琐记》里，作者被衍太太陷害所受的伤害、一口气阅读《天演论》的欣喜、到外国去求学的抉择；③《藤野先生》里，匿名信风波后作者的感想、观影时中国看客引发作者思想的改变。研读以上圈画内容，整体思考这些事对鲁迅成长的影响。

明确：从鲁迅先生的求学历程中，我们看到了这样的成长：成长是自我的觉醒，是沿着求知与真理的方向，不断靠近责任的过程。这恰恰是阅读名著所能带给同学们成长更丰富的启迪：感悟前人的成长历程，汲取力量和智慧，去探索未来，担当责任！

5. 设计对话：展现鲁迅"朋友圈"对他成长的影响

从鲁迅的成长树来看，鲁迅的成长与身边的人、事密切相关。成长中遇到的师长、亲友、保姆、邻居等人，教会鲁迅在成长中历练与蜕变，从而帮助他变得勇敢、坚强、笃定、智慧。《朝花夕拾》中的每一个人、每一个地方、每一件事之于鲁迅，都有着非凡的意义。接下来，我们将重点讨论分享"朋友圈"的核心人物对鲁迅成长的影响。假使那时也有"朋友圈"，请你为鲁迅圈定"朋友圈"，并选一人，从文章中选取特定句子，设计对话，来展现这个人对鲁迅成长的影响，并作简短说明。

提示：勾连文集前后文章，精读与鲁迅成长关系密切的人物细节，圈画鲁迅对"这个"人物的抒情或议论语句。选择语句，设计对话，展现他／她对鲁迅成长的影响。

示例：(投影呈现)

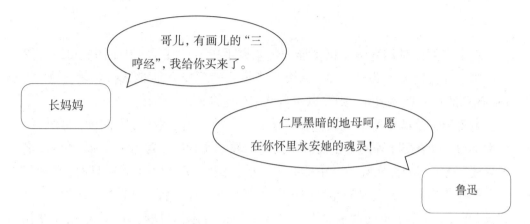

说明：阿长虽然粗俗、好事、迷信，但心地善良，对生活有着美好希望，热心帮助孩子解决疑难问题。鲁迅先生将自己对母亲的爱和深情，全部寄托在阿长（保姆）身上。鲁迅先生祝福、怀念、感激阿长。

6. 布置作业

成长历程，不仅是在"朋友圈"影响下的一个经历的过程，也是一个自己回味和反思的过程。唯有这样，人生才会不断走向成熟和丰富。回忆性散文写的是"过去的我"的经历和感受，但又往往带着"现在的我"的理解与思考。47岁的鲁迅，回首成长路，他是如何用"过去的我"和"现在的我"双重视角，来审视自己的成长之路的？请跳读、精读相关语段，圈画、批注双重视角内容，完成任务。

【课堂小结】

本节《朝花夕拾》阅读课教学设计，我们围绕"在阅读经典中体味成长"的主题，梳理了鲁迅的成长历程，通过读目录、快速浏览、跳读、精读、研读等方式，前后勾连，重点探讨了"成长，不仅是在'朋友圈'影响下的一个经历的过程，也是一个自我觉醒的过程"。在这一过程中，我们感受到了童年鲁迅的天真、少年鲁迅的烦恼、青年鲁迅的志向。《朝花夕拾》所展现的鲁迅成长历程，对现在正在成长中的青少年学生具有极大的教育意义：我们不仅经历成长，还要反思和回味成长，这样人生才会变得充实和丰盈。希望同学们课后再去通读《朝花夕拾》，呼唤同龄人读《朝花夕拾》，让经典名著和高尚灵魂，引领同学们成长，承担未来使命！

# 第四节　"名著导读"单元学习活动设计 [①]

　　整本书阅读是培养学生语文能力的重要手段。放在单元中,固然可以一篇带一本,但也带来了课时不足、阅读浅尝辄止的现象。而尝试将名著母题、议题、问题的单元独立组元,则可以使名著阅读走向深入。

　　名著导读是统编版语文教材新增设的一个独立教学板块,与阅读、写作、综合性学习、口语交际等同为主要教学内容。教学实践中,笔者深切地体会到"名著导读"这个部分在实际教学中的举步维艰:不仅有时间上的捉襟见肘,还有认识上的故步自封,更重要的是操作中的浅尝辄止。把"名著导读"延伸为"名著阅读"单元,让整本书阅读独立为一个学习单元,创设"母题、议题、问题",采用"梳理式阅读、阐释性阅读、问题式阅读、演绎式阅读、评析式阅读、移情式阅读"等方法,激活课堂内外,可以更加充分而有效地实现深度阅读。现以《钢铁是怎样炼成的》整本书阅读单元设计为例,研究名著阅读独立组元的可行性操作。

　　《钢铁是怎样炼成的》的导读题目指向摘抄和做笔记。然而,我们需要用这样的阅读方法去解决什么问题呢?具体应该怎样去解决这个问题?或许,这才是八年级下学期在这样的阅读导引中需要教师一步步去落实的内容。

　　因此,我们首先要明确的是:阅读这本书需要解决的核心问题是什么?

　　文章的题目是"钢铁是怎样炼成的"。从题目可以推测,这部作品写的是人经过长期艰苦卓绝的斗争和锻炼,形成了坚强刚毅、积极无畏的品质的故事。而且,这是一本自传体小说,是在作者亲身经历的真人真事的基础上,运用小说的艺术表达技巧,经过虚构、想象加工而成的。作者奥斯特洛夫斯基 1919 年参加红军,奔赴前线;1920 年因重伤退伍;1924 年加入共产党;1927 年瘫痪失明,病榻写作;1936 年重病复发,英年早逝。作者的人生经历与写作内容、写作意图以及情感倾向有着密不可分的关系。

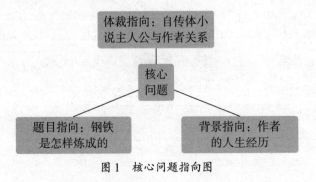

图 1　核心问题指向图

---

① 本节由上海市闵行区曹行中学张莹撰写。

　　综上所述，阅读这部作品需要解决的核心问题就是：主人公保尔·柯察金是怎样成长为一名具有钢铁般意志的革命战士的？毫无疑问，核心问题的提出是阅读整本书非常重要的一个环节，没有这个"母题"，也就无法涉及相关"议题"和具体"问题"，更无从谈及善读和深思。但学生对这个"母题"理解吗？接下来要如何去探究？教师需要带着学生完成这样一个思考过程。这不但有利于学生理解核心问题的内涵，更有助于在阅读中落实核心问题的解决；既是逻辑性思维的培养，也是策略性阅读的指导。所以，关于对核心问题的确立推演，应该成为整本书阅读初期的一个必不可少的内容。

　　确立了核心问题，才能够进行有针对性的阅读。除了预先需要做好阅读计划之外，我们还应给予一定的阅读方法指导。关于这点，统编版教材有明确的指引。如在七年级下学期的名著导读中介绍了圈点和批注，八年级下学期《钢铁是怎样炼成的》中相对应地介绍了摘抄和做笔记。但教材中提及的方法学生未必能顺利地付诸实践，对于方法的使用，还是需要教师积极有效地指导。否则，学生仍是一头雾水，各自为政。指导大抵离不开样张和范例两种形式。给出样张和范例，便于学生阅读时参照，更重要的是，强调运用方法的有效性。"摘抄"，应该是有针对性地摘抄，这样会大大提高阅读的有效性，其内核是一种思考、一种归纳、一种整理；"笔记"，是带着问题思考并记录下感受的过程，是建立在分析理解、思考探究的基础上，整理归纳而成。笔记中常常包含摘抄的内容，二者是不可分割的两个部分，是在"学而思，思而学"的过程中，落实思考的内容，实现抽象思维的具体化；整理笔记的过程，也会对接下来的研究产生积极的影响，是深入的反馈。

　　当然，更重要的是，教师要将理性的思考带给学生，而不是仅呈现出阅读的结果。对于核心问题，我们应该如何分解落实？对于子问题，又要怎样进一步研究？在接下来的阅读中，我们还应思考哪些问题？诸如此类。单凭学生自己，是无法实现这样的深度阅读的。教师，应该是整本书阅读的先行者和指路人。

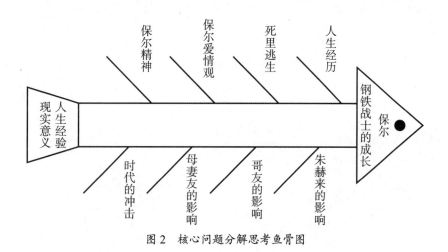

图 2　核心问题分解思考鱼骨图

对核心问题展开研究，我们可从内因、外因两个方面来分析"保尔·柯察金成长为一名具有钢铁意志的革命战士"的原因，综合思考，总结他成长的人生经验，探索"保尔精神"的现实意义。问题之间的相关性，可以通过一张鱼骨式思维导图实现（图2）。而具体的设问，则可以分门别类罗列呈现。像结合事实思考"保尔精神"的现实意义这样的内容，更是需要教师及时地点拨出来（图3）。

图 3　"保尔精神"现实意义手抄报

至此，教师完成了导读中"量的积累"和"质的变化"。有了这样的阅读和思考的基础，学生才有可能充分发挥主观能动性，在阅读共同体中完成接下来的"专题式"阅读任务，并在一定时间内展示阅读成果。

专题一：跌宕起伏的人生——梳理保尔·柯察金的人生经历，从中总结经验

专题二：错综复杂的网络——建立主次要人物之间的关系网，并进行分类

专题三：命运的分岔路口——比较影响保尔的男女朋友们的不同人生轨迹

专题四：在语境中的历史——推断作品反映的社会现实，关注布尔什维克

专题五：多样的叙事视角——学习全知视角叙事和书信、日记等间接叙事

教师先从学生角度思考阅读的重点、难点、疑点，设计导读；在导读中，以身为范，演示、讲解，并引出研究话题，学生再进行小组研究；最后，组织学生集体反馈，积极开展强化性、总结式的汇报（图4）。这样的阅读历程，更是一次学生经历。

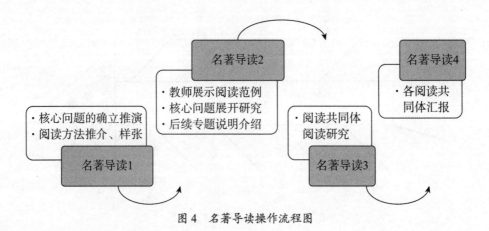

图 4　名著导读操作流程图

　　实践中，笔者将每个名著阅读单元分为四个板块，预计 8—9 个课时完成，旨在通过教师的组织引导，激活课堂内外，提高整本书阅读的质量，更加充分而有效地实现深度阅读，提升学生思考问题和解决问题的能力。这样从整体单元中相对独立地剥离重组，既是对单篇教学的延展，又可在实际运用中回馈阅读教学。当然，在具体操作实施中，仍旧会存在类似时间冲突的矛盾，需要后续在具体的教学探索中不断优化调整，走向融合。

# 第六章　促进深度学习的作业与评价

## 第一节　优化作业设计，促进深度学习[①]

中学语文作业是学生语文实践活动的重要载体之一，是课堂教学的延伸，是积累基础知识、丰富学习经历、提高语文能力的重要环节。结合自身的教学实践，笔者认为应当丰富语文作业形式、设计问题链式作业题、注意作业分层、尝试运用综合性语文作业，通过优化作业设计，丰富学生学习经历。

清代教育家颜元说过："讲之功有限，习之功无已。"作业是学生学习过程中非常关键的一个环节。对于语文学科而言，作业根据目的不同，主要可以分为课前预学作业和课后巩固提高作业；根据内容不同，可以分为课堂学习巩固类作业和课外综合学习类作业。

对学生而言，作业是课堂学习内容的巩固和运用，体现了学习的过程，使学生强化和巩固课堂所学知识和技能，培养和提高了实际运用能力；对教师而言，作业是检验课堂教学效果的手段，是有效调整和改善教学内容、教学方法的基本依据之一。

学习经历是为实现一定的课程目的所必须经过的一系列事件。一定数量的学习经历经过反思、总结，抽象到一般的策略层面，就能提升为经验。完成作业，自然是学生积累学习经历的重要环节。

现实生活中，学生通常要花大量的时间完成作业，很多时候他们觉得作业枯燥乏味，没有兴趣做，甚至因此讨厌某门学科；教师也耗费巨大精力进行作业批改、订正、反馈，十分疲累。值得注意的是，学生在大量的作业中获得的学习经

---

① 本节由上海市松江六中顾婷婷撰写。

验却是比较有限、不够丰富的。教师布置的作业在学生学习经验的形成过程中，并没有起到它应有的重要作用。

那么，教师应该如何设计让学生学有所得、学有所乐的作业，使学生的学习成为一段愉快的学习经历，并逐渐形成学习经验呢？在此，笔者想结合教学经验谈谈自己的看法。

### 一、作业形式多样化，注重内容的创新性

从学生以往作业情况的调查来看，作业还是以练习记忆为主，类型比较单一，缺乏新意。

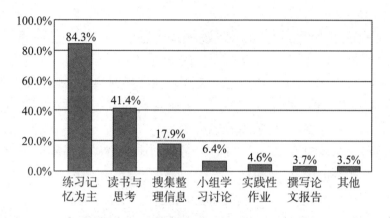

这样的作业容易使学生出现厌倦情绪。而对于集工具性和人文性于一体的语文学科而言，作业完全有可能做到形式灵活多样。笔者认为，可从以下几个方面来努力。

师生互动类作业。比如笔者的预学作业，主要通过四个板块展开："语林采英"落实基本字词；"书山有路"让学生尝试梳理文章内容；"学海拾贝"让学生摘抄文中精彩语句并点评；"询问台"请学生提出阅读后的疑问。意在通过四个由浅而深的有层次的板块设计，使学生形成自己宝贵的初读感受，并进行一定的积累，提出自己的思考和疑问。这样的作业既夯实了基础，还能够让学生在潜移默化中养成自主阅读、批注、质疑的良好的读书习惯。在对学生的预学作业进行批改后，笔者会及时调整自己的教学内容，将学生的预学作为课堂的起点，并经常采用学生的问题来串联整个课堂。对学生来说，能在课堂中听到自己在预学过程中提的问题，是非常兴奋且自豪的，这就促进了他们下一次更加认真地进行预学。

生活积累型作业。在教授石钟山的小说《雁》一文后，笔者布置的作业之一是：在生活中，你也一定听过鸟叫声，你能听懂他们在说些什么吗？把你的发现说给你的同学或者家长听。这样的作业既对文本进行了适度的拓展，又贴近学生生活，符合初中学生喜欢新鲜事物的心理特点，他们自然会非常积极主动地完成。

动手操作型作业。上完六年级一学年的"唐诗精华"后,笔者布置学生制作一张图文并茂的"唐诗小报",撷取学过的或课外自己喜欢的唐诗;学习了"春天来了"这一主题单元,也会发动学生用摄影、文字、绘画等方式去寻找春天,并将优秀作品展示在班级中。

趣味益智型作业。上完六年级上下册的"唐诗精华"单元后,在班级中开展"唐诗竞猜"活动,老师出上下句,让男女生比赛谁答得准确,并组织学生做评委。这一活动旨在激发学生诵读唐诗的兴趣,选用比赛的形式则是基于初中学生好胜心较强的心理特点,比较好地调动了学生的热情,大家纷纷在课外主动积累唐诗名句。

## 二、作业设计精而简,尝试问题链式习题

现阶段参与自主命题并为学生布置阅读题的教师越来越少,更多的教师会选择一些教辅资料作为学生作业的补充。教辅资料固然提供了一些较为全面的课内外资料,可同时也存在许多弊端。教辅资料的习题有时过于繁杂,题量较多,有些题目不一定适合本班学情。对于教师来说,批改那么多的题目、试卷同样是沉重的负担,所以有时仅一扫而过,简单打个等第。这样就会造成学生敷衍了事、教师匆忙批改的恶性循环,未能起到及时反馈、纠错的效果。

笔者认为,作业设计应重视题目的能力指向,关注一套阅读题目中题与题之间是否有内在联系,是否有助于巩固学生课堂上学到的思考方式。教师应该依据自己的教学设计及本班学情尝试设计一些有内在逻辑的作业题,让学生通过一次次的练习,逐渐形成一种自我阅读的能力。

比如对于七年级下册第四单元"风俗世情"中的《老北京的小胡同》一文,某参考书是这样设计课后作业的:

1. 从第四段中找出与第一段画线句子意思相近的一句话,抄写在下面的横线上。

2. 从作者对胡同"交响乐"的描述中,可以体会到老北京的小胡同生活有哪些特点?

3. 阅读文章第九、十段,用一句话概括这两段的内容。

4. 结合上下文,品味第九段中"大摇大摆"一词在句中的含义。

5. 这篇文章寄寓了作者丰富的思想感情,请就感触最深的一点,结合文章谈谈你的理解。(字数在50字以内)

在这一套课后作业题中,第一题意在让学生找出能够体现作者对胡同情感的语句,主要训练学生的阅读能力,信息筛选能力。第二题是让学生结合"交响乐"这个词语,纵观全文,概括出胡同生活的特点,旨在训练学生在阅读基础上的概括能力。第三题训练的还是概括能力。第四题是训练学生对词语在具体语境中的含义的理解。最后一题则意在巩固理解作者在这篇文章中所表达的思想感情。

细细探究会发现，这套题目缺乏内在的逻辑性。学生完成这五道题目以后，对如何把握这一篇乃至这一类散文，未形成任何有效的思路方法。

笔者认为，教师应该想方设法让学生通过精简且具有线性思维逻辑的题目来解读文章。通过长期的作业，不断丰富、调整、修正、反思、总结，形成学生自我解读文本的经验，进而掌握解读这一类文本的方法。

比如对于这篇《老北京的小胡同》，笔者设计了下面的课后作业题：

1. 作者回忆童年时的胡同生活，主要写了些什么？

2. 作者写胡同生活的时候是非常有条理的，请结合课文内容，举例谈一谈。

3. 为什么作者给文章取题为《老北京的小胡同》？

4. 作者通过描写儿时的胡同生活想表达什么？请就感触最深的一点，结合文章谈谈你的理解。（字数在 50 字以内）

这几个作业题的设计意在引导学生在解读文本的过程中，思考文章写了什么、怎么写的，写这篇文章是为了什么，让学生对文本从内容到写法由浅至深地进行解读。

当然，教师设计的题目很大程度上取决于教师文本解读的深度及专业素养。也许不一定完美，但有一点毋庸置疑，如果教师能够重视作业设计，关注学生的学习经历，把作业看作是修得学习经验的重要环节，那么，学生通过对这一系列逻辑链题目的不断思考，一定能在潜移默化中逐渐提高语文能力，这远比让师生都苦恼的"题海战术"要有效得多。笔者在教学实践中，努力地尝试设计这样问题链式的作业。虽然还在摸索中，但是能够感受到，一部分学生已经逐渐形成了阅读某一类文本的思路、方法，并能在课堂教学中有所呈现。

### 三、作业设计巧分层，尊重学生个体差异

由于学习基础、学习方式方法等方面的各不相同，学生个体间存在着较大差异。有差异的学生做着无差异的作业，势必会造成学优生"吃不饱"，学困生又"吃不了"的窘状，学生的语文能力发展必然会受到限制。因此教师在设计作业时，应该尊重学生的个体差异，从实际出发，注意分层。

例如对于石钟山的《雁》，笔者在两道必做题的基础上设计了以下选做作业：

A. 文章说"第二天一早，当张家的男人和女人推开门时，他们被眼前的景象惊呆了……"请想象一下张家夫妇此刻的心理活动，写一段文字描述一下他们的心情。（100 字以上）

B. 阅读文言文《雁冢》，思考它与课文在主旨和写法上有何异同？（100 字以上）

笔者考虑到学生之间的差异，在两道必做基础题的基础上设计了一道"二选一"的作业。有的学生语文综合运用能力较强，能够通过比较阅读，思考总结课文与课外文言文在主旨和写法上的异同。这样一个有难度有思维空间的问题，

对于他们来说，是非常具有挑战性的。而对于语文能力相对薄弱的同学来说，他们可以结合课堂中对张家夫妇形象的分析，展开联想，写一段文字描述他们的心情，更深入地解读文本，巩固课堂所学。

"因材施教"应是教师作业设计中的重要指导思想。不同的学生能够根据自身的水平选择适合自己的作业，使他们在自己原有的语文基础上"跳一跳"，从而得到不同程度的提高，收获属于自己的学习经历。

分层作业把以往教师布置、学生被动完成统一作业的模式，改变成教师分层设计、学生有所选择的"个性化"模式。每个学生都有机会看到自己的进步，体验成功，都感受到了教师对自己的关注。在笔者的班级中，每当做这样的分层作业，学生的积极性就特别高，他们总是会讨论"这个题目适合我""那个题目我有话可说"……交上来的作业与不分层的作业相较，更加详尽且个性化，更能提高不同层次学生的语文能力，切实地起到了巩固学习的作用。

### 四、利用综合性作业，强化语文能力培养

"语文的外延就是生活"。在平时的教学中，笔者努力践行着"大语文"的观念，让语文与生活、其他学科紧密结合，使学生觉得语文并非高高在上、遥不可及，而是"处处皆语文"。学生感受到了语文作业内容的丰富多彩，发自内心愿意做这些作业，体验乐趣的同时提高了语文能力。

长期以来，教师在布置作业时，总是较多地着眼于"今天教了什么"回家就要"做什么作业"，缺乏一种长远眼光。我们不妨看看美国中学生的语文作业，他们的作业是长期作业和短期作业相结合的，以九年级语文小说阅读作业为例。学生在阅读、课堂讨论小说《红字》之后，分小组完成以下几个作业，并进行课堂展示：

1. 寻找、设计一些与小说有关的延展性问题让全班参与，并用书中的语句来支持你的答案。

2. 从分配的章节中找几个词，给出这些词在书中的含义，用小测验、游戏或卡片的形式来教会全班同学。

3. 选择与书里发生的时间相对应的历史问题，例如与妇女的作用、土著人、食物、政治、作者等有关问题，研究和组织与这个历史问题相关的信息，与同学们分享这些信息。

第1题是对小说内容的把握，属于比较浅层的问题，只要读过就可以完成。第2题考查学生对词语语境义的理解，但并不是采取我们传统的问答形式，而是采用学生自学和相互学习的办法。第3题是语文和历史的融合。题目要求研究、组织与小说发生的时间相对应的历史问题。初看这个题目更多牵涉的是历史知识，但是搜集资料、筛选信息、组织语言表达又属于语文能力。小组在班级分享成果，既能让学生了解相关历史知识，又必然会加深学生对小说人物情感、情节

推进的理解。

　　此外，国外的很多教师在学期开始前就设计好一学期的所有作业内容，作业会整合各科学习内容，包括知识性复习、资料积累、写作能力训练等，作业的讲评和展示也形式多样。学生完成一份作业的过程通常并不轻松，但在其中经历了查找提炼信息、归纳观点、表述见解、展示成果的愉快探究之旅，更是培养独立思考、学会沟通交流的自信之旅。这样的作业设计值得我们借鉴。

　　分析完美国语文作业的布置，再来反观我们的教学。编者在编写教材时，每个主题单元之后都有一个综合学习。设计综合学习的目的在于打通课内学习和课外学习结合的通道。可我们在教学时，往往忽略了与编者对话，未能体察到这一设计的良好意图。如何用好我们课本现有的资源，设计课外综合性学习作业？以七年级下册第五单元自然奥秘的单元综合学习为例，编者设计了以下选做作业：

　　发现谜团，破解奥秘。（提供几个参考课题）

　　笔者要求学生组建小组，每组报选题。确定课题后，通过各种方式查找和整理资料，有条件的话进行实地观察，根据研究所得，撰写研究报告。要求研究报告有清晰的选题，有详尽的说明数据和资料，能有条理地解释这个科学奥秘。

　　作业完成后，教师为学生搭建交流展示平台，以多种形式展现学生的学习成果。可以制作 PPT 介绍小组研究成果，也可以将成果展示在班级园地里，还可以将优秀作品投稿校报做展示。

　　在这个综合性语文作业中，学生的信息搜集、筛选能力得到了很大的锻炼。在形成文字报告时，学生的写作能力也得以提高。展示阶段更多的是学生表达能力的体现。长此以往，认真地完成这些综合性语文作业，学生的听、说、读、写能力都会逐渐提高。在笔者的班级中，学生一开始接触这些综合性作业时不太适应，参与度并不广。经过一段时间的训练，尤其是奖励机制的实施（比如给完成得优秀的小组颁发小奖品、减少作业等），他们逐渐喜欢上了这样的长期作业。展示环节"百花齐放"，学生兴奋地展示学习收获，教师欣喜地分享学生的喜悦。

　　此外，根据语文学科的特点，笔者还设计了文化积累和写作能力训练的系列综合练习，如每周的读书笔记、劳技日记、观察类小练习等，旨在提高学生的语文素养和表达能力。

　　当然，除了在作业设计方面教师应该不断创新优化，在作业评价方面，我们也可以采取诸如师生共同参与评价、短期与中长期相结合的评价机制，交流、张贴或结集出版等形式。利用多样化的形式，唤起学生对作业的热情，激励学生不断累积学习经历。

　　有人说："作业是教师送给孩子的精美的礼物。"要达到这一境界，教师必须充分重视作业设计，优化作业形式。丰富作业内容，提高学生对作业的积极性；

尝试问题链式作业题的设计，帮助学生形成经验；考虑学生个体差异，注意分层作业；运用综合性语文作业，提高学生语文素养。笔者坚信，只要教师不断对自我的引导角色进行正确定位，参与学生的作业优化实践，成为学生自主学习的引导者和协助者，那么学生一定会在完成作业的过程中不断丰富自己的学习经历，提升自己的语文素养，在潜移默化中获得宝贵的学习经验！

# 第二节　教学评一致，助力深度阅读 [①]

教学要明确指向学生的学，教师最后教学的有效性必须通过学生学习的达成度来体现。因此，教师在教学设计时对学生学习达成度的应然思考，应该通过教师教学的有效教学过程实现，最终通过学生学习的实然结果来验证。从这一点上讲，目标的设定、内容的讲解、过程的推进既是应然思考的出发点，也是走向实然思考的落脚点。具体来说，体现在从评价的指导性角度设计学教一致、从教学的有效性角度落实学评一致、从学习的达成度角度反思教评一致三个维度。

教是为了学，但到底如何教、如何学、如何评，三者之间关系如何？美国教育心理学家科恩（Cohen，S.A.）最早提出了"教学一致"（Instructional Alignment）的概念，用来替代教学中的某些设计条件与预期的教学过程、教学结果之间的匹配程度。研究发现，如果教学目标与评价越是趋向一致，取得的相应成绩就越高，于是在此基础上指出"美国学校教育的平庸……更多的归因于教师的教学目标、教学实践以及教师评价三者之间的不一致"。华东师范大学崔允漷教授等人将"教学评一致"定义为在整个课堂教学系统中教师的教、学生的学和对学生学习的评价三个因素的协调配合的程度。相关的研究虽一直在进行，但对具体内涵和外延都没有做过多的阐述，这也导致相关的教学评一致理论没有很好地在教学实践中得到具体的有效落实。

## 一、学教一致：体现评价角度的指导性

美国教育评价专家拉尔夫·泰勒认为："评价过程实质上是一个确定课程与教学计划实际达到教育目标的程度的过程。"教学中要让学生学些什么、如何学、怎样才知道学到没有，这些要素应该既要教师自己清楚，也要让学生明白。只有清晰的目标才更容易让学生集中学习注意力，提高学习积极性。因此，从评价的角度考虑，学教一致应该成为教学的起点。如美国格兰特·魏金斯和杰伊·麦克泰格所说："最好的设计应该是'以终为始'，从学习的结果开始的逆向思考。"体现所

---

① 本文由上海市天山第二中学蔡忠平撰写。

学即所教,也就是学生的学与教师的教在目标、内容、过程等方面的一致性。

**（一）教学目标与学习目标一致**

教学目标与学习目标的一致体现评价目标的前置性。教学目标往往包括知识与技能、过程与方法、情感态度与价值观三个维度,用较为理性的、客观的语句加以描述;而学习目标大都侧重三维目标的前两者,第三维目标往往隐含于学习过程中,用较为激励的、直观的语句加以描述。如果习惯性地只考虑教学目标,而不注意与学习目标的一致性,那么必然影响目标的有效落实与最后检测,因为理性的、客观的语句是很难得到具体落实并加以评价的。由此可见,教学目标与学习目标的一致是教师教学设计时尤其要重视的,表现在使用具体的、可描述的知识名词,外显的、可观察的行为动词和与行为动词相匹配的行为条件。这样的目标既满足教师教的需要,也满足了学生学的需要。

**（二）教学内容与学习内容一致**

教学内容与学习内容的一致体现评价内容的层级性。学生的学习内容应该是基于学生原先的已有学习知识和经验,通过学习获得相应的提升和发展。而教学内容往往是根据教材内容、教学进度具体安排的,无法兼顾不同学校、不同班级学生发展的需要,两者在相应的教学实践中并非完全一致。如果简单地一味依据教学进度进行教学,没有结合学生已有的学习基础在教学内容上做相应的调整,以学定教,必然会影响学习效果。要么教师不讲学生也已经会了,要么就是教师讲了学生也不会。同一篇课文在不同学校、不同年级,或是同一年级的不同时间段的教学内容应根据学习内容有所不同,这是在课程标准框架下教学内容主动与学习内容一致的追求。

**（三）教学过程与学习过程一致**

教学过程与学习过程的一致体现评价过程的发展性。教学过程不能只是用简单的事实性描述用语,缺乏诊断功能,让学生不知道如何去学。如作文评语用"描写要更精彩,更生动",但具体如何才能做到精彩,如何才能做到生动,学生不知道,反而容易让学生在下次作文时产生忧虑感。更不能是笼统的价值性判断用语,缺乏指导功能,让学生不知道判断背后的原因何在。如"讲得很好",到底好在哪里。因此,教学设计时要注意问题设计与答案推断等方面,要注意过程的发展性,让学生知道这个过程是如何得来的,其中的规律是什么。现在很多的教案有问题设计,有明确答案,但具体的发展过程是没有的。这是教学过程无法与学习过程实现相一致最为常见的现象。

## 二、学评一致:体现教学角度的有效性

教学要重点关注学生的学。学生的学是整个课堂的有效行为,通过对学生的学的评价可以及时获取相关的反馈,从而在必要时可以做出适时的调整。从这个意义上讲,这种评价是为了学习的评价,而不只是对学习的评价。对学习的促进

和发展是评价的主要目的。因此，学评一致是教师教学的具体路径，体现所学即所评，也就是学生的学与对学生的学在目标、内容、过程等方面评价的一致性。

**（一）评价目标与学习目标一致**

评价目标与学习目标的一致体现教学目标的针对性。评价目标应该是可评可教的，是教师教学时追求的方向和结果；学习目标应该是可评可学的，也就是对学生而言是一个明确的到达方向和结果。因此，评价目标和学习目标应该是一致的，同时落实在具体的教学内容和明确的教学过程中；教学过程中，具体的评价目标和学习目标得到最终的落实。现在很多的教案中有学习目标，也有具体教学内容和过程，但从评价角度而言大都针对性不够强。评价目标要么与学习目标不够匹配，无法直接判断评价目标能否实现；要么非常勉强，评价目标成了教师主观判断，而不是基于学生学习结果的客观判断；要么根本没有评价目标，教学随意性很大，课堂教学效果无法判断。例如学习目标是要学习并学会比喻的修辞，在教授某篇课文的某一比喻句后让学生仿写。这样的评价显然是低下的，因为这一评价目标不够清晰。实际上，只是学会仿写比喻，作为评价目标与学习目标都很勉强，学生最后到底是否学会，教师是无法知晓的，更不用说学生自己了。

**（二）评价内容与学习内容一致**

评价内容与学习内容的一致体现教学内容的指导性。如果评价目标不清晰，必然会导致评价内容不合理；同样，如果评价内容不适切，也会导致学习内容的不合理，最终影响教学有效性。评价内容应该是基于学习内容的，同时为学习内容的达成提供具体的、有意义的指导信息，体现以评促学，不能只是泛泛的、缺乏指导意义的评价内容。如，在文言文的句子翻译中，教师一般都喜欢让学生试着翻译，然后点评总结。从教育心理学上来说，让学生翻译是一种主动的学习方式，要比教师翻译效果好，但如果评价内容的具体点不够适切，只是指出那些字词没有翻译到位等问题的话，效果也未必有多好。教师要明确结合课文的具体实词、具体虚词、翻译技巧、句子顺序等，让学生不仅知道这一篇如何翻译，以后的文章也知道如何翻译。这就是评价内容要与学习内容一致，把学习内容化为具体的评价内容，这样的内容教学也会更有指导性。

**（三）评价过程与学习过程一致**

评价过程与学习过程的一致体现教学过程的综合性。学生的学习是主动的、渐进的过程，评价也应该是与之一致的，是在学习过程中发生的、体现学生参与的、渐进的价值建构过程。这种过程，不仅关注学生学习结果的达成度，更关注学生学习过程中的学习态度、学习参与度、学习技能和方法的应用、认知能力和水平的提高等，是为达成有效结果的科学过程追求。其中学习态度要关注学生学习中对教师、同学的尊重、合作态度，互动中自我见解发表的积极性和对他人见解的理解、修正等；学习参与度要关注课堂教学的参与性，能随教而学，围绕教学内容开展积极的思维与互动；学习技能与方法的应用要关注学生能否把教师所提供的学习技能应用到学习实践中，并学会自我探索、创新，及时调整、改进学习方式；认知能力和水平的提高方面要关注学生经过学习能否提高所学的基础知识和基本能力，获得成就感。这些评价应该是基于不同学生原有基础发展的过程，是螺旋式的上升过程。

### 三、教评一致：体现学习角度的达成度

了解教学效果如何，最好的方式是教师能够从学生的学习中反思自己的教学，对自己的教学行为能有具体的评价。因此，教评一致是教师教学效果的检测反思，体现所教即所评，也就是教师的教与对教师的教在目标、内容、过程等方面评价的一致性。

#### （一）评价目标与教学目标一致

评价目标与教学目标的一致体现学习目标的合理性。教师开展教学活动必须要有合理的教学目标，这是提高教学有效性的关键；有没有相应的与教学目标相一致的评价目标，这是教师对教学目标自我、自觉的追求。现在多数教师在教学设计时，教学目标的制订是自觉的，但是否合理仍值得反思，尤其是评价目标的制订基本被忽略。每一个教学目标的教学实施过程中有什么样的相应评价目标来检测，这是教学自我反思的基础。教学目标是教学的起点，评价目标是教学目标能否达成的落脚点，两者应该是一致的，同时起作用并反作用于教学内容。目标的数量不能多，以教学要求和教学内容为依据；目的是要体现少教，但学生又能多学；对于学生已经学过的可以不教，不应该这个时段教的不教，学了也不会的也暂时不教。只有教师在目标制订时自觉追求评价目标与教学目标的一致性，学生的学习目标才更合理，更能有效达成。

#### （二）评价内容与教学内容一致

评价内容与教学内容的一致体现学习内容的聚焦性。目标明确了，内容也应该是清晰的，是聚焦于目标的，为达成目标而服务。现在的语文课堂习惯于课文的讲解，用课文内容的讲解替代了语文学习内容的教学，是真正的"教课文"而不是"用课文教"。至于评价内容更是似有似无，根本无法很好地体现语文学习内容的层级性、递进性和发展性。自然，这种看似面面俱到的教学内容实际上对学习的作用和价值是很小的，教师只恐讲得少、讲得浅，只考虑在教学内容上如何体现精教却缺少思考。叶圣陶先生说，"教是为了不教"，这句话体现了教学内容的迁移性和生成性作用，也就是"举一反三"，强调教学内容要聚焦目标。因此，实现目标的内容是重点，是教学的重点，也是评价的重点；其他的教学内容起辅助作用，并不是教学内容的重点。评价内容与教学内容的一致可以更好地凸显教学重点，并顺利地实现目标。

#### （三）评价过程与教学过程一致

评价过程与教学过程体现学习过程的主动性。现在的语文教学过程往往是

作者简介、背景介绍、分段串讲、内容分析、大意总结，最后是文章内容和写作特色的总结，这样的教学内容几乎成了大部分教师的讲课模式。这种教学过程实际上是从教的角度出发的，教师备课、上课显得很轻松，自然也可以从网上抄一点，或者是直接把以往的教案拿来用，并没有真正从学的角度去认真设计。同样的教学内容，采用不同的教学过程会获得不同的效果。教师上课后，有没有反思能不能不这样教，有没有设计更好的教学过程让学生学得更好。我们都知道写作有顺叙、倒叙和插叙三种叙述方式，即便顺叙也有不同的线索。同样，我们的教学过程也可以有不同的教学方式，切实体现"以学定教"，体现课堂教学的整体性。让目标"点"通过一条清晰的过程"线"，来实现最终的教学效益"面"。经过教师自己经常性的对教学过程"点""线""面"的评价，可以让教师更好地实现专业成长，提高教学质量。